普通高等学校“十四五”规划公共管理类实验实训精品教材
劳动关系协调与发展综合国家级实验教学示范中心规划实验教材

公共管理案例分析实验实训教程（第二版）

主　编：胡晓东（中国政法大学）
副主编：潘　娜（首都经济贸易大学）
李永康（云南财经大学）
匡振旺（中国人民大学）

華中科技大學出版社
http://www.hustp.com
中国·武汉

内容简介

《公共管理案例分析实验实训教程》(第二版)保留了原第一版(2015年版)的基本框架体系,与《公共管理学》经典内容交相呼应,体现出了鲜明的时代特征,增加了自中国共产党十九大之后的新思想、新提法和新做法,特别在2018年党和国家机构改革的背景下,我国的行政组织、行政职能、行政权力、领导干部、人事管理、绩效管理等方面进行了与以往不同的调整。基于此,本教材对原有的第一版案例做出了重大调整。本教材适用于公共管理专业本科生、研究生学习研读,也适用于专业教师进行案例教学。

图书在版编目(CIP)数据

公共管理案例分析实验实训教程/胡晓东主编. —2版. —武汉:华中科技大学出版社,2021.4(2022.2重印)

ISBN 978-7-5680-6498-9

Ⅰ. ①公… Ⅱ. ①胡… Ⅲ. ①公共管理-案例-中国-高等学校-教材 Ⅳ. ①D63

中国版本图书馆CIP数据核字(2021)第054555号

公共管理案例分析实验实训教程(第二版) 胡晓东 主编

Gonggong Guanli Anli Fenxi Shiyan Shixun Jiaocheng(Di-er Ban)

策划编辑:周晓方 宋 焱
责任编辑:李文星
封面设计:原色设计
责任校对:阮 敏
责任监印:徐 露
出版发行:华中科技大学出版社(中国·武汉) 电话:(027)81321913
武汉市东湖新技术开发区华工科技园 邮编:430223
录 排:华中科技大学惠友文印中心
印 刷:武汉开心印印刷有限公司
开 本:787mm×1092mm 1/16
印 张:19.75 插页:2
字 数:465千字
版 次:2022年2月第2版第2次印刷
定 价:58.00元

总序

General Prologue

在我国，公共管理学作为一门学科、一个专业正在蓬勃发展，自1997年国家教委（现教育部）学科目录调整后，其正式成为管理学门类下的一级学科，当时包含行政管理、社会医学与卫生事业管理、教育经济与管理、社会保障、土地资源管理等5个二级学科，并且在教学层次上逐步提升。在本科专业发展方面，从1984年我们国家才开始设立行政管理专业，1985年有7所大学的学生从大学二年级转入行政管理专业，直到1987年，国家才正式批准7所大学招生。但到2009年，据教育部最新统计①，公共管理相关本科专业迅速扩张，已经从行政管理专业的一枝独秀发展到包括行政管理、公共事业管理、劳动与社会保障、土地资源管理、公共关系学、公共政策学、城市管理、文化产业管理、公共安全管理等17个本科专业，这些专业成为高校中普及的专业，其中，设行政管理专业的高校有321所，设公共事业管理专业的高校有472所，设劳动与社会保障专业的高校有143所，设土地资源管理专业的高校有82所。在研究生教育与高层次人才培养方面，自1986年武汉大学率先招收行政管理方向研究生，1988年中国人民大学首次设立行政管理硕士学位点以来，现在，全国高校拥有公共管理学科一级硕士点已达56个，近百所高校开展了公共管理硕士（MPA）学位教育，有博士点的学校达到26所，有一级学科的学校达13所，并已有7所大学拥有公共管理博士后流动站。可见，公共管理学科经过20多年的发展，成绩斐然。但我们仍然应该清醒地认识到，在公共管理专业教学中，普遍存在着公共管理的知识理论性很强、操作性稍差的问题，这个问题已被许多学界同仁提出。娄成武教授也曾撰文②指出："目前，我国公共管理学界关注于理论的规范研究，而忽视了应用研究，这与学科自身的特性相违背，也与腾飞发展的中国市场经济不相适应。"

在我国大学本科教育中，重知识性、理论性，轻操作性、实践性的教学模式不仅在公共管理学科教育中有所体现，在其他许多学科中也都有不同程度的表现，因此，我国在2010年《国家中长期教育改革和发展规划纲要（2010—2020年）》中提出：高等教育要重点扩大应用型、复合型、技能型人才培养规模，加强实验室、校内外实习基地、课程教材等基本建设。强化实践教学环节，更新人才培养观念，创新人才培养模式，建立科学、多样的评价标准。《教育部高等教育司2011年工作要点》指出："着力创新人才培养模式，着力培养学生创新创业和实践能力……大力培养应用型人才、复合型人才和拔尖创新人才。"2012年，

---

① 中华人民共和国教育部高等教育司. 中国普通高等学校本科专业设置大全（2009年版）[M]. 北京：首都师范大学出版社，2009.

② 娄成武. 我国当前公共管理学科发展的若干问题探讨[J]. 中国大学教学，2010(5)：4-6.

教育部又提出要加大高等院校人文社科类专业学生的实践学分比例(从5%加大到25%)。由此可见,我国从国家层面开始逐渐重视大学生应用型人才的培养,而传统的本科人才的培养体系偏重于基础知识教学和理论体系的完整性,忽视应用能力的构建。应用型人才培养的重要特征就是应用能力的培养,而应用能力的关键要素就是学生的实践能力和职业素养。应用型人才培养体系应该围绕对应用型人才知识、能力、素质协调发展的要求,以应用能力培养为主线,构建实验与实践教学体系,做到理论与实践并重。实验、实践教学相对于理论教学,独立而不孤立、联系而不依赖。实验教学主要包括学生在校的实验、实训,实践教学主要包括学生校外的见习、实习。两种教学体系在提高学生实践能力方面不可偏废。

值此契机,由中国政法大学政治与公共管理学院教授胡晓东任丛书主编的普通高等学校"十四五"规划公共管理类实验实训精品教材,汇集了中国人民大学、北京师范大学、中国政法大学、中央民族大学、中山大学、西安交通大学、天津大学、广西大学、国家行政学院、西北师范大学、华南师范大学、中国劳动关系学院、首都经济贸易大学、云南财经大学等20余所大学长期在教学一线从事公共管理专业教学,并有丰富的公共管理实践经验的专家、学者的智慧,由他们组建的编写团队,根据已有公共管理理论,结合公共管理教学特点,基于公共管理实践过程,编写了公共管理系列实验实训教材。他们旨在通过设计与开发实验实训教学体系、实验实训教学方案、实验实训教学大纲、实验实训系列教材、实验实训配套软件来培养公共管理专业的应用型人才。本系列教材被华中科技大学出版社确定为"普通高等学校"十四五"规划公共管理类实验实训精品教材",并即将由该社出版发行。该系列教材属于我国公共管理学科体系中的创新工作,在未来的公共管理实验实训教学中必将起到提升教师和学生公共管理能力的作用。

实验实训教学的特色体现在以下几个方面。

第一,实验实训教学能够弥补传统灌输式教学方式的不足,缩小了教学情境与实际生活情境之间的差距。在传统的教学方式中,最普遍的做法是老师把本专业的理论知识系统直接教授于学生,这样的教学过程是迅速的,但缺乏学生的主动参与,不能充分激发学生的学习热情。实验实训教学则可以扭转一些传统教学的弊端,在参与实验实训的讨论中,一方面缩小了理论知识与现实生活的差距,使学生身临其境,激发学生对该课程学习的激情,巩固所学的理论知识;另一方面,实验实训教学中学到的知识是内化了的知识,能够帮助学生理解现实中所出现的两难问题,掌握对现实问题进行分析和反思的方式。

第二,实验实训教学有利于学生综合能力的培养。实验实训教学对学生和老师的能力都有较高的要求,从而可以从多方面提高学生的综合素质。通过本系列公共管理实验实训教程的训练,学生可以了解和掌握公共管理相关知识的流程、设计和操作,掌握已经确立起来的最基本、最可靠的实验方法,学会基本的实验设计,具备相当的实验技能及科研能力,并对公共管理前沿性的研究课题和方法、技术有所了解;通过实验实训教学,培养学生的实验意识和动手能力,为他们专业素养的提升奠定坚实的基础。

第三,实验实训教学可推动我国公共管理学科的发展。公共管理理论的产生与发展本身就是大量实践活动的结晶。我国的公共管理学科起步较晚,需要对现有的理论进行丰富、充实和本土化。实验实训教学中对实验实训内容的筛选、补充与讨论,更加充实了学科内理论素材的积累，实践活动的多样性、复杂性以及动态性，对公共管理理论都提出了新的要求。尤其是我国正处于经济与社会双重转型的关键时期，大量管理实践中出现的问题需要理论的解释与支持；同时，实验实训教学需要关注现实，从现实中获取大量鲜活的素材，这样理论与现实的相互促进，能够带来我国公共管理学科的进一步发展和完善。

公共管理实验实训教学是理论教学的深化和补充，具有较强的实践性，是一门重要的技术基础课。实验实训的课程安排主要分为三个步骤：首先，教师讲解相关理论知识和实验要求，说明实验中应该注意的问题；然后，学生操作实验相关工具进行实验，实验结束后学生完成实验报告；最后，教师对实验报告进行批改，并点评。公共管理实验实训系列教材以 2012 年重新修订的高等学校公共管理类专业核心课程目录为基础，覆盖公共管理相关课程，主要包括《管理学实验实训教程》《公共部门人力资源管理实验实训教程》《公共政策学实验实训教程》《公共经济学实验实训教程》《行政管理学实验实训教程》《公共事业管理学实验实训教程》《土地资源管理学实验实训教程》《社会保障学实验实训教程》《卫生事业管理学实验实训教程》《教育行政学实验实训教程》《公共危机管理实验实训教程》《公共部门人才测评实验实训教程》《公务员考试模拟实验实训教程》《公共管理案例分析实验实训教程》《政府绩效管理实验实训教程》《公务员绩效管理实验实训教程》《电子政务实验实训教程》《政务管理实验实训教程》。

该套公共管理实验实训系列教材为我国公共管理教材界的一支新秀，在促进我国公共管理教学的同时，也为我国公共管理学科发展起到了补充作用。该系列教材的大部分编写者都为我国公共管理学界已崭露头角的中青年专家、学者，他们既有深厚的理论基础，又具备相当的实践经验，必将推动我国公共管理学科的发展。真诚希望公共管理学界与读者朋友广泛关注这套教材并提出宝贵意见，以便再版时参考，以期在未来更好地为我国的公共管理学科发展做出更大的贡献。

中国人民大学公共管理学院教授、博士生导师

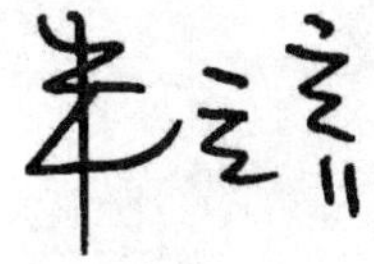

2014 年 6 月

序言
Preface

《公共管理案例分析实验实训教程》是“普通高等学校“十四五”规划公共管理类实验实训精品教材”中又一创新之作，突出表现为三大特点：第一，本教材解决了公共管理案例教学中的诸多问题，立足于教师的“教”和学生的“学”的特点，将公共管理案例与所学公共管理理论知识点一一对应，深挖与公共管理理论基础知识中需要学生掌握的知识点与案例的对应性。第二，强调案例分析有要求，案例分析有步骤，案例分析有问题，案例分析有答案，以实际案例为基础，不编造案例。第三，实现“双把关”。本专业领域专家对案例进行专业问题提问与问题解答把关的同时，让本专业硕士研究生和优秀本科学生分析，协助教师把关。

在我国所有设置公共管理专业的高校都开设了公共管理案例分析课程，公共管理硕士(MPA)学生的培养中也有开设。我们在选用教材时，曾对传统教材进行了分析，发现了一些问题，而且在教学过程中，这些问题集中地表现出来。第一，现有教材着重实验案例，缺乏案例分析与解答。在现有的公共管理案例教材中，作者大多是对我国或国外有关公共管理案例的收集与加工，并未对案例真正进行分析或解答，这样，教师在教学、学生在学习时，没有标准与方向，效果不好。第二，现有教材案例过于陈旧，缺乏“新、实、典”的案例。在我国市场上能够找到的教材中，最新的案例也是多年前的案例，这些案例随着时间的推移，在现有政策框架与经济环境中都很难进行分析与应用，因此，应该选用“新案例、实用案例、典型案例”等。第三，现有教材的编写侧重于教师的讲解，缺乏和学生的互动。在现有的公共管理案例教材中，案例的编写多以教师为本位，因此，在教学中多是教师讲解，与学生的互动很少，失去了案例教学的真正作用和真实魅力。目前，我国市场出版的正式书籍中，很少有关于公共管理案例分析实验实训的内容，这些都增强了我们开发《公共管理案例分析实验实训教程》的必要性。

本教程的设计以公共管理基础理论知识的模块知识点为基础，覆盖公共管理基础理论所有模块，内容包括行政组织、行政职能、人事行政、行政领导、公共财政、机关管理、行政监督、绩效管理、行政伦理、行政文化、行政环境、公共政策、公共危机管理、公共关系、行政法治、电子政务等十六个章节。其中，案例的选择是我们根据自身在公共部门做相关课题、项目的经验，把公共部门最为鲜活的“一手资料”拿来作为实验案例材料。从《公共管理学》和相关技术的教科书中提炼出实验技术，并从教师教学和学生学习的流程中提炼实验设计，提供给学生相关的实验报告模板，把曾经在项目中得到的成果作为实验答案提供给学生和教师作为实验答案，以供参考。案例的开发流程为：教师收集案例—专家为案例提出问题—学生团队针对案例与问题进行分析—选出学生代表讲解案例—专家筛选优秀案例—指导教师设计教程内容—出版社出版成书。在案例编写的每一个环节，时刻以学生的学习需求与教师的教学需要为原则，精心设计，优中选优。案例的实验环节包括了知识框架、实验案例、实验要求、实验报告和实验答案等五大模块，知识框架涵盖了公共管理基础知识点的框架性内容；实验案例包含了公共管理案例的背景、发生、发展、高潮、结局等环节；实验要求有实验目的、实验步骤、实验问题、实验标准等内容；实验报告为学生实验设计了相应的报告模板，供学生填写；实验答案是针对本案例的分析及实验要求而设计的参考答案。

《公共管理案例分析实验实训教程》有三个价值目标：一是响应教育部与财政部“十二五”规划中关于大学生实践能力培养的精神，使学生掌握公共管理的实践技能，并满足市场用人的需要；二是提高公共管理专业本科学生和 MPA 学生在公共管理中的实践操作能力；三是为我国公共管理案例分析实验实训教程提供教学资源。

编 者

2015 年 6 月于北京

目录

Contents

第一章 CHAPTER1

行政组织案例实验实训

行政组织是行使国家行政权力、管理国家行政事务和社会公共事务的机构体系。狭义的行政组织是指国家行政机关;广义的行政组织包括国家立法、司法等机关中管理行政事务的机构,也包括企业、事业及社会团体中管理行政事务的机构。在现代社会中,各国普遍设置掌握国家行政权力的行政组织,如中华人民共和国国务院及省、自治区、直辖市,以及市、地、县、乡等各级政府及其办事机构。中国的行政学所研究的行政组织,主要指国家行政机关。

第一节 知识框架

一、行政组织的含义

人类社会是一个有组织的社会,每个人都是一个或多个组织的成员。组织的种类和形式多种多样,大到国家,小到家庭,组织广泛分布于社会生活的各个领域。组织是伴随人类群体活动的出现而产生,并不断发展完善的。

"组织"一词,在中国古代,是指将"丝麻织成布帛",即"组合编织"的意思。在西方,"组织"一词来源于"器官",是自成系统的,实际上是指由相互依赖和作用的各个部分构成的具有特定功能的整体。组织本身是一个系统,它是由具体目标、内在秩序和外在形式以及人、财、物等要素构成的整体,具有汇聚功能、转换功能和释放功能,它能汇聚个人能量转变成一个具有新的能量的整体,即凭借整体的力量去实现个人力不能及的目标。

行政组织有广义和狭义之分。广义的行政组织就是指各种为达到共同目的而负有执行性管理职能的组织系统。它既包括各类企事业单位、群众团体、政党的负有管理职能的组织系统，也包括国家机关中的立法、司法系统中负有执行性职能的各类单位和国家的整个组织系统。行政学所研究的是狭义的行政组织。狭义的行政组织是指依一定的法律程序建立的、行使国家行政权力、管理社会公共事务的政府组织机构实体。

在现代社会中，行政组织是社会各种组织中规模最大的组织，其管辖的范围涉及社会生活的各个方面、各个领域、各个团体。我国的行政组织是我国国家权力机关——人民代表大会的执行机关，即国务院系统。为进一步理解行政组织的含义，也可从静态、动态、生态和心态这四个方面来把握行政组织。

1. 静态的行政组织结构

从静态的角度看，行政组织是一个完整的实体。它是由按照职能目标分工、权责分配、工作程序设置的各个层级、各类部门、各个职位等所共同构建的一个完整体系。其中，职位是行政组织结构的基本元素，职位引发的权责关系构成了整个行政组织的结构。

2. 动态的行政组织过程

从动态的角度来考察，行政组织是一个发挥组织功能的动态活动过程。任何组织都具有一定的组织目标，而行政组织目标的实现则依赖于领导、决策、执行、监督、协调等一系列的组织活动过程。可见，行政组织并不是铁板一块、僵硬凝固的结构框架，它具有动态的功能。

3. 生态的行政组织环境

从行政组织与其内部和外部环境平衡的角度来看，行政组织是一个有机的生命体，是随着环境的变化而自我适应、自我调整的开放性系统，是整个社会的子系统。任何行政组织都是一定历史条件、社会条件和文化条件的产物，它必然会受制于这些社会的客观条件，从而调整自身的结构与活动方式以适应环境的变化和需要。

4. 心态的行政组织意识

从行政组织的心理与精神方面来看，行政组织是其人员的权责观念、感情交流、价值观念与思想沟通所形成的思想意识的团体。这种团体意识与行政组织行为有着密切的关系，它对行政组织行为具有正反两方面的促进作用，因此必须注意行政组织的心态特征。

二、行政组织的构成要素

1. 行政目标

行政组织要有明确的行政目标，总目标确定后，将其按层级进行分解，依次确定所属各组织的分目标。

2. 机构设置

机构是行政组织的实体，是行使行政权力的载体，依据法律设置机构是行政组织构成的基础。

3. 权责划分

确定行政组织的权责，明确组织间的隶属关系和平行关系，以及行政组织的权责划分。

4. 职位配置

行政组织中实行的职位分类，包括合理确定职级、职等、职系等，明确每个公务人员的职责。

5. 人员结构

公务人员是行政组织中的主角，合理的行政组织应由具备一定素质和合理智能结构的公务人员组成。

6. 管理方式

行政组织通过一定的管理方式，对管理对象施加定向影响，体现行政组织的功能，实现行政目标。

7. 运行程序

行政是有一定办事程序的动态过程，行政组织的运行程序，应采取科学的方法，以提高行政效率。

8. 法律规范

有效的行政组织具有健全的规章制度和法律规范，以保证行政组织依法办事。

三、行政组织的特点

1. 政治性

行政组织是国家的代表，是国家政治体制的组成部分，是实现政府职能的机构，一般具有较强的政治性。

2. 社会性

任何一种行政组织都承担管理社会公共事务的职能。现代各国国家行政机关干预社会事务的范围和程度不断扩大和加深。行政组织直接或间接干预和管理经济等社会事务。

3. 服务性

行政组织是社会上层建筑的组成部分，要适应和服务于经济基础，为社会经济的稳定和发展服务。行政组织是国家权力的执行机关，必须执行法律和法令，服务于社会。社会主义国家的行政组织及其公务人员以为人民服务、为社会公共利益服务为宗旨。

4. 整体性

行政组织是一个规模庞大和结构复杂的社会系统。行政组织按不同层次、不同业务部门、不同区域以及不同管理功能和程序，设置相应的组织结构，具有隶属和制约关系的完整权责分配体系。

5. 适应性

行政组织的建立、调整受各国的历史条件、经济发展水平、社会政治和经济制度以及文化传统等因素的制约和影响，各国根据行政管理的实际需要，建立相应的行政组织，并为适应客观需要而不断进行调整。

6. 法治性

行政组织是依法代表国家行使行政权力的机构，行政领导依法由选举或任命产生，一般公务人员的任用也要根据有关法律或法规；行政组织在行使行政权过程中按法律规定进行管理。法治贯穿于行政管理的全过程，行政组织及其公务人员必须依法办事，违法必纠。

四、行政组织的原则

1. 适应行政目标原则

行政组织必须与行政职能相适应，并根据行政目标调整。

2. 完整统一原则

行政组织是行使国家行政权力的主体，各级各类行政组织构成一个完整的统一体。

3. 分权管理原则

行政组织是一个庞大复杂的权力体系，必须实行分权管理。

4. 管理幅度与层次适度原则

管理幅度和层次要根据组织的管理对象和内容确定合理结构。

5. 职、权、责一致的原则

行政组织是一个权责体系，在行政过程中职务、权力、责任三者互为条件，有效的行政组织须明确规定各个机构和成员的职责范围，授予相应的行政权力，规定其责任，并建立严格的监督、考核、奖罚、升降等制度。

6. 经济效能原则

行政组织以国家财政经费为其活动资金，以少量的行政经费支出获得最大社会效益是行政组织的目标之一。

7. 调动人的积极性原则

公务人员是行政组织中的主角和要素，应充分发挥行政组织中人的能动性，协调人际关系，激励人的积极性，创造和谐融洽的工作环境。

五、行政组织的类型

行政组织是一个庞大复杂的组织体系，其组织类型可以从不同的角度来划分。

(1) 领导机构，是指企业、事业和行政机构中起决策、监督、执行的重要部门，是政府企业的核心部门。

(2) 执行机构，是指行政组织及其行政人员依法将决策中枢系统输出的决策指令付诸实施，从而实现行政组织预期目标，把行政组织决策方案由理想变为现实的部门。

(3) 监督机构，是指对国家行政机关及其公务人员的行政行为是否遵从法律、规章而进行检查，对行政管理过程及其结果进行监督，以防止和纠正管理中的偏差，约束行政机关及其公务人员的行为，达到保证行政管理顺利进行的机构。

(4) 咨询机构，是指国家行政机关中对各种信息进行加工、传递有效利用和反馈的机构。

(5) 信息机构，是指国家行政机关中对管理所需要的行政信息进行搜集、加工、传递、存储、处理的机构。

(6) 辅助机构，是指为了中枢机构和职能机构能顺利有效地进行管理活动，在机关内承担辅助性业务工作的机构。

(7) 派出机构，是指国家行政机关依法在一定区域内设立的分支机构或代表机构。

六、行政组织的作用

(一)行政组织在政治发展中的作用

1. 政治和社会秩序的维持者

在现代社会,政治秩序意味着既反对无政府状态,也反对专制政体;意味着权威的存在,公民权利的保障和国家在国际社会的安全与独立。作为政治秩序和社会秩序的维持者,行政组织的职责在于:制定和执行有关的法律,保护公民的自由、财产和权利,使之不受其他社会成员的侵害;建立一套管理制度,确保社会的良性运行;通过军队、警察、官僚机构等“暴力机器”防御外来的攻击,保障主权国家的独立和完整。

2. 利益的表达、聚合和转化者

作为利益的调节者,行政组织在政治体系中的主要作用就是平衡、调节和整合各种利益关系,实现利益的表达、聚合和转化。即通过妥协、沟通、协商、法律、经济等途径和手段,实现多方的利益。

3. 公共政策的制定者和执行者

作为公共政策的制定者和执行者,行政组织的职责与作用在于:通过制定公共政策,为社会发展选择目标,引导社会的健康良性发展;通过政策工具调整各种社会关系,使之有利于社会发展目标的实现。

4. 作为政治一体化的工具

政治一体化,就是一个社会的政治体系结合成一个完整、统一、有序与稳定的统一体。

(二)行政组织在经济发展中的作用

1. 提供经济发展所需的最低条件的法律和制度

现代经济社会也是政治社会,没有政治体系为其提供的游戏规则和经济生活的框架,经济体系就无法正常运转。为经济体系的正常运作提供必需的制度、规则以及框架是政府的职责。它们包括产权的界定和保护、契约的执行、公司法、金融制度、专利保护、著作版权、法律秩序。

2. 组织和提供公共产品和公共服务

公共产品和公共服务的最大特点在于其具有共享性以及非排他性的特点,这两种特性就使得公共产品很难禁止他人不付费而坐享其成,导致“搭便车”现象的出现。公共产品的共享性和非排他性也使得私人部门很少有诱因去生产公共产品,这些就需要政府来承担,因此,政府必须介入并提供公共产品。典型的公共产品包括国防、基础研究、道路与桥梁、导航设施、灾害控制、交通管制系统以及其他基础结构。

3. 共有资源和自然资源的保护

共有资源与公共产品一样没有排他性,但有竞争性,共有资源不可避免地会导致“公有地悲剧”[①]。为了使自然环境免遭损害，并为我们的子孙后代利益考虑，行政组织可通过制定相应的管制性措施来保护共有资源和环境，以减轻过度使用资源和环境污染等问题。

4. 宏观经济的调控，保证经济的稳定

在市场经济中，充分就业和物价稳定不会自动出现，相反会出现周期性的经济波动，经济会为长期的持续失业与通货膨胀所困，更为糟糕的是，失业与通货膨胀往往是并存的。政府的职责在于通过制定有关的公共政策来干预经济活动，缓和这种波动，保证经济的稳定和效率。行政组织正是借用政府的各种政策工具来实现政府的经济目的，包括财政工具，如预算政策、税收政策、信贷政策；货币工具，如货币政策、法定准备金、贴现率、物价政策、信用制度等等。

5. 社会收入的公平分配

市场经济会产生不平等的结果，为了实现社会的公平，需要社会有一种公平再分配的机制。政府在进行再分配方面显然处于有利地位，因为政府拥有强制征税的权力，该项权力使得政府能大规模介入再分配工作，并且能够通过税制解决由于要素市场的不完备性与垄断定价产生的收入分配问题。行政组织在实现收入再分配中的手段和途径有：税收转移、累进所得税、个人所得税、遗产税、对高收入消费者购买的货物进行课税等。

七、行政组织的发展趋势

（1）行政权力不断扩张，行政组织的规模日趋扩大。大量的社会危机和公共问题，使政府面对和处理的问题日趋繁杂，与此同时，亦促成了行政权力的不断膨胀。行政权力的膨胀和政府行政组织规模的日益庞大，已经成为各国行政管理的普遍现象。

（2）管理性质日趋复杂，管理功能不断扩充。当代政府活动所涉及的内容和范围日趋扩大，行政活动已深入并渗透到社会生活的方方面面，政府已经成为推动社会发展和增强国民福利的积极力量。政府活动范围的扩大，管辖事务的增多，管理对象的复杂，管理手段的多元化，使行政组织的管理性质日趋复杂，管理功能不断扩充。

（3）专业化和职业化趋向。随着整个社会分化程度的提高，随着行政管理对象的复杂化和专门化，特别是随着科学技术和信息技术在行政管理中的广泛应用，政府行政管理日趋专业化，分工也日趋精细。行政管理的专业化使得政府行政管理逐渐发展成为一个独立的职业领域，这一领域有其系统化的知识和技术，有其职业的规范和道德，有一批专门投身其中的专业人员，当代行政组织已经朝着专业化和职业化的方向发展。

（4）组织间的相互依存和协调日益加强。现代行政体系在结构和功能上的巨大分化，使得组织与组织之间的相互依赖程度越来越高。职能的分离与专业化，固然有利于组织效率的提高，但对组织整合与协调提出了更高的要求。强调组织间的联盟与协作，促进组织活动的一体化已经成为当代行政组织设计与管理的重要方向。

---

① 公有地悲剧：又称“公地悲剧”，是指有限的资源注定因自由使用和不受限的要求而被过度剥削，是一种涉及个人利益与公共利益对资源分配有所冲突的社会陷阱。

（5）法律限制和程式化。支撑现代行政组织的基础是理性——法律的权威，在法律框架下的行政组织，则显示出程式化和法治化的特征。

（6）重视社会的目的。现代行政强调国民福利、社会服务，政府行政的目的就在于为最大多数的人谋取最大的幸福。作为政府行政的构成体系，现代行政组织的一个重要功能就是推动整个经济社会的全面健康发展，把公共利益、公共服务、公共福祉作为其重要的使命。强调行政组织的社会目的和服务精神，重视行政组织公共服务功能的发挥，已经成为各国行政组织管理的重心所在。

（7）国际影响和国际化的趋向。国际化与全球化影响和冲击着每一个国家的政治、经济与社会发展，政府要解决和回应国际化所引发的各种问题，就必须采取必要的措施和行动，以应对这一变化和挑战。因此，行政组织设计与管理中的国际化视野以及重视各国行政组织间的国际交往和国际影响就成为当代行政组织管理的一个重要理念。

拓展阅读 1-1　行政组织中的冲突及其解决途径

第二节　实验案例

中华人民共和国国家监察委员会

一、如何合一

2017 年 1 月 19 日，中共中央政治局常委、中央纪委书记王岐山在十八届中央纪委七次全会上的工作报告全文公布。王岐山在报告中提到，将在十三届全国人大一次会议审议通过国家监察法、设立中华人民共和国国家监察委员会。

2018 年 3 月 11 日，第十三届全国人民代表大会第一次会议通过，第一百二十五条，中华人民共和国国家监察委员会是最高监察机关。

2018 年 3 月 17 日，第十三届全国人民代表大会第一次会议审议通过了国务院机构改革方案，将中华人民共和国监察部并入新组建的国家监察委员会。中华人民共和国国家预防腐败局并入国家监察委员会。不再保留监察部、国家预防腐败局。

2018 年 3 月 23 日，中华人民共和国国家监察委员会在北京揭牌，举行新任国家监察委员会副主任、委员宪法宣誓仪式，监察部并入新组建的国家监察委员会。

二、修改宪法

2018 年 2 月，中国共产党中央委员会根据新时代坚持和发展中国特色社会主义的新形势新实践，提出关于修改《中华人民共和国宪法》部分。其中，第五十二条规定，宪法第三章“国家机构”中增加一节，作为第七节“监察委员会”；增加五条，分别作为第一百二十三条至第一百二十七条。内容如下：

第七节　监察委员会

第一百二十三条　中华人民共和国各级监察委员会是国家的监察机关。

第一百二十四条　中华人民共和国设立国家监察委员会和地方各级监察委员会。

……

第一百二十五条　中华人民共和国国家监察委员会是最高监察机关。

国家监察委员会领导地方各级监察委员会的工作，上级监察委员会领导下级监察委员会的工作。

第一百二十六条　国家监察委员会对全国人民代表大会和全国人民代表大会常务委员会负责。地方各级监察委员会对产生它的国家权力机关和上一级监察委员会负责。

第一百二十七条　监察委员会依照法律规定独立行使监察权，不受行政机关、社会团体和个人的干涉。

监察机关办理职务违法和职务犯罪案件，应当与审判机关、检察机关、执法部门互相配合，互相制约。

宪法是国家根本法，是国家制定各种制度和法律法规的总依据。此次宪法修改建议中，用一节对监察委员会做出规定，确立监察委员会作为国家机构的法律地位，充分彰显了监察委员会在国家治理体系中的重要作用，也为深化国家监察体制改革、保证国家监察委员会履职尽责提供了根本遵循。

三、主要职责

其主要职责是维护党的章程和其他党内法规，检查党的路线方针政策和决议执行情况，对党员领导干部行使权力进行监督，维护宪法法律，对公职人员依法履职、秉公用权、廉洁从政以及道德操守情况进行监督检查，对涉嫌职务违法和职务犯罪的行为进行调查并做出政务处分决定，对履行职责不力、失职失责的领导人员进行问责，负责组织协调党风廉政建设和反腐败宣传等。

第三节

实验要求

一、实验目的

行政组织案例分析的主要目的在于提高学生解决行政组织管理相关问题的能力和判断力，重点在于解决问题的过程。案例分析人员要把自己当作案例中的当事人，来进行分析和决策，提高分析和处理管理问题的技能。

通过对案例分析的学习，可以牢固掌握与案例相关的行政组织知识点，同时还能促进深入思考，找出自身思维中的盲点，相互启发、借鉴、学习和交流，充实、完善自己，从而达到提高自身的沟通能力以及决策能力的目的。

二、实验步骤

1. 阅读案例，个人分析

主要是审读案例文本，把握案例事实，识别案例情境中的关键（案例）问题，个人先对案例进行分析，初步拟定解决问题的方案。这一阶段要求学生花费大量时间来准备，准备得充分与否直接关系到学习的效果。具体又可划分为以下步骤：

（1）快速阅读案例材料，熟悉所要讨论的案例及问题；

（2）再次阅读案例，尝试勾画问题轮廓及可能答案；

（3）仔细研究案例中的所有附加材料；

（4）确定（关键）问题之所在；

（5）分析案例中的数据；

（6）使用所需要的任何一种分析工具；

（7）仔细分析相互冲突的观点；

（8）为个人的分析诊断和观点提供理论支持和证据支持；

（9）制定恰如其分的行动计划和行动方案。

2. 小组讨论，达成共识

在小组或全班同学面前呈现个人对案例问题的分析，提出解决方案和依据；听取其他小组成员意见，对案例问题和解决方案展开讨论，从不同角度甚至对立中认识问题，以求达成共识。注意是提出观点而不是重复信息；尽量使用以下的表达“我的分析表明……”“该公司应该……，因为……”，而不是“我想……”“我认为……”“我觉得……”。

3. 课堂发言，全班交流

在课堂上以小组为单位陈述案例分析结果。可以选派一名组员代表小组发言，也可以由几人共同完成。表述过程中注意锻炼自己的表达能力，力求做到自然流畅，并能吸引听众的注意力，然后回答班里其他同学的提问。回答最好按照小组准备时的分工来分担问题，当然相互支持也是非常重要的。

4. 教师总结归纳，消化提升

在小组陈述、课堂讨论的基础上，最后由主讲教师或助教做总结。教师指导侧重案例分析的关键点，分析思路，通过该案例可强化、可引导的知识点等方面。

三、实验要求

（1）将案例阅读两遍。第一遍应该对案例有一个概括性认识，第二遍应该对案例中的种种做法了如指掌，然后仔细地研究每一份参考资料。

（2）列举本案例中必须面对的各个问题与关键点。

（3）充分进行数据分析，挖掘案例材料所能说明的各种问题。

（4）寻找运用各种原理和分析工具的机会。

（5）对形势的分析要全面深刻。

（6）所有的观点必须提供经过充分推理和论述的论据，包括数字证据。

（7）绘制图表，以清晰地表达观点。

（8）对个人提出的各种建议进行优先性排序，确保实施框架/步骤及可行性。

（9）重新评价个人所提出的行动计划，检验它是否为所确定的问题和关键点提出了解决方案。

（10）避免提出风险不可控制或不合理的方案。

四、实验成绩

序号	实验要求	分值
1	分析监察委的由来，监察职责和范围的变化	40
2	根据组织理论分析部门“合”与“分”的理论	30
3	字数要求：不少于3000字	30

第四节
实验报告

实验报告

院系			专业		
班级		姓名		学号	
实验教师		成绩		日期	
实验名称					

一、实验目的

二、实验原理

三、实验步骤

四、实验数据（如有则填）

五、实验结果

六、讨论分析（完成指定的问题要求）

七、实验总结（如有则填）

备注：

第五节 实验答案

我国行政组织结构优化研究

——以中华人民共和国国家监察委员会为例

一、改革前部门的信息

(一)中华人民共和国监察部

1. 简介

中华人民共和国监察部是行使《中华人民共和国行政监察法》授予行政监察权力的国务院监察机关,是国务院组成部门之一。

2. 主要职责

根据《中华人民共和国行政监察法》规定,监察部主管全国监察工作,对国务院各部门及其公务员、国务院及国务院各部门任命的其他人员和各省、自治区、直辖市人民政府及其领导人员实施监察。

监察部依照《中华人民共和国行政监察法》第十八条等规定履行职责。根据该法第十八条规定,监察机关对监察对象执法、廉政、效能情况进行监察,履行下列职责:①检查国家行政机关在遵守和执行法律、法规和人民政府的决定、命令中的问题;②受理对国家行政机关及其公务员和国家行政机关任命的其他人员违反行政纪律行为的控告、检举;③调查处理国家行政机关及其公务员和国家行政机关任命的其他人员违反行政纪律的行为;④受理国家行政机关公务员和国家行政机关任命的其他人员不服主管行政机关给予处分决定的申诉,以及法律、行政法规规定的其他由监察机关受理的申诉;⑤法律、行政法规规定由监察机关履行的其他职责。

监察机关按照国务院的规定,组织协调、检查指导政务公开和纠正损害群众利益的不正之风工作。根据《中华人民共和国行政监察法》第十七条规定,监察部可以办理各省、自治区、直辖市人民政府监察机关管辖范围内的监察事项,必要时也可以办理各级监察机关管辖范围内的监察事项。

(二)中华人民共和国国家预防腐败局

1. 简介

中华人民共和国国家预防腐败局属于国务院直属机构,负责全国的预防腐败工作,在监察部加挂牌子。局长由监察部部长兼任。

2. 主要职责

国家预防腐败局负责全国预防腐败工作的组织协调、综合规划、政策制定、检查指导。协调指导企业、事业单位，社会团体、中介机构和其他社会组织的防治腐败工作。负责预防腐败的国际合作和国际援助。这项职责是《联合国反腐败公约》对缔约国预防腐败机构的要求。

二、改革原因

（1）职责重叠，推诿扯皮：原本党政分离两个部门在人员、机构、职能上存在重叠、效率不高。

（2）财政压力大，管理成本高：人员数量大，两部门运作需要更多的资金，管理成本高。

（3）存在固化的利益藩篱：部门中存在着错综复杂的利益关系，并且在进行工作时，容易受到利益关系的影响。

（4）推进政府职能转变的需要：因为同时存在两个部门，导致工作大部分由国务院处理，不利于向服务型政府转变。

（5）监察力度加大的需要。

（6）推进深化改革，完善国家监察制度。

三、中华人民共和国国家监察委员会

（一）如何合一

2017 年 1 月 19 日，中共中央政治局常委、中央纪委书记王岐山在十八届中央纪委七次全会上的工作报告全文公布。王岐山在报告中提到，将在十三届全国人大一次会议审议通过国家监察法、设立中华人民共和国国家监察委员会。

2018 年 3 月 11 日，第十三届全国人民代表大会第一次会议通过，第一百二十五条，中华人民共和国国家监察委员会是最高监察机关。

2018 年 3 月 17 日，第十三届全国人民代表大会第一次会议审议通过了国务院机构改革方案，将中华人民共和国监察部并入新组建的国家监察委员会。中华人民共和国国家预防腐败局并入国家监察委员会。不再保留监察部、国家预防腐败局。

2018 年 3 月 23 日，中华人民共和国国家监察委员会在北京揭牌，举行新任国家监察委员会副主任、委员宪法宣誓仪式监察部并入新组建的国家监察委员会。

（二）修改宪法

2018 年 2 月，中国共产党中央委员会根据新时代坚持和发展中国特色社会主义的新形势新实践，中国共产党中央委员会提出关于修改《中华人民共和国宪法》部分。

其中，第五十二条规定，宪法第三章“国家机构”中增加一节，作为第七节“监察委员会”，增加五条，分别作为第一百二十三条至第一百二十七条。内容如下：

第七节　监察委员会

第一百二十三条　中华人民共和国各级监察委员会是国家的监察机关。

第一百二十四条　中华人民共和国设立国家监察委员会和地方各级监察委员会。

……

第一百二十五条　中华人民共和国国家监察委员会是最高监察机关。

国家监察委员会领导地方各级监察委员会的工作，上级监察委员会领导下级监察委员会的工作。

第一百二十六条　国家监察委员会对全国人民代表大会和全国人民代表大会常务委员会负责。地方各级监察委员会对产生它的国家权力机关和上一级监察委员会负责。

第一百二十七条　监察委员会依照法律规定独立行使监察权，不受行政机关、社会团体和个人的干涉。

监察机关办理职务违法和职务犯罪案件，应当与审判机关、检察机关、执法部门互相配合，互相制约。

宪法是国家根本法，是国家制定各种制度和法律法规的总依据。此次宪法修改建议中，用一节对监察委员会做出规定，确立监察委员会作为国家机构的法律地位，充分彰显了监察委员会在国家治理体系中的重要作用，也为深化国家监察体制改革、保证国家监察委员会履职尽责提供了根本遵循。

（三）主要职责

其主要职责是维护党的章程和其他党内法规，检查党的路线方针政策和决议执行情况，对党员领导干部行使权力进行监督，维护宪法法律，对公职人员依法履职、秉公用权、廉洁从政以及道德操守情况进行监督检查，对涉嫌职务违法和职务犯罪的行为进行调查并做出政务处分决定，对履行职责不力、失职失责的领导人员进行问责，负责组织协调党风廉政建设和反腐败宣传等。

四、监察范围对比

（一）改革前

(1) 国家行政机关及其公务员
(2) 企业
(3) 事业单位
(4) 社会团体
(5) 中介机构
(6) 其他社会组织

（二）改革后

《中华人民共和国监察法》第三章对监察委员会的监察范围做出了详细的规定，监察机关对下列公职人员和有关人员进行监察：

(1) 中国共产党机关、人民代表大会及其常务委员会机关、人民政府、监察委员会、人民法院、人民检察院、中国人民政治协商会议各级委员会机关、民主党派机关和工商业联合会机关的公务员，以及参照《中华人民共和国公务员法》管理的人员；

（2）法律、法规授权或者受国家机关依法委托管理公共事务的组织中从事公务的人员；

（3）国有企业管理人员；

（4）公办的教育、科研、文化、医疗卫生、体育等单位中从事管理的人员；

（5）基层群众性自治组织中从事管理的人员；

（6）其他依法履行公职的人员。

五、中国共产党中央纪律检查委员会

党的中央纪律检查委员会在党的中央委员会领导下进行工作。党的地方各级纪律检查委员会和基层纪律检查委员会在同级党的委员会和上级纪律检查委员会双重领导下进行工作。党的各级纪律检查委员会的主要任务是：维护党的章程和其他党内法规，检查党的路线、方针、政策和决议的执行情况，协助党的委员会加强党风建设和组织协调反腐败工作。与中华人民共和国国家监察委员会合署办公。

习近平总书记在党的十九大报告中指出："深化国家监察体制改革，将试点工作在全国推开，组建国家、省、市、县监察委员会，同党的纪律检查机关合署办公，实现对所有行使公权力的公职人员监察全覆盖。"

第二章 CHAPTER2

行政职能案例实验实训

行政职能是狭义的政府即国家行政机关承担的国家职能。政府公共行政管理是政府履行其职能的基本形式。政府公共行政管理是以国家行政权为基础的、以社会为对象的全方位的公共管理。它在本质上反映国家的阶级属性，同时履行国家的社会职能。

第一节 知识框架

一、行政职能的含义

行政职能也称政府职能，是指政府在社会中的职责与功能。其核心的价值在于回答政府"应该做什么""不应该做什么"的问题。也就是职权范围、职责深度、职权方式。它既包括政府的行政职责，也包括政府的行政职能，是行政职责和行政职能的辩证统一。概括地说，行政职能是狭义的政府即国家行政机关承担的国家职能，是相关政治权利主体按照一定的规则，经由一定的过程，通过多种表达形式实现彼此价值观念和利益关系的契合，从而赋予国家行政机关在广泛的国家政治生活、社会生活过程中的各种任务的总称，是国家行政机关因其国家公共行政权力主体的地位而产生，并由宪法和法律加以明示规定的国家行政机关各种职责的总称。行政职能是国家职能的具体执行和体现，行政职能的行使受立法机关的监督；反之，行政职能发挥的程度又制约和影响其他国家职能的实现程度。

二、行政职能的特点

1. 阶级性与公共性

行政职能是国家职能的构成和体现。国家有两种基本职能，一种是政治统治职能，另一种是社会管理职能。行政职能一方面必须执行和体现国家的政治统治职能，体现国家意志的要求，反映政府所代表的国家的性质和活动方向，为占统治地位的阶级所赖以存在与发展的经济基础服务，具有一定的阶级性；另一方面作为国家权力的执行机关，它必须适应国家社会生活发展的需要，承担和执行社会公共管理职能，以服务社会公共利益。

2. 执行性与强制性

在现代社会中，国家的行政职能与立法职能、司法职能区别开来。相对于立法职能而言，行政职能具有明显的执行性质，表现为执行国家意志的管理方面的职能。正如美国学者古德诺指出的，政治是国家意志的表达，行政是国家意志的执行。

3. 多样性

从静态分析，行政管理的范围涉及国家和社会生活的各个方面，行政职能广泛渗透到整个社会生活的每个角落，涵盖社会的各个领域，并且每种职能都具有十分丰富的内涵。这种职能范围的多样性不仅是非政府机构的职能所无法比拟的，也是其他国家机关职能如立法、司法职能所望尘莫及的。

4. 动态性

由于行政职能的内容、范围及活动方式源于国家的性质和社会的需求，它与社会变化直接相关，它对持续的社会变迁与复杂化极为敏感，往往以各种机动灵活的方式渗透到社会生活中去，以解决这些问题。因此，行政职能是动态变化的，行政职能的范围、内容、主次关系、作用方式等必然随着环境的变化而变化。适应环境变化需要，及时调整和转变行政职能，是做好行政管理的重要前提和基础，也是政府行政系统赖以生存与发展的前提条件。

5. 整体性

政府行政系统和行政行为是整个社会系统中的一个子系统，行政职能是整个社会职能系统的一部分。从国家机构系统来看，国家职能是由立法职能、行政职能、司法职能组成的，行政职能是整个国家职能系统的一部分，它与国家其他职能有机地联系着：行政职能的行使既受立法机关的监督，又以司法机关等国家强制力为后盾。从行政系统自身来看，行政职能本身也是一个完整的体系，其职能结构极为庞大和复杂。

三、行政职能的构成

（一）政治职能

政治职能亦称统治职能，是指政府为维护国家统治阶级的利益，对外保护国家安全，对内维持社会秩序的职能。我国政府主要有四大政治职能。

1. 军事保卫职能

即维护国家独立和主权完整、保卫国防安全、抵御外来侵略的职能。

2. 外交职能

即通过政府的外交活动，促进本国与世界其他各国正常的政治、经济往来，建立睦邻友好关系，促进国与国之间互惠互利，反对强权政治，维护世界和平等方面的职能。

3. 治安职能

即维持国家内部社会秩序、镇压叛国和危害社会安全的活动、保障人民的政治权利和生命财产安全、维护宪法和法律尊严的职能。

4. 民主政治建设职能

即通过政府活动，推进国家政权完善和民主政治发展的职能。

(二)经济职能

经济职能是指政府为国家经济的发展，对社会经济生活进行管理的职能。随着我国计划经济体制向社会主义市场经济体制的转变，我国政府经济职能主要包括两方面。

1. 微观经济职能

政府对微观经济管理既要放开搞活，又要限制其消极作用，主要的职责有以下几方面：①为市场经济的有效运行提供必要的制度、规则安排；②价格管制；③维护公平的竞争秩序；④质量管制。

2. 宏观经济职能

(1) 财政政策。财政政策是政府通过财政收支总量与结构的变化调控宏观经济，使政府的经济目标得以实现的经济政策。财政政策包括两大部分：税收和政府开支。财政政策发挥作用的基本支点是累进税制度和社会保障制度两大部分，它们构成自动削减经济波动的第一道屏障。

(2) 货币政策。货币政策发挥作用的主要政策工具：法定准备金，贴现率，公开市场业务。

(3) 产业政策。产业政策是政府为了实现一定的经济和社会目标而对产业的形成和发展进行干预的各种政策的总和。产业政策的功能主要是弥补市场缺陷，有效配置资源；保护幼小民族产业的发展；熨平经济震荡；发挥后发优势，增强适应能力。

(4) 提供经济基础设施。经济基础设施主要是指基础科学研究、市政基础设施和公共交通、电力、通信系统等，是经济发展的基本环境条件。

(三)文化职能

文化职能是指政府指导和管理文化事业的职能。它是政府管理最古老、最重要的职能之一，与社会的意识形态、价值观和精神文明状况相联系，在不同时代和不同国家有着不同的内容。文化职能是政府通过制定和实施各项文化政策加以实现的，其核心在于政府通过对文化事业的管理，维护和弘扬一种意识形态，用以说明和论证统治与治理的合法性。与国家用强制性的方式维护自己的统治地位相比，意识形态以软的方式影响人们的思想，以达到对社会的控制。政府维护对社会思想的统治是通过政治社会化来实现的。政治社会化就是形成、维护和改变社会成员的态度、信仰和感情的过程。政府的教育行政部门、文化管理部门等职能部门就是负责管理执行社会化的机构，并通过家庭、学校、大众传播工具和政府组织等具体机构履行这一职能。例如，教育行政部门通过对教学内容的审查，培养未成年公民对国家和民族的认同意识；通过对教学内容的规定，培养公民良好的道德品行和强烈的社会责任感。一个公民对国家和民族的心理认同意识，来源于各种形式的早期教育，这关乎一个国家政治统一、民族团结的社会心理基础，如果一个政府的公共教育政策不能加强公民对自己祖国和民族的认同感和凝聚力，就是公共教育政策最大的失败。

（四）社会职能

社会职能是指政府承担的社会服务和社会保障职能。它是政府管理中内容最为广泛、丰富的一项基本职能，凡致力于保证、改善人民物质文化生活，体现人道主义思想的各类事务，都在社会职能的范围内。现代社会中政府职能的极大扩张也主要是社会职能的拓展。政府社会职能的内容主要有以下方面。

1. 提供社会保障

在财政政策中，社会保障制度“逆市场风向而行”，自动关闭和开启，发挥着刺激或抑制需求，从而间接影响宏观经济的作用。与此同时，社会保障又是对公民基本生存权利和基本生活条件的保障，这是政府的公共伦理要求，追求的是社会公平，因而又属于政府的社会职能。

2. 人口政策

人口政策与行政管理的相关性主要集中在对一个国家人口数量、质量及其结构的控制，属于公共管理的重要内容之一。人口问题是最直观地体现公利与私利关系的少数几个领域之一。生育权是基本的人权之一，一个家庭生几个孩子表面上看是个人的事情，但是人口的数量和质量又对宏观经济和社会发展带来巨大影响：降低或提高人均收入水平；增加或减少社会总需求；社会福利和公共产品供给不足；加剧或缓解人口与自然资源的矛盾影响未来的就业岗位数目和就业率；等等。显然，如果人口数量变化速度超出经济社会发展客观允许的可吸纳程度，不仅会严重恶化宏观经济的运行态势，使市场配置资源功能的发挥受到很大限制，而且带来诸如教育、住房、交通等大量的社会问题，直接影响到人们的生活水平和生活质量。因此，人口问题与公共利益息息相关。众所周知，符合经济社会协调发展的人口增长率不可能依靠市场机制的自发调节来实现，市场机制也基本上不能对家庭的生育动机产生影响。因此，人口问题只能由政府运用公共权力、依据人口发展规律制定符合国情的人口政策，用政策手段调控人口的增减，并通过相应的职能机构推行实施。调节控制人口符合全社会的共同利益和长远利益。

3. 保护自然环境

自然环境是人类赖以生存的基本条件，在自然环境日益恶化的今天，环境问题已经成为威胁人类生存的普遍性的全球问题，人类从来没有像今天这样深切地意识到环境对人类的重要性。环境问题主要是由社会的经济活动所引起，人类的生产和消费活动会不同程度地污染、破坏环境。在农业社会，人与自然环境的矛盾并不突出，随着工业化、城市化的到来，以及科技成果的广泛应用和自然资源的大力开发，出现了日益严重的环境污染，加上人类自身对自然资源不合理的利用以及恣意掠夺，生态问题愈演愈烈。环境的恶化和生态失衡不仅威胁当代人的生存发展，也会影响子孙后代的生存发展。

四、行政职能的转变

（一）行政职能转变的内容

行政职能转变，不仅包括行政职能内容的转变，还包括政府行政职能方式、行政职能的重新配置以及相应政府机构的调整和改革。行政职能转变主要包括以下三个方面。

1. 行政职能的外部转移

即政府与其他非政府组织之间发生的职能重新调整和组合。按照社会主义市场经济的要求，政府将不属于自己的职能交还给企事业单位以及社会中介组织，同时还应将属于自己的职能收归政府所有。

2. 行政职能的内部转移

即政府系统内部纵向层级之间和横向部门之间的职能配置和划分。①纵向层级之间按照必要的集中与适当的分散相结合的原则，合理划分各级政府的职能范围，明确各自的权力和责任；②在横向部门之间要按照相同或相近的职能由一个部门承担的原则，合理配置和划分政府部门之间的职责分工。

3. 行政管理方式的转变

即政府行使职能的方式，包括工作方式、工作作风、运行程序等各个方面。政府行政管理手段的转变，就是要按照社会主义市场经济的要求，将传统计划经济体制下的单一行政手段，转向以综合运用经济手段、法律手段为主，辅之以必要的行政手段。

（二）我国行政职能转变的内容

1. 职能重心的转变

1956 年在我国完成了社会主义的基本改造之后，党和国家的工作重心本应该转移到以经济建设为中心的轨道上来，但由于错误思想的影响和对马克思主义关于社会主义个别结论理解的偏差，导致了我国在长达 20 多年的时间里，一直是重政治统治职能，轻社会管理职能；重阶级斗争，轻经济建设。党的十一届三中全会明确提出了把党和国家的工作重心转移到经济建设上来。为此，各级人民政府紧紧围绕经济建设这个中心，实现了政府职能重心的根本转变，开创了我国行政管理的新局面。

2. 职能方式的转变

随着政府职能重心的转变，政府职能方式也进行了转变。这种转变主要体现在：①由运用行政手段为主转变为运用经济手段为主。②由微观管理、直接管理为主转向宏观管理、间接管理为主。③由重视计划、排斥市场转向把计划与市场有机地结合起来。

3. 职能关系的转变

职能关系是指不同的管理职能该由谁来行使以及管理主体之间职责权限的划分。分清职能、理顺关系、明确不同管理主体之间的职责权限，这是实现行政职能转变的关键环节。在我国，政府职能关系主要表现为：中央与地方、上级与下级政府之间的职能关系；政企关系；政府与市场的关系；政府与社会的关系；政府内部各职能部门之间的关系。理顺职能关系，也就是要理顺上述这些关系。

(三)行政职能转变的必要性

(1)转变行政职能,是依法治国的客观要求。改革行政管理体制、转变行政职能,是坚持依法治国基本方略、全面推进依法行政、建设法治政府的客观要求。全面推进依法行政,建设法治政府,就是要用法律手段推动改革进程,用法律形式固定改革成果,最终为建立现代行政管理体制提供法制保障。

(2)转变行政职能,是落实科学发展观的需要。公共行政科学化是转变行政职能的内在动力,行政管理科学化和技术手段现代化是行政职能转变的必然结果。落实科学发展观,需要完善相关保障机制,转变行政职能,合理设置行政机构,理顺中央与地方关系,建立起一套符合科学发展观要求的政绩考核标准和执法责任制等制度,促进经济社会全面协调可持续发展。

(3)转变行政职能,是构建社会主义和谐社会的必然要求。政府严格依法行政,提供各种公共产品和服务,更好地促进公平正义;人民依照宪法和法律规定,通过各种途径和形式管理国家事务,管理社会事务,更好地实现社会和谐、社会与人的自由全面发展。

(4)转变行政职能,是社会主义市场经济的客观要求。随着社会主义市场经济体制的不断深化,市场在资源配置中的决定性作用越来越突出。管理型政府已经严重不符合市场经济的要求,政府应该为市场经济服务。

(5)转变行政职能,是应对经济全球化发展趋势的需要。经济全球化的发展趋势,对政府履行保障国家安全和参与国际公共事务等职能,提出了新的课题。减轻政府财政压力,适应行政管理社会化的发展趋势,迫切需要改革行政管理体制和完善经济法律制度。

(四)行政职能转变的关键

政企分开,是建立社会主义市场经济体制的内在要求,是行政职能转变的关键,也是当前中国政府机构改革取得成功的必要条件。

1. 政府与企业的社会职责的分开

政府的社会职责是对国家和社会公共事务进行有效的管理,而企业的社会职责是依照国家法律和市场规则,以最少的投入向社会提供最多最好的产出。

2. 企业所有权与经营权的分开

按照公司法人治理结构,企业的资产所有权和生产经营权的行使主体应当是分离的,股东会、董事会、监事会和经理层,要各负其责、协调运转、有效制衡。

3. 政府国有资产所有者职能与行政职能的分开

在政府内部,国有资产所有者职能与行政职能必须分开,同一政府机构不能既承担国有资产所有者职能又承担行政职能。

(五)行政职能转变的措施

(1)进一步准确界定行政职能。在社会主义市场经济体制下,政府的经济管理职能主要是进行经济调节,加强市场监管,为企业创造良好的经营环境并搞好服务等。各级政府应当按照分级管理的原则,对上述职能进行进一步明确和合理划分。其中,能够用法律法规固定下来的，就把它用法律法规固定下来。同时，各级政府都要坚持依法行政，既要防止行政职能不到位，又要尽可能避免侵犯企业合法权益的现象发生。

(2) 进一步深化政府机构改革。相比发达市场经济国家，我国政府机构比较庞大，要根据市场在资源配置中发挥决定性作用的要求，进一步明确行政职能，并根据行政职能的要求调整和完善政府机构，以促进社会主义市场经济体制的不断完善。

(3) 把行政职能转变的重点放在制度化、程序化、规范化建设上，使依法治国方略真正落到实处。依法治国直接表现为对行政职能的构成内容和运行程序的规范和约束。我们必须在政府管理社会事务的制度化、程序化、规范化建设上有所作为，才能真正把行政职能转变到与完善的市场经济体制相适应的目标模式上来。

(4) 大力发展和规范社会中介机构和行业协会，增强社会自我管理的能力，构筑政府与社会共同治理的模式。一是要理顺政府部门、行业管理和中介机构之间的相互关系，强化行业协会的管理职能，逐步建立起以行业自律管理为主、政府间接管理为辅的管理体制。二是要继续大力发展各种中介组织满足市场经济发展的需要。三是加强立法和执法工作，使中介行业管理逐步走上法治化轨道。

五、行政职能研究的意义

行政职能是行政管理活动的实质和核心，认真研究行政职能与行政环境的互动关系，了解行政职能构成要素及其活动规律，并根据需要及时调整行政职能体系，分清轻重缓急，合理地确定行政管理各方面、各阶段的职能，对于更好地发挥行政管理的作用，有效地组织各项管理活动，有着十分重要的意义。

(1) 研究行政职能对于合理地确定行政活动的方向和重点有着重要意义。行政职能是国家职能的体现，行政职能反映国家行政管理活动的基本方向和实质内容，指明政府活动中基本的、主要的工作。在不同历史时期，行政管理的政治统治职能和社会管理职能的重要性有所区别，主要原因在于政府所处的经济、社会和文化环境不同，如果不能根据时代和环境要求正确地区分它们的区别，或在需要加强政治统治职能的时候，片面强调社会管理职能，或在需要加强社会管理职能的时候，片面强调政治统治职能的作用，就会阻碍社会的发展。例如，在和平建设时期，把军事职能、镇压职能这类政治职能作为重点来实施，把人民内部矛盾视同敌我矛盾，以阶级斗争为纲，结果社会秩序失去平衡，经济文化建设被忽视，其结果是政府管理活动成为社会发展的阻碍力量。研究行政职能不仅有利于合理地确定行政管理方向，还有利于确定行政管理的重点和内容。行政管理活动的内容、目标和任务都要根据行政职能来确定，如果行政机关规定的目标和任务超出了行政职能，那就有可能管了许多管不了、管不好的事情，造成"越位"；如果行政机关目标和任务规定得较少，许多该承担的工作不去管，就无法履行政府对社会所应负的历史职责，造成"缺位"。研究行政职能有利于审时度势，科学认识行政职能与社会环境的关系，理解行政职能演变发展规律，合理确定行政职能重点和方向，确定不同时期、不同行政机构管理的目标和任务，充分发挥行政管理在国家和社会生活中的积极作用。

(2) 研究行政职能对于行政组织建设有着重要意义。行政组织不是任意设立的，其赖以确立的根本依据是行政职能。一方面，只有以职能为基础来认识行政机构，才能科学地确定行政机构的地位、作用及规模大小，才能合理地建立一个功能齐全、结构完备、运转良好的行政组织体系。另一方面，由于社会环境的变化，行政职能也会发生变化，行政机构也应进行相应的调整。行政职能转变是政府机构改革的核心。机构改革能否取得成功，关键在于行政职能与机构改革能否相结合，只有真正转变了行政职能，才能顺利地推进机构改革。我国在以前的机构改革由于没有抓住转变职能这一关键，结果出现“精简—膨胀—再精简—再膨胀”的恶性循环。我国目前的行政管理面临着日益复杂的国际国内形势，行政管理体制改革和机构改革的任务十分繁重，研究行政职能对于深化我国机构改革、重塑新型行政管理体制具有十分重大的理论与现实意义。

（3）研究行政职能对于行政管理过程的科学化有着重要意义。行政管理活动是一种职能活动，行政管理过程是行使行政职能的过程，是决策、组织、指挥、协调、控制等职能有序运行的过程。每项职能都是不可或缺的环节，对其中任何环节的疏忽，都会直接影响整个管理系统，导致行政行为的变形和行政功能的紊乱。研究行政管理的各项职能，就能使我们不仅可以从宏观角度，还可以从微观角度更清楚地了解行政管理过程的各个环节内部的运转状况以及各个环节之间的衔接情况，从而更科学地认识行政管理职能及其相互关系过程，把握管理各阶段的实际影响和效果，有利于加强薄弱环节，纠正偏离组织目标的行为，保证整个管理系统的有效运作，提高行政管理的科学化水平。

（4）研究行政职能对于促进行政效率和效能的提高有着重要意义。在某种程度上说，行政效能的高低取决于行政职能的发挥和实现情况。行政职能能否充分发挥和完全实现，既受国家本质和政治制度的制约，又受到行政权限划分、组织机构设置、人员素质、活动原则、经费收支等方面因素的影响，尤其受到行政决策是否科学、执行是否有力、协调是否顺畅、监督控制是否到位的制约。所以行政职能实施情况，是检验行政管理方方面面的一个重要依据，也是检验管理结果的重要依据。研究行政职能，对于理顺职能关系，充分发挥行政管理各项职能的作用，促进行政管理的效率和效能的提高有着重要意义。

六、西方国家行政职能的演变

（一）前资本主义时期的行政职能

前资本主义时期包括奴隶制、封建制时期，奴隶制国家是在经济上占统治地位的奴隶主阶级对被统治的奴隶阶级的专政。这一时期国家行政职能的重点在于政治统治，通过强化政治职能，采取残暴的统治方式来维持奴隶主阶级政权的生存和发展。经济职能十分微弱，其他的社会管理职能也甚少。与奴隶制国家相比，封建制国家经济职能的内容稍有增加。这一时期国家为了巩固经济发展的事务，组织修道路桥梁，实行专管专卖等。与此同时，国家也承担了一定的社会管理职能，进行某些社会公共事业的建设。当然，封建制国家的社会管理职能还是很微弱的，其职能的重点仍是政治统治，通过强化政治职能以维护封建地主阶级的统治。

（二）自由资本主义时期的行政职能

自由资本主义时期是资本主义发展的上升阶段，这一时期资本主义行政职能的确定与资产阶级思想家的理论有密切联系。英国的洛克、边沁、密尔与亚当·斯密等人提出

"守夜人"与有限政府理论，认为政府得到的只是人们转让出来的有限权力，政府的行为是有限的，它的职能也就是限于确保人们生命、自由和财产的安全。经济领域中最大幸福的实现，与政府干预的最低程度是紧密相连的，在经济领域里，政府的格言是"安静些"，强调用"看不见的手"（市场）来调节和引导社会经济及其他各方面事业的发展。因此，这一时期资产阶级政府以保障资产阶级政权的巩固和发展，起着"守夜人"的作用，对社会经济的干预较少。

（三）垄断资本主义时期的行政职能

19 世纪末，随着资本主义由自由阶段发展到垄断阶段，自由放任政策和"守夜人"理论越来越不适应社会发展的要求，再加上社会阶级分化加剧，阶级对立严重，经济危机不断出现，资产阶级感到，必须改变原来的政府理论和政策，刺激经济，使社会矛盾达到缓和，其最有影响的人物就是英国著名的经济学家约翰·梅纳德·凯恩斯。为了维护资产阶级的统治，资本主义国家充分运用和强化了政府的政治统治职能，专政职能大大加强，民主职能则有所削弱。在经济领域，过去那种依靠"看不见的手"来调节社会经济发展的做法已远远不够，政府加强对经济的调节，政府的经济职能和社会服务职能均得到加强。如政府通过行政手段和法律手段来维持市场秩序，通过预算和高额税收、充分就业政策、发行公债等办法承担起某些社会公共事务，在收入再分配领域采取一系列福利措施等。

（四）当代资本主义的行政职能

当代资本主义国家在生产关系和上层建筑领域进行了一系列的改革和调整。这一时期占主导地位的政府职能理论是公共选择学派及其他新自由主义学派的理论。这一理论对凯恩斯的政府干预政策提出批评，认为市场的缺陷并不是把问题移交给政府去处理的理由，强调社会中介组织的作用。这一时期，政府政治职能中的暴力职能相对减弱，而保持社会稳定的调节职能趋于加强。如政府通过与各种利益集团、各种社会力量之间的协调来达到平衡，通过吸收工人和人民群众参与管理等。另一方面，当代资本主义国家政府承担了更多的经济职能，并以此为行政职能的重点。这一时期，政府在充分发挥"看不见的手"调节社会经济发展的前提下，也强调利用"有形的手"（政府）来弥补市场机制的不足，为资本主义社会经济生活的运行创造条件和提供相对稳定的社会环境。同时，政府的社会服务职能也在逐步地扩大。对于诸如就业、住宅、交通、人口控制、环境保护、生态平衡等一系列新的社会问题以及一些投资大、见效慢、私人垄断组织无力承担或不愿承担的社会公共事务等，政府不得不加以研究解决，以维护社会经济的发展和政治的稳定。

拓展练习 2-1
思考题

第二节 实验案例

我国生态环境部的组建

我国行政职能的构成包括政治职能、经济职能、文化职能与社会职能。本节分析的行政职能主要是社会职能中的保护自然环境。自然环境是人类赖以生存的基本条件，在自然环境日益恶化的今天，环境问题已经成为威胁人类生存的重大问题，而且也对我们子孙后代的生存造成威胁，人们深切地认识到良好环境的重要性。[①] 我国作为一个负责任的大国，对环境问题十分重视，因此我国进行机构职能的合并与拆分，切实保护环境。

2018 年 3 月，十三届全国人大一次会议表决通过了关于国务院机构改革方案的决定，公布了《国务院机构改革方案》：将组建生态环境部，作为国务院组成部门，不再保留环境保护部。生态环境部的基本职责定位是“监管”，统一行使生态环境监管者职责。将以下职责合并：将环境保护部的职责，国家发展和改革委员会的应对气候变化和减排职责，国土资源部的监督防止地下水污染职责，水利部的编制水功能区划、排污口设置管理、流域水环境保护职责，农业部的监督指导农业面源污染治理职责，国家海洋局的海洋环境保护职责，国务院南水北调工程建设委员会办公室的南水北调工程项目区环境保护职责整合，组建生态环境部，作为国务院组成部门。生态环境部对外保留国家核安全局牌子。继 2008 年国家环保总局升格为环境保护部后，生态环保领域再次迎来机构调整。与以往的升格不同，这次不再是环境保护部的单纯扩权，还整合了碎片化职能，增设协调机构。这次国务院机构改革，以国家治理体系和治理能力现代化为导向，以推进机构职能优化协同高效为着力点，改革机构设置，优化职能配置，开启了全面建设社会主义现代化国家新征程。

第三节 实验要求

一、实验目的

行政职能案例分析的主要目的在于提高学生解决行政职能管理相关问题的能力和判

① 胡晓东. 公共管理案例分析实验实训教程[M]. 武汉：华中科技大学出版社，2016：21-23.

断力，重点在于解决问题的过程。案例分析人员要把自己当作案例中的当事人，来进行分析和决策，提高分析和处理管理问题的技能。

通过对案例分析的学习，可以牢固掌握与案例相关的行政职能知识点，同时还能促进深入思考，找出自身思维中的盲点，相互启发、借鉴、学习和交流，充实、完善自己，从而达到提高自身的沟通能力以及决策能力的目的。

二、实验步骤

1. 阅读案例，个人分析

主要是审读案例文本，把握案例事实，识别案例情境中的关键(案例)问题，个人先对案例进行分析，初步拟定解决问题的方案。这一阶段要求学生花费大量时间来准备，准备得充分与否直接关系到学习的效果。具体又可划分为以下步骤：

(1) 快速阅读案例材料，熟悉所要讨论的案例及问题；

(2) 再次阅读案例，尝试勾画问题轮廓及可能答案；

(3) 仔细研究案例中的所有附加材料；

(4) 确定(关键)问题之所在；

(5) 分析案例中的数据；

(6) 使用所需要的任何一种分析工具；

(7) 仔细分析相互冲突的观点；

(8) 为个人的分析诊断和观点提供理论支持和证据支持；

(9) 制定恰如其分的行动计划和行动方案。

2. 小组讨论，达成共识

在小组或全班同学面前呈现个人对案例问题的分析，提出解决方案和依据；听取其他小组成员意见，对案例问题和解决方案展开讨论，从不同角度甚至对立中认识问题，以求达成共识。注意是提出观点而不是重复信息；尽量使用以下的表达“我的分析表明……”“该公司应该……，因为……”，而不是“我想……”“我认为……”“我觉得……”。

3. 课堂发言，全班交流

在课堂上以小组为单位陈述案例分析结果。可以选派一名组员代表小组发言，也可以由几人共同完成。表述过程中注意锻炼自己的表达能力，力求做到自然流畅，并能吸引听众的注意力，然后回答班里其他同学的提问。回答最好按照小组准备时的分工来分担问题，当然相互支持也是非常重要的。

4. 教师总结归纳，消化提升

在小组陈述、课堂讨论的基础上，最后由主讲教师或助教做总结。教师指导侧重案例分析的关键点，分析思路，通过该案例可强化、可引导的知识点等方面。

三、实验要求

(1) 将案例阅读两遍。第一遍应该对案例有一个概括性认识，第二遍应该对案例中的种种做法了如指掌，然后仔细地研究每一份参考资料。

(2) 列举本案例中必须面对的各个问题与关键点。

(3) 充分进行数据分析，挖掘案例材料所能说明的各种问题。

(4) 寻找运用各种原理和分析工具的机会。

(5) 对形势的分析要全面深刻。

(6) 所有的观点必须提供经过充分推理和论述的论据，包括数字证据。

(7) 绘制图表，以清晰地表达观点。

(8) 对个人提出的各种建议进行优先性排序，确保实施框架/步骤及可行性。

(9) 重新评价个人所提出的行动计划，检验它是否为所确定的问题和关键点提出了解决方案。

(10) 避免提出风险不可控制或不合理的方案。

四、实验成绩

序号	实验要求	分值
1	分析组建生态环境部的原因、职能	30
2	分析组建生态环境部职能合并的好处	30
3	总结历史上机构改革的规律	30
4	字数要求：不少于 3000 字	10

第四节

实验报告

实验报告

<table>
<tr><td>院系</td><td colspan="2"></td><td>专业</td><td colspan="2"></td></tr>
<tr><td>班级</td><td></td><td>姓名</td><td></td><td>学号</td><td></td></tr>
<tr><td>实验教师</td><td></td><td>成绩</td><td></td><td>日期</td><td></td></tr>
<tr><td>实验名称</td><td colspan="5"></td></tr>
<tr><td colspan="6">一、实验目的

二、实验原理

三、实验步骤

四、实验数据(如有则填)

五、实验结果

六、讨论分析(完成指定的问题要求)

七、实验总结(如有则填)</td></tr>
<tr><td colspan="6">备注：</td></tr>
</table>

第五节
实验答案

行政职能是狭义政府即国家行政机关的职能，也称政府职能，是指政府在社会中的职责与功能。行政职能是国家职能的具体执行和体现，行政职能的行使受立法机关的监督；反之，行政职能发挥的程度又制约和影响其他国家职能的实现程度。本节主要研究2018年公布的《国务院机构改革方案》中行政组织机构职能的合并与拆分，以生态环境部的组建为例，分析职能合并与拆分的原因等。

一、组建生态环境部的原因

环保机构改革进入深水区，两个痛点越发难解，一是各部门环保职能交叉，二是环境保护的根本问题与经济发展的协调。长期以来，在我国生态环境保护领域，体制机制方面存在两个突出问题：

(1) 职能交叉重复，叠床架屋、多头治理。在实行"三定"①方案时，各个部门向编办报送自己的职能，就一定会形成"铁路警察，各管一段"的局面。例如，农业部(现"农业农村部")可能就要管属于农业这方面水的管理，林业部(现"国家林业和草原局")就要管属于林业方面的水的管理，水利部也是如此。于是出现多个部门都在管水的局面，但在日常工作中，水是一个整体，分管一段会产生很多矛盾，互相扯皮，效率低下。因此，必须整合到生态环境部统一管理。

(2) 监管者和所有者区分不明，既是运动员又是裁判员。例如，原环境保护部具有水污染治理职责；原国土资源部具有监督防止地下水污染职责；水利部具有排污口设置管理、流域水环境保护职责；原农业部具有监督指导农业面源污染治理职责；原国家海洋局具有海洋保护职责；原国务院南水北调工程建设委员会办公室具有南水北调工程项目区环境保护职责。我们可以看到单单水污染这一类的责任就分属不同的部门。

二、生态环境部职能

(一)主要职能

1. 制度制定

统一制定生态环境领域政策、规划和标准，划定并严守生态保护红线，制定自然保护地体系分类标准、建设标准并提出审批建议等。②

① 三定：定职能、定机构、定编制。

② 唐永杰.生态环境部有哪些主要职能？[J].中国生态文明，2018(2)：38-39.

2. 监测评估

统一负责生态环境监测工作，评估生态环境状况，统一发布生态环境信息。[①]

3. 监督执法

整合污染防治和生态保护的综合执法职责、队伍，统一负责生态环境执法，监督落实企事业单位生态环境保护责任。

4. 督察问责

“党政同责、一岗双责”，对地方党委、政府和有关部门生态环境工作进行督察巡视，对生态环境保护、温室气体减排目标完成情况进行考核问责，监督落实生态环境保护。

5. 审查许可

对生态环境部门而言，审查许可是监管的重要手段。因此，要在深入推进简政放权的基础上，进一步加强源头严控，强化环评审批、排污许可、自然保护地评审，以及危险废物和化学品环境许可、海洋倾废审批、核与辐射安全许可等职责。

（二）从环境保护部到生态环境部的职能变化

（1）新增“中央生态环境保护督查”的职能，将中央生态环境保护督查作为一项常规性的督查制度予以确立。

（2）构建“生态环境治理体系”作为部门职能，确认对一系列重大环保制度承担监管责任。

（3）管理和监督管理职能的区分。例如，生态环境部将“承担落实国家减排目标的责任”改为“负责监督管理国家减排目标的落实”，将第五项“承担从源头上预防、控制环境污染和环境破坏的责任”的标题删除，多处将“组织实施”变为“监督管理”等。此类改变体现了将企业作为防治污染环境职能的责任主体的思路，将生态环境部门的职能更多定位为“监督管理”污染防控行为。

（4）添加对农业面源污染治理工作的监督指导职能。

（5）增加组织实施“大气污染联防联控协作机制”的职能。

（6）负责核安全工作协调的“牵头”工作。

（7）强调制定监测标准等方面的职能，并要求统一规划生态环境质量监督站点，新增对生态环境质量、污染源监督性监测、温室气体减排、应急监测的职能。

（8）增加应对气候变化工作，由“参与”转变为“负责”。

三、职能合并的好处

1. 整合分散的生态环境保护职责

统一行使生态和城乡各类污染排放监管与行政执法职责，统一负责生态环境监测和执法工作，统一监督管理污染防治、核与辐射安全。

2. 优化机构职能，避免浪费

原先各个部门对某一工作的共同合作，虽然体现出机构间协调合作的能力，但在不少

---

① 唐永杰.生态环境部有哪些主要职能？[J].中国生态文明，2018(2)：38-39.

领域也存在因职责划分不够科学带来的“政出多门”的弊端。现在职能合并后不仅有利于改进过去部门职能重叠造成的资源浪费、监管盲区等问题，而且有利于提高生态环境领域国家治理体系和治理能力现代化的水平。

3. 增强环保意识

从生态批评的角度来说，“环境保护”概念有一定的历史局限。厦门大学王诺教授在《生态批评与生态思想》中提到，所谓“环境的”，主要是指环境思想的，是指在环境主义指导下的。现代环境主义的思想根源主要是“弱人类中心主义”，或“开明人类中心主义”，或“现代人类中心主义”。[①]

4. 确立环保观念

习近平总书记在党的十八大以来有关生态环境保护、生态文明建设做过很多的指示、批示、讲话，形成了习近平生态文明思想。[②] 其中，“绿水青山就是金山银山”的绿色发展观对我们的机构改革和职能重构具有重要的意义。

5. 改善生态环境

经济发展不付出环境代价是不可能的，如何以尽可能小的环境代价发展经济、以较小的经济成本保护环境，考验决策者的智慧。在以往的环境污染治理实践中，我们既有成功的经验，也有投入很大却治不好污染的教训。这就提出了问题，在环境保护和污染治理中，政府应当管什么？应当用什么政策工具？[③]

四、历史上机构改革的规律

中国政府机构改革是一个艰难而复杂的过程，是一个不断探索不断前进的过程。近70年来，进行了多次大的政府机构改革，大致每隔五年进行一次。回顾这些年中国政府机构改革的历程，有成就也有问题。以1982年为分界点，前30年与后40年的政府机构改革呈现两种发展规律。

(一)1954—1981年

基本在精简—膨胀—再精简—再膨胀，合并—分开—再合并—再分开，权力上收—下放—再上收—再下放的循环圈中运动。

(1) 1954—1956年(膨胀、集权)。

1952年，国家开始大规模经济建设，随之开始了第一次以加强中央集权为核心的机构扩大的改革。

(2) 1958—1959年(精简、放权)。

第一次机构扩大，中央高度集权，使地方失去了自主权，地方抱怨太多，于是中央实行了以放权为中心的精简机构的改革，撤销了很多部门和直属机构。

---

① 王诺.生态批评与生态思想[M].北京：人民出版社，2013.

② 李干杰.整合分散职能聚力美丽中国[N].人民日报，2018-5-8.

③ 自然资源部、生态环境部、国家林业和草原局，管理边界如何划分？[J].国土资源，2018(6)：19-23.

(3) 1960—1965 年(膨胀、集权)。

“大跃进”严重失误，宏观经济发展遭挫，中央认为权力下放太多，需要收回地方的权力，进行了以收权为核心的机构扩充改革。

(4) 1967—1975 年(再精简、放权)。

第三次机构改革之后中国进入十年“文革”。1967 年，政府部门受到冲击，很多部委被撤销，到 1970 年只剩下 32 个工作部门。

(5) 1976—1981 年(再膨胀、集权)。

1976 年“四人帮”被粉碎，经济建设又提上了议事日程，中央机构又开始增加，再次出现机构膨胀。到 1981 年，达到新中国成立以来的最高峰。

(二)1982—2008 年

无限政府向有限政府转变，加快了政府职能转变，强化了社会管理和公共服务职能。政府部门更加统一、精简、高效，实现从“瘦身”到“健身”的转变。

五、总结

为了建立自然资源节约、生态保护和污染防治统一监督管理的机制，有必要恢复设立国家和地方环境保护委员会及其办公室，明确地方各级环境保护部门的统一监督管理职责，在地方各级环境保护局内设立统一监督管理机构，优化相关领域的自然资源、生态保护和环境污染防治监管体制机制，明确专门监管与综合监管失职的责任和责任追究机制等。[①] 我国生态环境部的建立就是为了对环保等一系列工作进行职能的合并与拆分，对我国更好地保护环境具有积极的意义。如果生态环境部的职能可以正常甚至超常发挥，那么我们的环境将会变得更加整洁，我们也将会拥有更加美好的生活。相信这个愿望一定会实现！

① 常纪文. 新常态下我国生态环保监管体制改革的问题与建议——国际借鉴与国内创新[J]. 中国环境管理，2015(5):15-23.

CHAPTER3

第三章 人事行政案例实验实训

第一节 知识框架

一、人事行政的含义

所谓人事行政，是指国家的人事机构为实现行政目标和社会目标，通过各种人事管理手段对公共行政人员进行的制度化和法制化管理。人事行政是国家行政管理的重要组成部分，是指在行政过程中，为协调人与事、人与人、人与组织、人与环境之间的关系所进行的各种活动。目的是充分利用人力资源，发挥每个人的才智和能力，在完成行政任务中创造最佳的工作效果。具体来讲，“人事行政”这一概念包含以下四个方面：

(1) 人事行政是指政府对其所任用的工作人员的管理活动，人事行政的范围仅限于政府系统内部。

(2) 人事行政的内容主要体现为政府的人事管理机构通过相应的人事行政制度，对政府人事问题所做的规划、决策、组织、指挥、协调、控制等管理活动。

(3) 人事行政的总体目标是力求政府中“人”与“事”的协调，是为了使政府中的人力资源得到充分利用，达到人尽其才，才尽其用，并在适才适所的情况下，达到事竟其功。

(4) 人事行政的核心是行政人才的管理问题，它包括“取才、用才、育才和留才”四个环节，体现在人事行政的实际运作中，即包含了更新、激励-保健、行为调控三种机制。

二、人事行政的发展

19 世纪以前的人事行政，主要是经验管理，部分统治者凭个人经验、理解能力与判断进行管理。19 世纪末到 20 世纪 60 年代，人事行政的范围不断扩大，管理技能显著提高，已达到专业化的水平。20 世纪 20 年代，逐步形成了一套人事管理制度和管理方法，英、美等国相继把企业人事管理的成功经验运用到国家行政机关的人事管理上，形成了政府部门的人事行政。20 世纪 60 年代，人事行政进入现代人事管理阶段。特点是广泛利用自然科学的成果，如心理学、行为科学、控制论、系统论、信息论、计算机、通信设备等科学理论、技术手段，充实和完善人事行政，全面发展公务人员的能力，促使人事行政进一步效率化。西方国家人事行政一般遵循：平等公正原则、公开考试原则、功绩晋升原则、职务常任原则、法律保障原则、职业道德原则、政治中立原则等。

中华人民共和国的人事行政在坚持社会主义道路，坚持人民民主专政，坚持中国共产党的领导，坚持马克思列宁主义、毛泽东思想四项基本原则的前提下，在具体人事行政中实行以下原则：任人唯贤、德才兼备的原则；职位分类、依法管理的原则；公开考试、择优录用的原则；考核实效、晋升唯功的原则；扬长避短、智能互补的原则；合理流动、相对稳定的原则；按劳分配、同工同酬的原则；民主管理、公开监督的原则。

人事行政是国家行政管理的关键，对于实现国家职能和行政职能起着决定性的作用。随着社会的发展，科技的进步，人的作用将进一步发挥，一切行政管理的成效越来越取决于对人的管理。

三、人事行政的基本思想

（1）人事行政专指政府对行政人员的管理。人事行政的主体是行政机关，人事行政的客体是行政人员即公务员。人事管理的外延还要大，其主体不仅包括政府组织，还包括其他企业组织和各种社会组织，人事管理指向的对象包含了所有组织中的成员。

（2）人事行政具有计划、组织、协调、控制、监督等多种功能，这些功能是通过人事行政制度的运行实现的。人事行政制度以法律、法规、政策及行政命令等形式表现出来。人事行政的目的、要求、内容、步骤和方法等由制度加以规范，使人事行政的整个过程有章可循，有法可依，保证了政府人事管理的公平和高效。因此，人事行政制度是人事行政的科学化、规范化，是人事行政的核心内容，现代人事行政制度即为公务员制度。

（3）人事行政的基本任务是选人、用人，谋求人与事的匹配，人与人的协调。现代政府管理涉及国家政治、经济、社会的方方面面，政府职能在不断扩大，管理的事务日益增多，政府的规模也在相应地扩大，政府内部的分工越来越细，因此能否选择合适的人才，并充分地利用人才，关乎政府行政目标的实现。现代人事行政追求的目标是事得其人，人尽其才，才尽其用，为国家行政管理构建一支精干、高效的公务员队伍。

（4）作为政府公共行政系统的子系统，人事行政是由取才、用才、育才和留才等环节构成的整体，这些环节各自独立，但又环环相套，不可分割，哪个环节出现问题都会影响人事行政整体目标的实现。人事行政的环节体现为："入口"管理，即公务员的分类、考试、录用的制度、程序及技术方法；过程管理，即对公务员在职过程中的人事考核、奖惩、任用、晋升、交流调配、培训、工资福利等管理活动；"出口"管理，即国家公务人员退出公职系统，即退职、退休、辞职、辞退等管理措施。

管理学发展演变的历史就是人事管理不断进步的历史，因此公共行政学从确立之初就把人事行政作为学科框架的重要支柱。人事行政理论的科学与否直接关系到政府的绩效，关系到政府在国民心目中的形象，关系到全体公民公共利益的实现。

四、现代人事行政的特征

现代人事行政的基本目的是以适当的人力和财力来保证国家行政组织的高效运行、实现既定的行政目标和社会目标。为了达到这一目的，现代行政管理对人事行政提出了人与事相宜、事得其人、人安其位、人尽其才、才尽其用的工作标准或要求。现代人事行政人实现自身目的和履行自身职能的过程中，逐步形成了如下特征：

1. 公平性

即人事行政中的人员进退、奖罚和升迁等，均以客观的、法定的公道平等竞争和功绩制原则为标准，而不能以私人关系、个人好恶或其他关系为量度。

2. 公开性

即人事行政的全过程都应在适当范围内向民众公开，彻底打破人事行政的隐秘性和暗箱操作，以杜绝私下授权和其他营私舞弊行为。

3. 超脱性

人事行政中的人事任免和其他事宜，均应以法规制度为依据，从客观事实本身出发来做决定，不应受到任何外力的影响与指使，不得因性别、种族、宗教信仰、政治倾向等为由而有所偏向或歧视。人事行政的管理机构应超然于权力之争，尽力避免带有人为色彩，以保证人事行政的客观性、公平性和公开性。

4. 适应性

现代人事行政不是机械的和僵化的，它具有相当的灵活性和适应性，以满足社会不断发展的需求，这主要表现为管理方法的灵活多变和更新改进，以及人事行政制度随环境和形势的变化而适时做出种种的调整。

现代人事行政的上述四项特征，是衡量一个国家的人事行政是否达到现代化水平的基本标准。

五、现代人事行政的发展趋势

尽管人事行政在各个国家的发展并不是平衡的，但从世界范围来看，现代人事行政和整个人事管理领域一样，存在着以下三种发展趋势。

(1) 日益注重规章制度及法律法规的作用，促进人事行政工作的制度化和法制化。从行政管理的发展历史来看，人事行政的计划性、规范性、科学性等方面与社会的政治、经济、文化等方面的发展是密切相关的。近一个世纪以来，各国行政组织在其规模、结构、体制等方面都发生了很大的变化。一方面，它要求在一个精心设计的组织系统中妥善安排人事行政的各项工作或各个程序，使政府的人事管理纳入科学的计划管理的轨道。另一方面，它又要求人事行政的各种工作或职能都要有严格的、规范化的规定，使得组织中的每一个人都有明确的岗位、关系、任务、目标和标准，使人事行政工作纳入规范化和制度化的轨道。说到底，行政组织系统的设计、维持和正常运转，不是靠个人或群体的任意影响和作用，而是靠法律法规和规章制度来实现的。

（2）日益注重人与事的实际结合程度，促进人事行政的定量化和科学化。随着国家社会的发展和政府职能的扩大，行政工作的差异性和行政人员的差异性都大大增强，行政管理对人与事最佳结合的组织要求也越来越高。社会公共事务管理的专业化程度越高，政策界限要求越严，岗位职责越明确，对行政人员素质、知识和技能的要求也就越严。现代人事行政要求严格行政人员的录用、选择、考核、培养、训练等程序和环节，要求有一整套科学地测定和评估行政人员素质和工作绩效的计量体系，以及标准化和定量化的测量程序和测量方法，以确保人与事的恰当匹配和有效结合。

（3）注重从人的因素和人的实际工作效率出发，建设有效的人事政策机制和激励机制。在国家行政组织中，行政人员的行政行为和工作效率并不完全取决于行政监督的严密程度，而更取决于他们自我激励、自我约束和自我奉献的程度，取决于他们工作的积极性、主动性、创造性和遵纪守法、克己奉公的公仆意识。另外，行政人员一般都具有较高的素质和文化水平，除物质需求外，其政治、精神、心理、社会等方面的需求较高，这些方面的满足程度极大地影响他们的工作态度和精神状态。这就要求行政组织利用各种人事政策和措施为行政人员自我努力、自我激励创造一种良好的、和谐的工作条件和社会心理环境。要建立有效的政策机制和激励机制，要运用各种政策手段和激励手段来保持并不断提高行政人员的工作热情和努力程度，从而提高行政效率。

六、现代人事行政的范围和内容

人事关系本身的复杂性和现代人事行政所面临任务的多样性，再加上现代人事行政所使用的方法日趋综合化，使人事行政所涉及的范围十分广泛，内容极其丰富。西方学者认为，人事行政大体包括以下十个方面的内容：人事行政原理；公务职务终身制；公务员训练；官职分等及其标准化；公务员选用；公务员晋升与惩戒；特殊问题；人事行政组织；公务员团体；退休制度。我国台湾学者认为，人事行政的范围与内容有以下八项：人事行政机关及其运作；公务员的甄别和补充；公务员分级和定薪；公务员考绩和升迁；公务员纪律和惩戒；公务员退休和抚恤；公务员训练和教育；公务员的义务和权利。上述这些对人事行政的范围与内容的看法显然侧重于人事行政过程及其实际操作，把人事行政过程的各主要环节一一列为人事行政的具体内容，同时，把人事行政原理、人事行政组织及其管理也纳入人事行政的范围之中，这些认识具有一定代表性。总体而言，人事行政应涵盖“进、管、出”三个层面的内容，而这三个层面形成了一个人事行政管理的流程。

现代国家人事行政的协调运转除了具备必要的制度保证，如《公务员法》及其相关配套法规外，人事行政实际运行的各个环节的有序进行也是保证其和谐运转的必要条件。我国人事管理的代表性制度《公务员法》以及 50 多种单项配套法规以国家公务员的“进、管、出”为重点，几乎涵盖了国家公务员管理的全部内容、各个环节和运作过程。

（一）进口管理

进口管理是人事行政的第一过程。这一环节涉及的内容主要有公务员录用与职位分类。国家公务员是特定的公职人员，有着特别严格的素质要求，因而进入环节的基本要求是“严把入口关”。国家人事管理机关通过一定的制度和程序，对符合国家公务员素质要求并适合从事行政管理的人员，根据国家行政机关的工作要求择优录用。

(二)在职管理

在职管理是对已经进入国家公务员队伍的全体人员进行的系统管理，包括考核、奖惩、培训、职务升降、职务任免、交流与回避、工资保险福利等各项管理活动。这个管理环节的主要特点有：一是系统性。各项管理工作既相对独立，又紧密联系，是一项系统的管理工程。为保障国家行政活动的正常开展，提高行政效能，必须对在职公务员实行全面、系统、严格的管理。二是制度性。人事行政的主要制度有职位分类制度、考核制度、职务升降制度、培训制度、工资制度等。三是标准化。这是同制度化管理相联系的一个特点。实行制度化管理就要有相应的客观标准，以便制度的有效实施。

(三)出口管理

出口管理是指依据一定的制度或规定，国家公务员退出公务员队伍的过程，是公务员管理的最后环节。这一环节的基本要求是畅通。公务员退出渠道大体上有三种类型：一是正常退休；二是辞职和调离；三是辞退或开除。

七、现代人事行政的主要作用

1. 人事行政是巩固国家政权、保持政治稳定的必要条件

人事行政作为国家政治制度的重要方面，对整个国家的政治发展和政权建设起着十分重要的作用。人事行政的一个重要目标是实现政治稳定，也就是保持国家政治生活的正常、有序进行。科学的人事行政制度能保证政府工作的连续性和正常化，不因领导人的更替或突发事件的发生而影响“行政机器”的运转。这既是政治稳定的一个重要标志，也是影响政治稳定的一个重要因素。西方发达国家日益健全的文官制度对这些国家政治统治秩序的相对稳定起到了十分显著的作用。一些发展中国家经常发生政治动乱，政权极不稳定，虽有许多复杂的社会历史原因，但与这些国家人事管理制度上的落后、混乱状况也有很大关系。

2. 人事行政是提高行政管理质量和效率的关键因素

所有的行政管理活动以及行政管理过程的各个环节都要通过人去组织进行。公务员的素质与行为对政府管理的质量与效率具有关键作用，甚至决定着政府管理的成败。科学的人事行政管理能在全社会范围内选拔人才、培养人才、合理使用人才，造就一支高素质的国家公务员队伍，并能充分调动和发挥他们的积极性、主动性与创造性，从而能最有效地提高行政效率，实现政府的管理目标。当今世界，科学技术突飞猛进，经济全球化不断加快发展，政府管理职能也随之日益复杂化，政府管理工作面临着许多新情况和新挑战，对政府管理人员各方面的要求也越来越高。在这种行政环境下，为保证整个政府行政系统的有效运作，就更需要有一支精干的、高素质的专业化国家公务员队伍去驾驭这个复杂的、多功能的“行政机器”，而这一事关政府管理成败的大事，只有通过科学的人事行政管理才能达成。

3. 人事行政是推进政治民主化进程的强大动力

人事行政的发展与完善为政治民主化的实现开辟了有效的途径。按照《公务员法》对考录制度的规定，国家公务员实行公开考试、竞争择优的进入机制，每个公民都有权利报考公务员，经过公开、平等、竞争、择优的录用考试，一部分优秀人才进入公务员队伍，直接参与政府管理工作。随着人事制度改革的不断深化，普通公民经过法定程序进入政府机关将成为普遍的政治现象，这是政治民主化的重要体现，也是社会主义民主政治的必然要求。

4. 人事行政是加强人才开发、促进国际竞争的重要保证

人事管理的实质就是人才管理，其目的在于发现人才、培养人才和合理地使用人才。当今世界各国之间的竞争是综合国力的竞争，其实质是科学技术、管理与人力资源的竞争。哪个国家高度重视人才资源的开发和利用，哪个国家就会在国际竞争中处于领先地位。因此，充分开发利用一切人才资源就成为我国在国际竞争中立于不败之地的根本保证。

八、我国人事行政的基本原则

1. 任人唯贤原则

自古以来，在用人方面始终把“贤”作为一个重要的用人标准。“贤”的标准，就是德才兼备。古往今来大量史实证明，凡是推行“任人唯贤”路线的，国家和民族就会兴旺发达；而推行“任人唯亲”路线的，国家和民族就会衰弱危亡。这已成了一条历史规律。例如：楚汉相争，刘邦用人注重才能、功绩，因而取得了政权。

2. 适才适用原则

根据每个人的专长和能力、志向和条件，做到大才大用，小才小用，各尽其才，才尽其用。外国管理学者有句名言：“只有无能的管理，没有无用的人才。”因此，要实现适才适用，必须做到知人善任，扬长避短，因事用人。唐太宗李世民说过：人才各有长短，用人如用器，贵在用其长而避其短。在日常行政工作事务中，用人所长，皆大欢喜。如果非要强其所难，用其短处，事情泡汤了姑且不说，恐怕再也不会有人为你效劳了。

3. 成绩为主原则

工作成绩，是指用实干精神和实际本领创造出来的成绩。也就是一个人完成本职工作任务的数量、质量、效率如何。按照一个人的实际工作成绩来评价、升降、奖惩。真正做到“有功者上，无功者下”。

4. 考试考核原则

实行考试考核，是坚持任人唯贤、适才适用和成绩为主等原则的前提。只有通过考试考核，才能知人长短，择优录用，择优晋升，用人所长，优胜劣汰。

5. 依法管理原则

建立健全人事法律，坚持依法办事，是做好人事行政工作的重要保证。只有依法办事，才能抵制人事工作中的各种不正之风，做到用人与治事的一致；只有依法管理，才能使各项人事工作有规律、有秩序地进行，才能做到人与事的协调。

6. 智能互补原则

一个人知识和阅历是有限的，同时具备各种知识和才能是极其少见的，因而在一领导集体内，通过智能互补，在专业、能力、品德等方面形成最佳结构，也就是我们通常所说的结构合理，功能配套，气质互补，这样有利于完成各项行政任务。

7. 以信待人原则

这是我国历代明智的统治者所遵循的基本人事管理原则，“用人不疑，疑人不用”，信任可以激发人的积极性、主动性、创造性，信任可以换取最难得的忠诚。周恩来总理在1955年11月起草关于知识分子问题提纲时强调，使用人才的中心问题，在于对下级给予充分信任，明责授权，使他们从领导的信任中感受到自己的价值和尊严，产生对上级的信任、敬重感，对自己的自重、自尊感，从而主动积极地去工作。

8. 更新流动原则

社会、经济、科技在不断发展，行政管理的内容也在不断变化，因此行政人员队伍也要不断更新，以适应客观的需要。另外，人的自然规律也要求坚持不断更新原则。同时，对那些专业不对口的人员进行合理流动，既有利于人才成长，也能使行政队伍始终保持旺盛精力。

九、我国《公务员法》的中国特色

(1) 我国公务员是指依法履行公职、纳入国家行政编制、由国家财政负担工资福利的工作人员，比西方国家公务员的范围要宽泛。

(2) 我国公务员队伍是党的干部队伍的重要组成部分，要接受党的领导，坚持社会主义方向，不搞政治中立。

(3) 我国《公务员法》坚持党管干部原则，确立由公务员主管部门负责公务员的综合管理工作。

(4) 我国实行中国共产党领导的多党合作和政治协商制度，对公务员没有政务类和事务类的划分。

(5) 我国公务员与其他类别的工作人员，可根据工作需要和本人条件，进行相互交流调配，不搞封闭的管理系统。

(6) 我国公务员的任用，坚持任人唯贤、德才兼备的原则。

十、现代人事行政的更新机制：考任、退休与培训

(一)考任

考任是指国家通过竞争考试的方式录用国家公务员。竞争考试是法治国家录用公务员的基本方式。它有利于国家选择优秀人才担任公职，防止平庸无能之辈进入国家公职系统；有利于国家在用人上的公正与公平，防止吏治腐败；有利于激励国人重视知识和引导青年一代刻苦学习；树立“凭知识，凭德才从政”，而不是“凭关系，任权钱做官”的意识。

美国是典型的实行考任制的国家，有严格的文官考试任用程序。非考任人员的范围仅限于政务官、民选官员、行政首长自行委派的“除外人员”，如临时职位人员、机密人员、

专门技术人员,16～18 职等人员。考任程序包括:①申请人登记。联邦政府人事行政部门制定招收人员的职务、资格和考试日程,公之于众。凡符合资格者,皆可报考,予以登记。报考资格主要包括公民资格、年龄范围、教育程度、训练程度、资历、适应能力、健康与精神状况以及居住情况等内容。②考试。文官考试多由用人单位举办,注重正确性、可靠性、广博性、客观性、便利性原则。考试分笔试、口试和操作实验等种类。考试采用百分制。70 分以上人员都可以登入名册,以备推荐。除考试外,还要进行体检和背景调查。③候用。政府对考试合格者,按成绩分类编列候用名册,由任用机关采用 7 人规则(原为 3 人规则,即任用机关由候用的 3 人中选用 1 人)选择。如果在规定时间(半年至 2 年)里不录用者,即丧失考试合格的资格。④试用。求职者一经录用,均经试用。试用期 1～3 年,试用单位对其定期考核,期满合格者转正,不合格者令其辞职或免职。⑤任用。1～15 职等人员由行政首长任用。16～18 职等人员系高级文官,采用特别任用方式。

(二)退休

退休,是指根据国家有关规定,劳动者因年老或因工、因病致残,完全丧失劳动能力(或部分丧失劳动能力)而退出工作岗位。2011 年 1 月起,我国对个人提前退休取得的一次性补贴收入,按照"工资、薪金所得"项目征收个人所得税。政府有关方面不断释放出延龄退休的政策意向,民意调查显示,过半受访者反对延长退休年龄,多数主张按规定年龄退休。

退休制度是指国家公务人员工作到达一定年限,按规定退出公职,享受一定待遇以终养余年的制度。退休制度包括退休原则、条件、待遇、审批手续、安置管理等规定。它是人事行政的一个重要组成部分。其目的是避免公务人员因年老力衰而致工作效率消退;解除在职公务人员后顾之忧,为公务人员的晚年生活提供保障。退休条件一般有:①年龄条件,即到达退休的最高年龄。凡未达到最高年龄自愿退休的称为"自愿退休";凡已达最高年龄而必须退休的称为"强制退休"。各国规定的退休年龄一般为 60～65 岁,有的国家规定最高退休年龄不超过 70 岁。有些国家规定已达退休年龄,但因工作需要,可延迟退休。有些国家规定未达退休的最高年龄,但因工作长期无效果,可提前"命令退休"。②工龄条件,即工作年数达到的年限。只有工作达到一定年限才能享有退休金。各国规定的工龄条件各不相同,如美国为 5 年,法国为 15 年。有些国家于工龄条件外又规定最低的投保年限。有些国家还把退休年龄和工龄相结合,将固定工龄和可变年龄相结合,也有的将可变工龄与不变年龄相结合,分别加发不同的退休金。

(三)培训

培训是一种有组织的知识传递、技能传递、标准传递、信息传递、信念传递、管理训诫行为。目前,国内培训以技能传递为主,时间则侧重上岗前。为了达到统一的科学技术规范、标准化作业,通过目标规划设定、知识和信息传递、技能熟练演练、作业达成评测、结果交流公告等现代信息化的流程,让员工通过一定的教育训练技术手段,达到预期的水平提高目标,提升战斗力、个人能力、工作能力的训练都称之为培训。培训是给新员工或现有员工传授其完成本职工作所必需的正确思维认知、基本知识和技能的过程。基于认知心理学理论可知，职场正确认知（内部心理过程的输出）的传递效果才是决定培训效果的根本。

1. 培训的分类

(1) 理念培训。也就是让组织成员在思维方式和观念上发生转变，树立与外界环境相适应的新观念和思维方式、培养从新角度看问题的能力。

(2) 心态培训。心态培训应该作为培训的中心和重心，却最容易被忽略。心态培训旨在建立个人或员工（或其他社会关系）的心态，从而为完成某项任务创造心理条件。

(3) 能力培训。能力培训是培训的基础，建立个人或员工（或其他社会关系）的能力基础。应包含对完成任务的理解（内容掌握和控制）与支持（技术、管理、协调、辅助等）。

(4) 个人技能。个人技能培训种类繁多，包括英语培训、小语种培训、职业技能、资格认证、金融会计、建筑、计算机、健康、文体艺术、出国留学等。

(5) 企业培训。企业培训分为四类：一是公开课；二是企业内训；三是企业咨询；四是企业网络培训。

2. 培训的作用

(1) 补偿作用。企业培训有支持经营机能的补偿作用。企业内"文化"育成的目的是为了实现企业经营战略。由于不断追求更高的经济增长率，只有恰当地利用人力资源，才能取得更高的劳动生产率，而技能培训对人力发展是极为重要的。

(2) 保持企业竞争力的重要手段。高素质的企业队伍是企业最重要的竞争因素。通过培训，可以提高员工的知识水平，提高员工的首创精神和创新能力。

(3) 提高生产力。员工通过有效的培训，在生产商品或服务时，能减少所需工作时间，从而降低人力及推销成本；减少材料的浪费和不合格产品的产生，从而降低了供应成本；改进由企业将产品或服务传送到用户手中的方法，因而降低了服务成本。

3. 培训的目的

(1) 导入和定向。即引导新进员工进入组织，了解和熟悉工作职责、工作环境和工作条件，并适应企业外部环境的发展变化。企业的发展是内外因共同作用的结果。一方面，企业要充分利用外部环境所给予的各种机会和条件，抓住时机；另一方面，企业也要通过自身的变革去适应外部环境的变化。企业作为一种动态系统，作为企业主体的人也应当是动态的，即企业必须不断培训员工，才能让他们跟上时代步伐，适应技术及经济发展的需要。

(2) 提高员工素质。培训的最终目的可以归结为一条：通过提高员工工作绩效而提高企业效率，促进企业员工个人全面发展与企业可持续发展。现代企业对人力资源总体素质提出了新的要求，要求人力资源具有竞争性、学习性、创新性、团队精神等特征。从个体来说，员工要满足现代企业人力资源的要求，必须参加培训接受继续教育。企业员工通过科学合理的培训在知识、技能、效果和态度四个方面得到提高，以提高员工适应性，为其进一步发展和担负更大的职责创造条件，从而满足员工自我成长的需要，提升员工价值。

(3) 提高绩效。员工通过培训，可在工作中降低因失误造成的损失。同时，通过培训获得新方法、新技术、新规则，提高员工的技能，使其工作质量和工作效率不断提高，从而提高企业效益。

(4) 改进企业文化。员工通过培训，知识和技能都得到提高，这仅仅是培训的目的之一。培训的另一个重要目的是使具有不同价值观、信念，不同工作作风及习惯的人，按照时代及企业经营要求，进行文化养成教育，以便形成统一、和谐的工作集体，使劳动生产率得到提高，员工的工作质量得到改进。

(5) 提高高层次管理人员素质。通过培训高层次管理人员的思想素质和管理水平，使之更新观念，改善知识结构，适应组织变革和发展的重要。

十一、现代人事行政的激励-保健机制：考核、奖励、晋升与工资和福利制度

（一）考核

考核是指公司或上级领导按照一定的标准，采用科学的方法，衡量与评定员工完成岗位职责任务的能力与效果的管理方法，其主要目的是为了让员工更好地工作，为公司服务。

1. 考核的作用

(1) 工作成绩考核信息的主要用途之一，是对管理人员、员工提供反馈，让他们了解工作情况，从而改进工作中由于人的原因而产生的缺陷和不足之处，这就为人员的培训提供了依据。因此，考证可以说是一种诊断手段，通过科学的、公正的、积极可靠的评价，使人们了解和发现自己的弱点。这比消极地指责与批评，效果会好得多。

(2) 工作成绩考核的又一作用，是能够根据合理分配的原则，用考核结果确定工资报酬。企业和单位应该尽可能使考评系统与报酬升降之间有比较直接的关系，即按照考评结果决定工资报酬的升降幅度，从而充分调动工作积极性。在实际工作中，可以从两个方面运用考核手段：①在全面调整工资时，由人力资源部门对管理人员、员工的工作实绩进行比较全面的考核与评定，并结合其他要求（如工龄、职务等），确定应调整的工资量。②在日常工作中，定期进行考核与评定，用以确定奖金的数额。这种考核已被经常运用。

(3) 工作成绩考评对于工作调配决策也是十分重要的。许多企业和单位对新录用或选拔的人员实行试用期，让他们从事几种工作，比如在几个部门或车间分别干几个月，承担不同的工作任务，然后对他们的工作实绩做出考评，把他们安排到最能取得好成绩的岗位上去。对于新任用的基层管理人员，也可以采取试用的办法，让他们在不同的工作部门锻炼一段时间，再根据工作考核的结果做一个比较，决定最适合个人能力特长的工作职务。

(4) 工作业绩考核还可以作为人员提升与晋级的依据。当然，工作业绩并不是提升的唯一理由，还要考虑有关人员的工作经验、思想品德以及工作的实际需要等因素。但严格地以工作考核结果作为提升与晋级的主要依据，无论从提升后的工作情况，还是群众的反映来看，效果都比较好。因为绩效考核是按照一定的标准，采用科学的方法，检查和评定企业员工对职务所规定的职责的履行程度，以确定其工作业绩的一种有效的管理方法。对员工绩效考核，是在工作了一段时间以后进行的，因此它更能全面地反映人员的实际能

力和对某类工作岗位的适应程度。绩效考核是以员工为对象，其主要目的在于通过对员工全面综合的评价，判断他们是否称职，并以此作为企业人力资源管理的基本依据，切实保证员工的报酬、晋升、调动、职业技能开发、激励、辞退等工作的科学性。

(5)绩效考核又是人力资源部门开展人力资源管理工作研究的重要途径。当人力资源部门需要确定新的人员测评指标时，可以用绩效考核的结果作为工作成效的标准。因此，绩效考核可以用来进行各种人力资源管理研究：设计有关人员招收、预测、录用、调配等方面的人力资源管理决策方案；检验人力资源管理政策的效用；制订人力资源开发计划等。

2. 考核的内容结构

公务员考核内容的确定是考核工作的关键，考核内容制定的科学性、合理性直接关系到公务员考核的质量。根据本条规定，公务员考核的内容主要包括德、能、勤、绩、廉五个方面，其中以工作实绩为重点。

(1) 所谓"德"，是指公务员在政治上是否能坚持四项基本原则，能否遵守国家的法律法规、能否认真贯彻执行国家的方针政策、对国家是否忠诚以及思想作风、遵守职业道德与社会公德等情况。它还包括遵纪守法，坚持原则、实事求是，合作、协作的精神。

(2) 所谓"能"，是指业务知识和工作能力。主要考核公务员是否具有胜任本职工作的能力，包括专业知识、业务技术、文字水平、语言能力、管理水平等方面。对不同类别的公务员，考核项目及其科目应当有所区别。

(3) 所谓"勤"，主要是指公务员的出勤情况和工作态度。出勤情况是指公务员是否按时上下班，是否有迟到、早退、缺勤，病、事假是否按规定办理手续等；工作态度是指公务员对本职工作是否认真负责、积极肯干、任劳任怨、热心踏实、精益求精等。其中，公务员的出勤情况一般比较具体，各级机关都有公务员工作时数的规定，易于考核。当然，公务员按规定出满勤，并不等于其按职位要求完成了工作任务，这还要看其工作态度和敬业精神。通过对公务员的工作态度和敬业精神加以考察和评价，改变某些机关中存在的出勤不出力，办事拖拉，效率低下的状况，进而提高公务员工作的积极性，增强其责任感和事业心。

(4) 所谓"绩"，是指公务员的工作实绩。它主要包括公务员的工作数量、质量、效率及工作适应能力等方面的内容。工作数量包括公务员在一个考核周期内所完成的工作份数、尽职的程度、所达到的工作期限、努力的效果以及其他涉及实效的因素；工作质量包括公务员完成工作的准确性，工作的表现性或可接受性，工作的美观程度，是否合乎工作的质量要求，在完成工作过程中所表现出的技巧与能力，决定或判断的健全性和预见性以及其他有关工作质量的情况；工作效率包括公务员完成工作的速度，为完成工作而耗费的时间、精力及其他支出是否具有经济性；工作适应能力包括公务员在工作过程中表现出的与上下级及同事的合作性，对新工作的学习能力及意愿，运用法规的能力以及其他适应工作环境的能力等。对公务员工作实绩的考核，构成公务员考核的主要内容。

(5) 所谓"廉"，是指为人处事的廉洁，不贪污，不受贿，不侵占、挪用国家、集体的财产等。

（二）奖励

激励制度，是指管理者通过某种内部和外部的刺激，激发人的动机，使人产生一股内在的动力，从而调动其积极性、主动性和创造性，使其朝着既定目标前进的一种管理活动。而精神激励即内在激励，是指精神方面的无形激励，包括向员工授权、对他们工作绩效的认可；公平、公开的晋升制度；提供学习和进一步提升自己的机会；实行灵活多样的弹性工作时间制度以及制定适合每个人特点的职业生涯发展道路。《公务员奖励规定（试行）》第三条规定，公务员奖励坚持公开、公平和公正的原则，坚持精神奖励与物质奖励相结合、以精神奖励为主的原则，定期奖励与及时奖励相结合的原则，按照规定的条件、种类、标准、权限和程序进行。

1. 公开、公正、公平原则简称“三公”原则，是我国法律制度的基本原则

公务员奖励制度的“三公”原则主要体现在：

(1) 公开，奖励必须具有透明度和可信度，并接受人民群众的监督。

(2) 公正，是指机关在实施奖励制度的过程中，坚持原则，客观地行使奖励权，在确定奖励对象时不能偏私。

(3) 公平，是指公务员奖励的条件、标准及奖励的种类要相同，一视同仁，不能因人而异，搞双重或多重标准，符合奖励条件的予以奖励，不符合奖励条件的坚决不予奖励。

2. 精神与物质奖励相结合，以精神奖励为主

公务员的精神奖励，是指对受奖的公务员给予精神激励方面的表彰，包括嘉奖、记功、授予荣誉称号等。其目的是为了满足公务员的精神需要，从而调动公务员的积极性，增强其工作的光荣感、责任感和进取心。公务员的物质奖励，是指对受奖的公务员给予适当的物质形式的奖励，包括发给奖金、奖品、工资晋级等。其目的是为了满足公务员一定的物质需要，改善公务员待遇，同时也是为了充分肯定公务员的工作表现和工作业绩。

3. 定期奖励与及时奖励相结合

奖励制度规定，对在本职工作中做出突出成绩的，实行定期奖励；对完成专项任务、处理突发事件或特定环境做出突出贡献的，应当及时给予相应的奖励。这里的定期奖励是以年度为单位的周期性奖励，并且是以考核为基础的。及时奖励，就是有了事迹马上进行奖励，以增强奖励效果。

4. 奖励个人与奖励集体并重

《公务员法》第五十一条规定：“公务员集体的奖励适用于按照编制序列设置的机构或者为完成专项任务组成的工作集体。”《公务员法》还规定：“对受奖励的公务员或者公务员集体予以表彰，并对受奖励的个人给予一次性奖金或者其他待遇。”“给予公务员或者公务员集体奖励，按照规定的权限和程序决定或者审批。”2008 年发布的《公务员奖励规定（试行）》第十条规定：“对在处理突发事件和承担专项重要工作中做出显著成绩和贡献的，应当及时予以奖励。其中，符合授予荣誉称号条件的，授予‘模范公务员’、‘模范公务员集体’等荣誉称号。”

（三）晋升

晋升是指员工由较低层级职位上升到较高层级职位的过程。众所周知，劳动分工是提高效率的手段之一，在企业内部就按照专业划分为许多职系，这些职系又被分为许多职位，这些职位形成层级系列，于是就有了晋升的条件。企业需要评价员工，看其是否能晋升到高一层级的职位上去。

晋升机制有两个作用：一是资源配置，二是提供激励。这两方面都有利于降低员工流失率。首先，所谓资源配置，是合适的人做合适的事，实现能力和职位的匹配，这是人力资源管理的一项重要任务。其次，提供激励是指较高层级职位的收入和地位给处于较低层级职位的员工提供了激励。传统观念依然影响着现代社会的员工，他们的价值观中有一种根深蒂固的观念，就是在企业中身居要职是能力和地位的象征，甚至将晋升当作个人成功的主要衡量标准。因此，良好的晋升机制给员工创造了追求晋升的氛围，能够为其晋升提供支持和保障。为了获得荣誉上的满足感，员工会努力工作，以求更快得到提升，他们的使命感增强，延缓了工作流动的行为，降低了工作流动的概率。

晋升原则主要有三个。一是德才兼备。德和才二者不可偏废。企业不能打着“用能人”的旗号，重用和晋升一些才高德寡的员工，这样做势必会在员工中造成不良影响，从而打击员工的积极性。二是机会均等。人力资源经理要保证员工面前都有晋升之路，即对管理人员要实行公开招聘，公平竞争，唯才是举，不唯学历，不唯资历，只有这样才能真正激发员工的上进心。三是“阶梯晋升”和“破格提拔”相结合。“阶梯晋升”是对大多数员工而言，这种晋升的方法，可避免盲目性，准确度高，便于激励多数员工。但对非常之才、特殊之才则应破格提拔，使稀有的杰出人才不致流失。

（四）工资和福利制度

工资制度是根据国家法律规定和政策制定的，是与工资的制定和分配相关的一系列准则、标准、规定和方法的总和。它包括工资原则、工资水平、工资形式、工资等级、工资标准、工资发放等内容。

我国现行的工资制度一般包括以下内容：①工资等级制度。即根据工作的复杂程度、繁重程度、风险程度、精确程度等因素将各类工作进行等级划分并规定相应工资标准的一种工资制度，是其他工资制度的基础，也称基本工资制度。其主要特点是从劳动质量方面来反映劳动差别。②工资调整制度。工资调整制度是工资等级制度的补充。其主要内容有考核升级、自动增加工资、考核定级、提高工资标准等。目的是使工资制度在变动中趋向平衡和合理。③工资支付制度。即计算支付职工工资的有关原则、标准和具体立法的一种制度。其主要包括支付原则、各类人员的工资待遇和特殊情况下的工资处理等内容。④工资基金管理制度。通常所说的工资基金管理是指国家规定一系列的工资基金审批程序和监督措施，对各单位工资基金的使用进行监督、审计等行政管理活动。

我国现阶段企业执行的基本工资制度主要有等级工资制、岗位工资制、结构工资制、岗位技能工资制等。

福利制度是国家或政府在立法或政策范围内为所有对象普遍提供在一定的生活水平

上尽可能提高生活质量的资金和服务的社会保障制度。

企业的福利在实际操作中种类很多。一般把各种福利归为四类，即公共福利、个人福利、组织内公共福利和生活福利。①公共福利是指由政府支持或提供、由国家法律或政府政策加以保障的福利，包括法定假期、法定的福利项目，如医疗保险、失业保险、养老保险、伤残保险、女员工的特殊福利及关于计划生育方面的福利，等等。②个人福利是指由组织提供与员工选择相结合的福利项目，包括养老金、辞退金、住房津贴、交通费、工作餐、海外津贴、人寿保险，等等。③组织内公共福利是指完全由组织提供的全体员工中某一群体均可享受或有机会享受的福利项目，包括病假、事假、集体旅游、组织自己认可的民间与国家的节目，如端午节、中秋节、国庆节等。④生活福利是指组织为员工提供的生活方式专项福利项目，包括为员工提供法律服务、心理咨询、贷款担保、托儿所、子女教育费等。

十二、现代人事行政的行为调控机制：义务、道德、监督与惩戒

（一）义务与道德规范

公务员的义务，是指国家法律对公务员必须做出一定行为或不得做出一定行为的约束和强制。公务员义务的含义：第一，公务员的义务是以公务员的身份为前提。第二，公务员必须做出一定的行为或不得做出一定的行为，即具有作为和不作为的义务。一方面，公务员负有积极作为的义务，必须依法主动地做出某种行为，如公务员必须依法执行公务、履行职责等；另一方面，公务员负有消极不作为的义务，不得做出某种行为，如公务员不得贪污、盗窃、行贿、受贿或者利用职权为自己和他人谋取私利等。第三，这种义务是对公务员的约束。公务员是行使公权力，执行公务的人员，对其手中掌握的权力如果不进行规范加以严格限制，就可能被滥用。所以，必须严格规定公务员的义务，而且，义务具有强制性，公务员不得放弃或不履行自己的义务，否则要承担相应的法律责任。按照我国公务员法的规定，我国公务员应当遵守下列义务：模范遵守宪法和法律、认真履行职责、接受人民监督、维护国家的安全荣誉和利益、忠于职守勤勉尽责、保守国家秘密和工作秘密、恪守职业道德、清正廉洁以及其他义务。公务员的职业道德对公务员来说是一种行为自我调控机制，它能够使公务员对其不适当的行为做出一种自觉调整，它不同于公务员的义务，它不具有法定的强制性，但是，它是一种潜在的行业制约力量，它调控着公务员应当做什么和不应当做什么。

（二）监督

监督机制，在激烈的市场竞争中，企业执行力将决定企业的兴衰成败。科学完善的规章制度和质量管理体系是企业高效运行的基础，加强监督管理是保证企业执行力有效推行的重要手段。因此，企业要强化监督，健全规章制度，提升企业执行力。

1. 督查制度

督查制度的建设是对督查事项的跟踪监督，明确各部门工作职责，增强全体干部职工对规章制度的执行力。

2. 问责制度

“无为行为”是指不履行或不正确、及时、有效地履行规定职责，导致工作延误、效率低下的行为；或因主观努力不够，工作能力与所负责任不相适应，导致工作效率低、工作质量差、任务完不成。无为就是过，对于部门和单位出现的无正当理由，未完成局党委下达的工作任务或者不履行或未认真履行职责，影响全局工作安排的，应采取取消当年评优评先资格、诫勉谈话、通报批评、书面检查、公开道歉、劝其引咎辞职等方式，对部门或单位领导予以问责，以达到惩戒的目的，提高执行力。

3. 追究制度

要建立环环相扣的责任追究制，对不同层次、各个岗位的员工制定出精细的责罚条例，让执行力弱或有过错者为其行为“买单”。对各单位、各部门及其工作人员在安全质量管理、生产管理、技术管理、机电管理、经营管理、物业管理、政治工作、民主管理、精神文明建设等方面的过错行为，实行严格的责任追究。

4. 复命制度

执行人在执行开始后发现有困难或阻力，无法按时完成，必须在规定的时间内通过公开、正当的程序向主管领导反映，否则就没有任何理由不完成工作和任务。同时，完成任务，也应及时复命。这是保障执行指令、加强执行力、提高工作效率的重要手段。

（三）惩戒

惩戒是通过对员工不良行为进行强制性纠正，达到教育、改正的目的，最终促进员工的发展与进步的一种教育方式。惩戒是教育不可或缺的一部分。惩戒的目的是让员工认识到做错事要负责任，让员工学会如何面对挫折。表扬、肯定、激励等教育手段和惩戒的教育手段是相辅相成、相互补充的。苏霍姆林斯基教育中的惩戒始终贯穿着“自我教育”，即激发员工做一个好人的愿望，让员工体会到自己的错误酿成的后果不只是自己的失败，还有可能给他人造成屈辱。

拓展阅读 3-1 《关于进一步激励广大干部新时代新担当新作为的意见》

第二节　案例陈述

2014 年 12 月 2 日，中央全面深化改革领导小组第七次会议召开，审议了包括《关于县以下机关建立公务员职务与职级并行制度的意见》。之后，中办、国办印发了《关于县以下机关建立公务员职务与职级并行制度的意见》，人社部、中组部、中央编办、财政部、国家公务员局5部门部署了县以下机关公务员职务与职级并行制度的实施工作。

《意见》明确指出，县以下机关将建立公务员职务与职级并行制度。在江苏、福建、安徽、山东、河北、辽宁、内蒙古等省区均开始试点推进基层公务员职务职级并行制度。

《意见》的出台被视作公务员制度改革的一大举措。换句话说，基层公务员可凭借工作年限、工作能力等提升级别，进而提升工资，公务员会有更强的工作动力，“当领导”不再是唯一的价值追求。

《意见》提出，将对县以下机关公务员设置5个职级，由低到高依次为科员级、副科级、正科级、副处级和正处级。办事员任满8年未提拔的，可享受科员待遇；科员任满12年未提拔的，可享受副科待遇；副乡科级、副主任科员满15年未提拔的，可享受正科级待遇；正科级干部15年未提拔的，可享受副处级待遇；副县处级干部15年未提拔的，可享受正处级待遇。

职级晋升后，可以享受相应职务层次非领导职务工资待遇，但工作岗位不变。

高于正处级县区市不在列。

《意见》对“任职年限”作了解释，指从晋升职级或正式任命职务之月起按周年计算，满12个月为1周年。

《意见》规定，任现职级或职务期间每有1个年度考核为优秀等次，任职年限条件缩短半年；每有1个年度考核为基本称职等次，任职年限条件延长1年。

对实施职级晋升制度的机构范围，《意见》作出了明确限定，即县（市、区、旗）和乡（镇、街道）机关和参公管理单位的在编人员；机构规格高于正处级的县（市、区），其所属党委、政府工作部门等不列入实施范围。

2016年12月，十二届全国人大常委会第二十五次会议25日表决通过了授权国务院在部分地区和部分在京中央机关暂时调整适用公务员法有关规定的决定。决定将推行公务员职务与职级并行、职级与待遇挂钩制度，拓展公务员职级晋升通道，进一步调动广大公务员的积极性。

该决定授权国务院在天津市市级机关及和平区、西青区各级机关，山东省省级机关及青岛市、潍坊市各级机关，湖北省省级机关及宜昌市、襄阳市各级机关，四川省省级机关及绵阳市、内江市各级机关，以及教育部、国家质量监督检验检疫总局、国务院台湾事务办公室、国家统计局本级机关（不包括直属机构）开展公务员职务与职级并行制度试点工作，暂时调整适用公务员法关于非领导职务管理的有关规定。具体试点办法由国务院作出安排，并报全国人大常委会备案。试点期限为2年。本决定自2016年12月26日起施行。

2018年12月29日修订的新《公务员法》的规定，公务员实行国家统一的职务与级别相结合的工资制度，即职务、职级、工资三者相对应、相挂钩，职务能够决定职级，职级随职务变化，并获得相应的工资待遇。而将来的职务与职级分离并行将有利于进一步完善公务员工资制度，薪酬制度是实现职务与职级并行的重要条件。

2019年3月，中共中央办公厅印发《公务员职务与职级并行规定》并发出通知，要求各地区各部门认真遵照执行。规定指出，国家根据公务员职位类别和职责设置公务员领导职务和职级序列。

规定所称职级，是公务员的等级序列，是与领导职务并行的晋升通道，体现公务员政治素质、业务能力、资历贡献，是确定工资、住房、医疗等待遇的重要依据，不具有领导职责。

公务员可以通过领导职务或者职级晋升。担任领导职务的公务员履行领导职责，不担任领导职务的职级公务员依据隶属关系接受领导指挥，履行职责。

规定明确，公务员职务与职级并行制度实施工作，由各级党委（党组）及其组织（人事）部门分级负责。中央公务员主管部门负责全国公务员职务与职级并行制度组织实施的宏观指导。县级以上地方各级公务员主管部门具体指导本辖区内公务员职务与职级并行制度的组织实施工作。

领导职务层次分为：国家级正职、国家级副职、省部级正职、省部级副职、厅局级正职、厅局级副职、县处级正职、县处级副职、乡科级正职、乡科级副职。

职级序列按照综合管理类、专业技术类、行政执法类等公务员职位类别分别设置。

综合管理类公务员职级序列分为：

一级巡视员、二级巡视员、一级调研员、二级调研员、三级调研员、四级调研员、一级主任科员、二级主任科员、三级主任科员、四级主任科员、一级科员、二级科员。

综合管理类以外其他职位类别公务员职级序列另行规定。

领导职务对应的级别，按照国家有关规定执行。

综合管理类公务员职级对应的级别是：

（一）一级巡视员：十三级至八级；

（二）二级巡视员：十五级至十级；

（三）一级调研员：十七级至十一级；

（四）二级调研员：十八级至十二级；

（五）三级调研员：十九级至十三级；

（六）四级调研员：二十级至十四级；

（七）一级主任科员：二十一级至十五级；

（八）二级主任科员：二十二级至十六级；

（九）三级主任科员：二十三级至十七级；

（十）四级主任科员：二十四级至十八级；

（十一）一级科员：二十六级至十八级；

（十二）二级科员：二十七级至十九级。

厅局级以下领导职务对应的综合管理类公务员最低职级是：

（一）厅局级正职：一级巡视员；

（二）厅局级副职：二级巡视员；

（三）县处级正职：二级调研员；

（四）县处级副职：四级调研员；

（五）乡科级正职：二级主任科员；

（六）乡科级副职：四级主任科员。

规定指出，公务员领导职务的任免与升降，按照有关规定执行。公务员的职级依据其德才表现、工作实绩和资历确定。公务员晋升职级应当根据工作需要、德才表现、职责轻重、工作实绩和资历等因素综合考虑，不是达到最低任职年限就必须晋升，也不能简单按照任职年限论资排辈，体现正确的用人导向。

规定指出，领导职务与职级是确定公务员待遇的重要依据。公务员根据所任职级执行相应的工资标准，享受所在地区（部门）相应职务层次的住房、医疗、交通补贴、社会保险等待遇。担任领导职务且兼任职级的公务员，按照就高原则享受有关待遇。

规定指出，担任领导职务且兼任职级的公务员，主要按照领导职务进行管理。不担任领导职务的职级公务员一般由所在机关进行日常管理。公务员晋升至所在机关领导成员职务对应的职级，不作为该机关领导成员管理。规定自 2019 年 6 月 1 日起施行。

第三节 实验要求

一、实验目的

人事行政案例分析的主要目的在于提高同学解决人事行政管理相关问题的能力和判断力，重点在于解决问题的过程。案例分析人员要把自己当作案例中的当事人，身临其境地进行分析和决策，提高分析和处理管理问题的技能。

通过在案例分析的学习中，可以牢固掌握与案例相关的人事行政知识点，同时还能促进深入思考，找出自身思维中的盲点，相互启发、借鉴、学习和交流，充实、完善自己，从而达到提高自身的交流能力、沟通能力以及决策能力的目的。

二、实验步骤

1. 阅读案例、个人分析

主要是审读案例文本，把握案例事实，识别案例情境中的关键（案例）问题，个人自己先对案例进行分析，初步拟定解决问题的方案。这阶段要求同学花费大量时间来准备，准备的充分与否直接关系到学习的效果。具体又可划分为以下步骤：

（1）快速阅读案例材料，熟悉所要讨论的案例（及问题）；

（2）再次阅读案例，尝试勾画问题轮廓（及可能答案）；

（3）仔细研究案例中的所有附加材料；

（4）确定（关键）问题之所在；

(5) 分析案例中的数据；

(6) 使用所需要的任何一种分析工具；

(7) 仔细分析相互冲突的观点；

(8) 为你的分析诊断和观点提供理论支持和证据支持；

(9) 制定恰如其分的行动计划和行动方案。

2. 小组讨论、达成共识

在小组或全班同学面前呈现个人对案例问题的分析，提出解决方案和依据；听取同伴意见，对案例问题和解决方案展开讨论，在不同角度甚至对立中认识问题，以求达成共识。注意是提出观点而不是重复信息；尽量使用以下的表达"我的分析表明……"，"该公司应该……，因为……"，而不是"我想""我认为""我觉得"。

3. 课堂发言、全班交流

在课堂上以小组为单位陈述案例分析结果。可以选派一个代表代表小组发言，也可以由几个同学分担。表述过程中注意锻炼自己的表达能力，力求达到自然，并能操控听众的注意力。然后回答班里其他同学的提问。回答最好按照小组准备时的分工来分担问题，当然配合和相互支持也是非常重要的。

4. 教师总结归纳，消化提升

在小组陈述，课堂讨论基础上，最后由主讲教师或助教作出总结。教师指导侧重案例分析的关键点，分析思路，通过该案例可强化、可引导的知识点等方面。

三、实验要求

(1) 将案例阅读两遍。第一遍应该对案例有一个概览性认识，第二遍应该对案例中的种种做法了如指掌，然后仔细地研究每一份参考资料。

(2) 列举本案例中必须面对的各个问题与关键点。

(3) 充分进行数据分析，挖掘案例材料所能说明的各种问题。

(4) 寻找运用各种原理和分析工具的机会。

(5) 对形势的分析要彻底完整。

(6) 对所有的观点必须提供经过充分推理和论述的论点和数字证据。

(7) 绘制图表和图形以清晰地表达你的观点。

(8) 对你提出的各种建议进行优先性排序，确保实施框架/步骤及可行性。

(9) 重新评价你所提出的行动计划，检验它是否为你所确定的问题和关键点提出了解决方案。

(10) 避免提出风险不可控制或不合理的方案。

四、实验成绩

序号	实验要求	分值
1	职务是什么？职级是什么？职务职级并行又是什么？	40
2	职务职级并行给组织人事管理带来的好处是什么？	20
3	职务职级并行的实施应注意哪些方面？	30
4	要求：不少于 3000 字。	10

第四节

实验报告

实验报告

院系			专业		
班级		姓名		学号	
实验教师		成绩		日期	
实验名称					

一、实验目的

二、实验原理

三、实验步骤

四、实验数据(如有则填)

五、实验结果

六、讨论分析(完成指定的问题要求)

七、实验总结(如有则填)

备注：

第五节

实验答案

职务职级并行制度的设计目的在于形成职务与职级两个晋升通道，在公务员管理制度中，职务与级别制度是重要的组成部分，也是确定公务员工资及其他待遇的依据。职务是指公务员所具有的头衔称谓，主要体现工作能力和职责大小，比如县长；职级指一定职务层次所对应的级别，主要体现资历，比如县长所对应的职级多是县处级正职。从目前情况来看，公务员的各种待遇仍主要与职务挂钩，造成过分看重职务的问题。特别是在县以下机关，公务员受机构规格等因素限制，职务晋升空间小的矛盾更为突出。

建立公务员职务与职级并行制度，形成职务与职级两个晋升通道，是对干部人事制度的重要调整和改革，也是对公务员制度的创新和完善，可鼓励他们立足本职，踏实工作。县以下机关公务员是做好基层工作、服务人民群众、巩固基层政权的骨干力量，在县以下机关实施公务员职务与职级并行制度，对于调动和发挥基层干部的积极性，将起到促进作用。

一、职务、职级与职务职级并行

职务是指公务员所具有的头衔称谓，主要体现工作能力和职责大小，如县长。而职级是指一定职务层次所对应的级别，主要体现资历，例如县长所对应的职级一般是县处级正职。

据《公务员法》相关规定，与职务层次相对应的公务员级别共十五级，就像金字塔状排列，越往底层，级别越低、人数越多。这其中公务员的职务分为领导职务和非领导职务，县级基层领导职务则分为乡科级副职、乡科级正职、县处级副职、县处级正职，非领导职务指办事员、科员、副主任科员、主任科员等。

职务反映职级，职级对应一定的职务。从功能上来看，二者的区别在于，职务的设置给公务员带来权力以及责任义务的承担，职级的设置给公务员带来物质利益以及职业尊严的满足。一条职务序列构成公务员职业发展的一道阶梯，一条职级序列则构成公务员职业发展的另一道阶梯。

二、职务职级并行给组织人事管理带来的好处

（一）解决县以下公务员职务晋升难题

2006 年，公务员法正式颁布实施。在我国公务员管理制度中，职务与级别制度是重要组成部分，是确定公务员工资及其他待遇的依据。这也意味着，“职务晋升”成为公务员个人职业发展、待遇提升的唯一路径。据不完全统计，在我国县域行政组织中仅 4.4%科

员能升至县处级。

现实中,我国公务员有六成以上是在县乡基层工作。基层公务员数目庞大,但能提供给他们升职的领导职务数量却很有限,这种不亚于内部再进行一轮轮公务员考试似的激烈竞争局面,让很多基层公务员的待遇长期维持在相对较低的水平。

有媒体报道称,国家行政学院副教授胡颖廉曾表示,中国公务员从科员到县处级干部的升迁比例仅为 4.4%,从县处级升为厅局级的比例更是低至 1%,有的人甚至工作几十年还是副科长。

(二)打破职务对工资决定性作用

国家行政学院博士后赵子建曾经发表文章称:“据有关部门统计,在目前各地公务员工资的 4 个组成部分中,职务工资约占 20%,级别工资约占 25%,地区附加津贴约占 45%,各种补贴约占 10%。”也就是说,级别工资仅占各地公务员工资的两成多。

赵子建认为,职务工资相对比例虽不高,但由于地区附加津贴基本按照职务发放,实际上职务工资整体所占比例接近七成,“职务对工资水平具有决定性作用,职级的功能被明显弱化”。

职务与职级并行,就是要在公务员职务晋升之外,再开辟一条独立的职业发展道路。让那些不能晋升职务的公务员,也可以通过晋升职级,获得合理的待遇与尊严。

(三)利于基层留住优秀人才

北京师范大学政府管理学院组织与人力资源管理系主任王建民向京华时报记者表示,新政使公务员晋升方式更趋合理,对于基层公务员岗位留住优秀人才是一项利好政策。

王建民介绍,现在参加公考像千军万马过独木桥,入职后的发展方式又只有职务晋升这条狭窄的通道,堪比自古华山一条路。基层公务员难于晋升以及衍生出的待遇不易增长问题,进一步加剧了公考时很多基层职位遇冷的问题,相关岗位不仅招不到优秀人才,甚至连报名者都寥寥无几甚至零报考。由于入职后多年无法晋升提高自身待遇,使得不少基层公务员岗位成为了一些大学生的跳板,优秀人才很难踏踏实实地长期坚持下去。

王建民分析,新政预计将以直接增加公务员基本工资的方式实施,只要符合任职年限等条件,基层公务员都可享受到这一政策的优惠。

对于新政的出台时机,王建民认为,这与我国已确定养老金双轨制并轨,以及将配套实施公务员工资制度改革有关。随着公务员将参加养老保险并自己承担养老保险费,基层公务员当前收入偏低的问题更加突显。我国公务员的工资水平应当与国民经济发展相协调,与社会进步相适应,新政的出台体现了政策正加大向基层公务员倾斜力度,也有助于公务员工资制度改革的整体推进。

此外,王建民认为,新政也进一步缩小了市级公务员与县以下公务员在晋升问题上的差异。他介绍,目前在一些地区,市级公务员经常三五年就能实现一级晋升,而县以下公务员明显存在晋升慢的问题。虽然新政没能抹平这种差距,但已经有效缩短了这一差距,使得公务员相关管理制度正向更公平的趋势发展。

这样的局面，造成考生在公务员考试中极为热衷于国家级和省市级公务员职位，而基层公务员职位却频频遇冷，甚至无人问津。而在基层公务员队伍中，又存在人员队伍不稳定、优秀人才频频流失的问题。以广东省地级市江门为例，那里近 5 年来超过三成的乡镇机关公务员通过各种方式离开了乡镇基层机关。国家行政学院副教授胡颖廉认为，如果长此以往，将不利于中国政府的转型。

三、职务职级并行制度实施的注意方面

（一）鲜明树立正确用人导向，打破政策执行认识误区

把政治标准放在首位，树立重品德、重才干、重担当、重实绩、重公认的导向，综合工作需要、德才表现、职责轻重、工作实绩、资历等因素开展职级晋升工作，逐步打破“到点晋升”“论资排辈”“吃大锅饭”的错误认识，引导形成正确预期。

（二）坚持严格审核把关，有序推进职务职级并行制度

研究制定职级设置和晋升工作操作规程，细化晋升程序，优化审批流程，建立“事前审查、事中指导、事后备案”工作机制，加强重点环节督促指导、审查审核，坚持原则不放松、标准不降低、程序不走样。事前审查主要对动议初步方案进行审核，重点把握符合按职数配备、人选资格条件设置、选拔任用程序、选人用人导向、队伍结构比例等方面要求；事中指导主要根据单位选拔任用进展情况有针对性进行提醒督促，做好政策解答和业务指导，及时纠偏存在问题；事后备案主要审核晋升工作是否按方案执行、职级晋升材料是否完备等。

（三）聚焦解决重难点问题，有效打通制度落实“堵点”

抢抓“一对一”指导政策机遇，综合采取从严管控超编进人、编制置换、人员分流、提拔晋升、明确待遇等多种途径，对公务员职务与职级并行制度实施中遇到的历史遗留和政策变化新产生问题进行逐一“破冰”攻坚，进一步巩固和深化职务职级并行制度成果。用好用活职级统筹职数，通过干部队伍建设综合分析研判了解掌握的情况，优先用于工作实绩突出、任职时间较长的干部，有效打通了部分单位职级晋升“堵点”，加快了干部队伍结构优化，增强了公务员队伍整体活力。

CHAPTER4 第四章

行政领导案例实验实训

第一节 知识框架

一、领导的含义

领导是领导者为实现组织的目标而运用权力向其下属施加影响力的一种行为或行为过程。领导工作包括五个必不可少的要素：领导者、被领导者、作用对象(即客观环境)、职权和领导行为。根据《管理学基础》中的解释：领导是以实践中心展开的，由具体社会系统中的领导主体根据领导环境和领导客体的实际情况确定本系统的目标和任务，并通过示范、说服、命令、竞争和合作等途径获取和动用各种资源，引导和规范领导客体，实现既定目标，完成共同事业的强效社会工具和行为互动过程。

二、行政领导的含义

行政领导是指国家行政系统中各级各类行政领导者和行政领导集团通过决策、指挥、监督、协调及控制等职能活动，依法行使其权利，发挥其影响，确定并实现行政目标的活动过程。国家行政机关领导者依法运用行政权力，通过行政组织和公务人员，对国家行政事务进行决策、指挥、协调、控制、检查、监督等行政活动。行政领导在行政各个方面及其全过程处于主导地位，它的正确与否决定着行政职能的实现程度和状况，决定着行政效率的高低以及行政目标能否实现。

三、行政领导的构成要素——领导者、被领导者、作用对象和客观环境

行政领导是一个包括许多因素的系统活动，其构成的基本要素包括：①领导者，是在行政中处于决策、指挥地位的个人或集体，是行政管理的主体和关键因素。②被领导者，是领导者所辖的个人或组织。对领导者来说，他们是行政领导的客体；对行政领导行为的作用对象来说，他们又与领导者结合组成行政领导的主体。被领导者的素质和能力，以及他们完成本职工作的热情、主动性和创造性，在很大程度上决定着行政领导的绩效。③作用对象，是领导者和被领导者共同作用的客体。根本不同的作用对象，可采用不同的行政领导方法。④客观环境，包括行政领导的内部条件以及外部的政治、经济、文化等方面的实际情况，它是制约行政领导绩效的主要因素。行政领导者应根据面临的特定环境及其变化，审时度势，因地制宜，确定适用于当时客观环境的领导方法、领导艺术，以达到最佳领导效果。

四、行政领导的特点

(1) 行政领导的权力是国家法律或行政法规确定的，在国家行政领域内具有强制性和约束力。

(2) 行政领导的权力范围，受国家权力机关和有关法律、法规、制度的限制与监督。

(3) 行政领导是运用国家法定权力，并依法实施领导职能的行为，具有高度的权威性。

(4) 行政领导具有明确的隶属关系，即由有关法规明确规定行政组织内的领导与被领导关系。

(5) 行政领导随着国家行政管理活动的产生、发展而产生和发展。

五、行政领导在行政管理中的作用

1. 行政领导是行政管理协调统一的保证

行政管理本身是一个复杂的社会系统。行政管理既有纵向层次的区别，又有横向领域的划分。为了保证系统内行政活动的协调和统一，就需要行政领导的统一意志和统一指挥，这是对所有行政管理的共同要求。

2. 行政领导贯穿于行政管理的全过程

行政领导是一种具有管理性质的社会活动，行政管理过程与行政领导过程是交叉的。就具体过程来看，行政管理实质上是一个不断制定和执行政策的过程。

3. 行政领导是行政管理取得成功的关键

行政管理是由诸多因素构成的大系统，每个因素都对行政管理产生影响。由于行政领导具有统领、引导的整体管理功能，尤其是行政决策规定了目标及达到目标的途径和措施，因而成为行政行为的指南和准则。正是这样的决定作用规定了担负行政决策责任的行政领导，是整个行政管理活动取得成功的关键。

六、行政领导“职位、职权、职责”的统一关系

行政领导的职位、职权、职责之间是有机的整体，行政领导的职位是行使职权、履行职责的前提，是职权、职责的载体。

（1）行政领导者的职位是指具有一定职务、职权、职责的工作岗位。行政领导者的职位是以“事”而不是以“人”为中心设置；根据工作需要而设置；有明确的职责、工作范围、工作量、工作内容等要求；不能任意设置，应视社会发展需要程度依法增减；有明确的宗旨。

（2）行政职权与行政职位是相联系的，是为履行其职责而依法赋予的权力。职权是国家根据职务和职责的规定，依照法律赋予职位的权力，以保证实现行政目标和行政计划，真正履行起应负的义务。

（3）行政领导的职责是行政领导在国家行政机关行使职权，从事管理活动时应尽的工作义务，具体表现为承担一定的政治责任、行政责任、经济责任、社会责任和法律责任。

职权是与职位联系在一起的，是由职位衍生出来的，职位的性质决定职权的性质；职权是有限度的权力，由国家权力机关因社会公共管理分工的不同而进行功能性划分。职责、职位与职权密不可分，共同构成一个行政领导的有机统一体。履行职责，是行政领导的核心内容。行政领导职位的设置、权力的行使，都是为了更好地履行职责。

七、行政领导的职位特点

（1）领导职位是根据组织的工作分析确定的。也就是说，领导职位是根据组织发展的需要，以“事”为中心而不是以“人”为中心确定下来的。

（2）领导职位的设置有一定的数量规定性。在设置领导职位时，一般是按最低数量原则设置的，这样就避免了因人设职的弊端。

（3）领导职位本身具有相对稳定性。在某些情况下，领导职位具有法定性，一个组织中的领导职位数量，是由相关的法律、法规做出明确规定的，任何组织和个人是不可以对此加以变更的。领导职位相对稳定性的另一个含义是，领导职位不会因为一个人的离职而消失，也不会因为某一个人的加入而增加。

八、行政领导的职责

（1）政治责任/领导责任，是指政府官员制定符合民意的公共政策并推动其实施的职责及没有履行好职责时所承担的谴责和处罚。

（2）工作责任/岗位责任，是指完成国家委托的一定的工作任务，对其成败的个人担当。

（3）法律责任，是指因违反了法定义务或契约义务，或不当行使法律权利、权力所产生的，由行为人承担的不利后果。

九、行政领导的权力

（1）法定性权力：组织内各领导所固有的合法的法定的权力。

（2）强制性权力：领导者对其下属具有强制其服从的力量。

(3) 奖赏性权力：领导者提供奖金、提薪、晋级、表扬、理想的工作安排和其他任何令人愉悦的事物的权力。

(4) 专长性权力：领导者由个人的特殊技能或某些专业知识而形成的权力。

(5) 参照性权力：与领导者个人的品质、魅力、资历、背景等相关的权力。

十、行政领导体制

领导体制，是指独立的或相对独立的组织系统进行决策、指挥、监督等领导活动的具体制度或体系，它用严格的制度保证领导活动的完整性、一致性、稳定性和连贯性。它是领导者与被领导者之间建立关系、发生作用的桥梁与纽带，对一个集体的发展具有重要意义。现代领导体制纷繁复杂，但基本类型有四种。

（一）首长负责制、委员会制

首长负责制与委员会制，是按领导集团最高决策人数区分的。首长负责制，又称独任制，即把法定的决策权力集中在一位负责人身上。委员会制，也称合议制，即把组织的决策权力交给两位以上的负责人。

(1) 首长负责制的优点在于：权力集中，责任明确，行动迅速，效率较高。它的缺点是：受个人的知识、智慧、才能限制，处理问题难免有不周之处；独揽大权，容易导致专制和滥用权力的现象。

(2) 委员会制的优点在于：能够集思广益，决策问题考虑比较周详，能够代表各方面的利益。委员分工合作，各当一面，可以减轻主要领导者的负担，避免个人专制和滥用权力的现象发生。委员会制的缺点是：行动不够迅速，效率较低，权力分散，责任不够明确。

比较而言，这两种领导体制难以在绝对的意义上区分优劣。一般说来，属于速决性的、执行性的、技术性的、纪律性的、突发性的一类领导活动，宜采用首长负责制的方式处理；属于方针政策、规划制定以及立法性、协调性、综合平衡等一类领导活动的处理，用委员会制方式处理为宜。在实际的领导活动中，这两种体制相互联系和相互渗透。首长负责制的行政长官，常常依靠各种专门委员会协助处理问题；委员会制也向责任主体明确化的方向发展。

（二）集权制、分权制

集权制与分权制，是按上下级领导权限的划分程度相区别的。

(1) 集权制，是指一切事务的决策权均集中在上级组织，下级组织只有执行权而无决策权的领导体制。下级机关或下级领导者没有或很少有自主权，它只能按照上级机关的决定和指示办事。集权制的优点在于：能统一意志，统一政策，便于指挥。它的缺点是：如果发挥得不好，就不容易顾及矛盾的特殊性，不易因时因地制宜，灵活性差，应变能力差，往往限制下级积极性和创造性的发挥。

(2) 分权制，是指下级机关在自己管辖的权限内，能独立自主地解决问题，而上级组织不加干涉的领导体制。分权制的优点在于：可以使下级因地制宜贯彻上级指示，充分发挥自己的聪明才智，从实际情况出发，依据不同的特点去处理问题，充分发挥本地的长处和优势。它的缺点是:如果发挥不好,容易自立门户,各行其是,各方常会发生矛盾和冲突,也容易发生本位主义、分散主义,不顾整体利益。

集权制和分权制是对立统一的矛盾体,因此,必须根据不同任务和不同的环境条件加以具体运用。

(三)层级制、职能制

按组织系统内部各机构的职权性质和范围来划分,有层级制和职能制的领导体制类型。层级制与职能制是在领导组织系统中,按纵、横两个方面划分领导权限而形成的领导体制。

(1) 层级制,是指一个组织系统在纵向上从上至下划分若干层级,形成一个像连续的台阶那样的权限划分系统,又称为直线制、分级制等。

(2) 职能制,是指一个组织系统在横向上划分为各个具有不同权限的职能部门的领导体制,又称为分职制。

层级制的优点在于:指挥统一,权力集中,层级分明,整齐划一;各级领导者业务性质大体相同,干部升迁或调动,均能很快胜任。同时,由于这种体制强调掌握与熟悉各方面业务,有利于培养具有统筹安排、综合平衡能力的"通才"。它的缺点是:容易造成领导者事无巨细,事必躬亲;中间层次太多,领导也难以指挥。

职能制的优点在于:分工精细,领导者各司其职,业务熟悉,工作效率高,有利于培养精通各门业务的专家和提高干部的专业化水平。它的缺点是:专业性强,造成机构臃肿;政出多门,无所适从;不了解全局,办事容易违反经济原则和时效原则。

在现代社会,在一个较大的组织系统中,层级制与职能制是兼而用之的。

(四)完整制、分离制

按下级所对应上级的数目来划分,有完整制和分离制的领导体制类型。

1. 完整制

属于同一个领导层级的各机关,或者一个机关中的各个构成单位,所接受的上级指挥、控制和监督完全集中于一位行政首长或一个上级机关者,称之为完整制,或称集约制、一元统属制,即一元化领导。

2. 分离制

同一层级的各机关,或一个机关的各构成单位,所受到上级的指挥、控制和监督不集中于一位领导者或一个上级机关者,称作分离制,或称独立制、多元统属制,即多元化领导。

完整制的优点是:权力集中,易统筹计划,责任分明,减少相互推诿、扯皮,避免工作重复和减少"内耗",有利于提高工作效率。完整制的缺点是:权力高度集中,易滋生首长的独断专横,压制下属各单位在贯彻执行政策上的主动性、积极性和创造性,使下级养成对上级的依赖性,行动迟缓,效率低下。

分离制的优点是:权力分散,容易防止专断与滥用权力;有利于发现和培养人才。此外,在分离制的情况下,即使上级领导机关不健全,不称职或决策失误,也不至于引起全局性重大影响。分离制的缺点是:单位各自为政,权力冲突,工作重复,内耗严重,造成人力、物力、财力的浪费。

对于完整制与分离制,必须视具体情况而具体运用。一般来讲,凡工作性质相同,需实行集中统一领导的,宜实行完整制;而工作性质不同,或虽相同但需要相互制约的,宜实行分离制。

十一、行政领导的方式

行政领导方式,是指行政领导在其活动过程中遵循的比较稳定的领导模式。行政领导方式是领导方法的一种表现,是在领导过程中领导者、被领导者及其作用对象相结合的形式。由于行政领导活动范围广泛,内容多样,因而行政领导方式按照不同标准可以划分为不同类型。

(一)根据行政领导者运用行政权力的不同方式,划分为专断式、民主式和放任式

1. 专断式行政领导方式

专断式行政领导方式是把行政决策权、决定权集中于领导者一人手中的领导方式。在这种行政领导方式下,任何事情都由行政领导个人做出决定,用强制命令推动工作,下级一味服从上级领导,被动开展工作。这种领导方式容易造成被领导者失去工作积极性和热情,主动性不高,而对于领导者来说,由于决策没有下级和他人的参与,因此决策民主化程度低,质量不高,还会造成领导者高高在上、主观武断,造成官僚主义。在现代政治体制中,除了特殊时期、特殊情况,一般不使用此种方式。

2. 民主式行政领导方式

民主式行政领导方式是指行政领导和被领导者以及群众互相沟通,共同参与决策的一种领导方式。其特点是上下级关系密切,多方相关主体参与到决策过程中,决策具有民主性和开放性,在政策执行过程中,行政领导充分放权、授权给下级行政人员,充分调动发挥其积极性、主动性,能够齐心协力、团结一致地完成工作任务,达到预期目标。

3. 放任式行政领导方式

这是行政领导将很大一部分的行政决策权力下放给下级行政机构或行政人员,让其充分享有行政管理权限的一种行政领导方式。在这种领导方式下,行政领导放权让下级发挥职责和功能,自己只进行必要的指导和监督,而下级此时则充分掌握了权力,做起工作相应地会有主动性和决定权。但是这种方式如果缺乏严格管理,遇到问题容易出现上下级之间责任不明确,互相推诿的情况,且上级对下级丧失了严格的控制,不利于工作任务完成。因此,这种方式一般适用于任务不明确的部门,如科研机构。

(二)根据行政领导工作重心的不同,划分为重人式、重事式和人事并重式

1. 重人式行政领导方式

这种方式以人为中心,行政领导者在工作过程中比较民主、宽容,平易近人,体贴关心

下属，领导者强调建立领导者与下属之间的互相尊重、互相信任的关系，倾听下级意见和关心下级。

2. 重事式行政领导方式

这种方式以任务为中心，领导者对任务的关心胜于对下属的关心，把任务的完成放在工作首位，以完成工作任务为目的，注重工作是否有效地完成，重视组织设计、职权关系、工作效率，而忽视下属本身的问题，以任务完成情况作为评价下属的标准。

3. 人事并重式行政领导方式

这种方式是一种中间型领导方式，他们对人的关心度和对工作的关心度保持中间状态，既关心工作，又关心人，领导者通过协调和综合各种活动，促进工作的开展，他们会鼓舞士气，使大家和睦相处，发扬集体精神。

（三）根据行政领导者作用于人的方式角度，划分为强制式、说服式、激励式、示范式

1. 强制式行政领导方式

行政领导者发出行政指令来约束或引导行政人员的言行。行政指令具有明显的强制色彩，直接以惩罚为外在特征。一个行政领导者，要善于运用行政指令来规制和指挥行政人员和行政活动的参与者，保证他们不违反行政指令，保证他们服从自己的权威，并借此保证最低限度的行政效率。但强制总是有限度的，而且容易引起下属的逆反心理，行政领导务必慎用。

2. 说服式行政领导方式

行政领导经常使用说服式的领导方式，包括劝告、诱导、启发、商量、建议等易于领导者和群众双向沟通的方式。其意义是明显的：有利于贯彻行政领导者的领导方略；有利于上下级达成共识和建立共同的情感以及加强上下级协同工作的愿望，优化人力资源，以较少数量但较高质量的人力投入，赢得更高的行政绩效。

3. 激励式行政领导方式

这是一种最能提高领导效能的领导方式。它是行政领导者使用物质或精神的手段激发下属的工作积极性，达到决策目标的推进型领导方式。根据组织行为学的启示，对组织中成员进行不同方式的激励，有利于提高他们的工作积极性，从而提高工作效率。激励的方式，大致可以区分为普遍激励和特殊激励两种。普遍激励，在对象上是针对组织中所有成员的，在方式上包括改善工作条件和提高工作报酬。由于普遍激励属于行政领导者通常使用的经常性工作方式，因此还必须有特殊激励，才能起到激发积极性和提高工作效率的作用。特殊激励的对象是那些工作积极、态度端正、成效显著、贡献较大的人员，对他们予以特殊的精神与物质奖励，既可以促使他们产生更大热情，还可以产生榜样效应，从而激发其他工作人员的积极性。

4. 示范式行政领导方式

领导者是一个组织的象征，他们的精神面貌、行为方式、工作动机、价值观念乃至个人趣味，对本组织的人员都会产生明显的或潜移默化的影响。因此，良好的领导方式，当然

包括领导者本人对自己领导形象的塑造。而最有益于塑造良好的领导形象的方式，莫过于身体力行，身先士卒。一个行政领导人能够吃苦在前，享受在后，本身就是对本组织成员以高昂热情投入工作的无声号召。同时，一个领导者足智多谋、果断坚韧，也可以给组织成员提供解决工作难题的多种思路和工作方法，从而使工作流程加快，人力资本无形中增长，效率自然也就提高了。

十二、领导艺术——用人和用权艺术、决策艺术和人际关系艺术

领导艺术是领导者个人素质的综合反映，是因人而异的。黑格尔说过："世界上没有完全相同的两片叶子。"同样，也没有完全相同的两个人，没有完全相同的领导者和领导模式。有多少个领导者就有多少种领导模式。钱锦国认为：任何一种管理模式的运用，不可能是要求下属们依葫芦画瓢就可以了，而是需要自上而下使每位负有不同管理职责的人都能对该管理模式融会贯通、在不同环境下为同一个目标而因时制宜、不断改善。领导艺术一般分为三类。

（一）用人和用权艺术

1. 用人艺术

用人的方法和艺术在领导工作中占有特别重要的位置。1938 年，毛泽东把领导者的职责归为："出主意，用干部。"他将领导的决策与用人放在同等重要的位置。领导者用人的艺术主要有：合理选择，知人善任；扬长避短，宽容待人；合理使用，积极培养。

2. 用权艺术

规范化用权，实效化用权，体制外用权。

3. 授权艺术

授权艺术包括合理选择授权方式；授权留责（领导者将权力授予下级后，下级在工作中出问题，下级负责任，领导也应负领导责任，士卒犯罪，过及主帅）；视能授权（领导者向下级授权，授什么权，授多少权，应根据下级能力的强弱而定）；明确责权（领导者向被授权者授权时，应明确所授工作任务的目标、职责和权力，不能含糊不清、模棱两可）；适度授权（领导者授权时，应分清哪些权力可以下授，哪些权力应该保留）；监督控制（领导者授权后，对下属的工作要进行合理的、适度的监督控制，防止放任自流或过细的工作检查两种极端现象）；逐级授权（领导者只能对自己的直接下级授权，不能越级授权）；防止反向授权。

（二）决策艺术

（1）决策艺术的特点：科学与经验的结合；综合性知识与创造性发挥。

（2）决策艺术：①运筹艺术——统筹兼顾，把握关键。②决断艺术——指令明确、决断及时，判断力、想象力、洞察力、应变力。③善于调动他人的积极性。④借用外脑。

（三）人际关系艺术

人际沟通艺术：态度和蔼、平等待人；尊重别人、注意方法；简化语言；积极倾听；控制

情绪；把握主动；创造互信环境。

处理人际纠纷艺术：严己宽人；分寸得当、审时度势；讲究策略；把握主动。

十三、行政领导者的个体基本素质

1. 政治素质

领导者的政治素质是指作为一个政治角色的领导者，对自己的政治权利和政治义务的理解、把握和反应以及见诸行动等能力的总和，是领导者长期在政治关系和政治生活中接受培养和熏陶而形成的个体特质。政治素质对于从事行政领导活动的领导者而言，是必不可少的基本素质。它在领导者的日常领导工作中占据重要的地位，直接影响着领导活动的方向和绩效。而对于其他领导者而言，政治素质在日常领导活动中并没有直接明显地表现出来，而是作为一种隐性素质内化到领导者的意识当中，间接地影响着领导活动。

2. 道德素质

领导者的道德素质是指领导者在生活和学习过程中形成的、用以调节同他人相互关系的、充满价值取向的精神品质，是领导者人格的最重要组成部分。它具有动力功能、调节功能、控制功能、引导功能、塑造功能以及示范功能。

3. 知识素质

对现代领导者而言，完善的知识素质是领导活动取得成功的关键因素。知识素质是领导者进行领导活动的技术保障，是领导者观察世界、认识生活、为组织发展确定方向的技能要素。由于领导者身处特殊地位，承担重要责任，面对复杂局势，因此，领导者的知识素质应当是一个复杂而完备的知识体系，其中包含着多层面、多领域的知识内容。

4. 能力素质

领导者的能力素质是指领导者所具备的能够使领导活动得以顺利完成的行为能力的总和，是领导素质中所有能动成分的精华聚合。领导者能否胜任领导工作，不仅看领导者知识素质的高低，更要看他的知识素质以及其他素质能否转化为工作实践，即要看领导者的能力素质如何。领导者的能力素质主要包括一般能力和特殊能力两部分。

5. 作风素质

作风是人们的思想、工作和生活态度的集中反映，是个人品格、修养的充分体现。领导作风实质上是领导者世界观、人生观和价值观的综合表征，是领导者工作宗旨在实际工作中的具体体现。领导作风贯穿并影响着领导活动的全过程，是领导者的一种积极有效的影响力，它对于调动被领导者的积极性和创造性、领导决策的形成与实施、领导者能力的高低以及领导目标的实现等，都具有重要意义。

6. 身心素质

领导者肩负着复杂而繁重的工作任务，因此只有具备良好的身体素质，才能适应领导工作的基本要求。正如邓小平同志所说："不管你的见解多么高明，如果没有精力，要做好工作是很困难的。"通常情况下，良好的身体素质主要包括如下内容：健康的体魄，充沛的精力，巨大的体能潜力，强大的生理适应性以及旺盛的生命力等。领导者的心理素质，是指领导者的个性特征。它主要包括性格、气质、意志等内容。当今社会是一个快速多变的社会，组织所面临的环境挑战将会更加严峻，因此，领导者必须以开放的心态积极适应竞争激烈的社会环境。在气质方面,领导者要具有敢于决断的气质。在意志方面,领导者应能做到坚韧不拔。领导活动中的挫折与失败是在所难免的,因此领导者只有具备百折不挠的毅力,才能经得起各种风浪的考验。

十四、行政领导理论

(1)领导特质理论——确定什么样特性的人适合做领导者。着重研究领导者的人格特质,以便发现培养和使用合格的领导者。该理论侧重于通过对成功与不成功领导者的比较,确定领导者应具备的人格特质,什么样的人适合做领导,并进行针对性的训练。

(2)领导行为理论——确定领导者应具有什么样的领导行为以及哪一种行为的效果最好(四分图理论、管理方格理论、PM 型领导模式、领导系统模式、领导作风模式)。领导行为理论主要研究领导者在领导过程中的具体行为以及不同的领导行为对下属的影响,以寻求最佳的领导行为。

(3)领导权变理论——研究与领导行为有关的情境因素对领导效力的潜在影响。该理论主要研究与领导行为有关的情境因素对领导效力的潜在影响。该理论认为,在不同的情境下,不同的领导行为有不同的效果。

(4)变革型领导理论。"变革型领导"作为一种重要的领导理论,是由政治社会学家詹姆斯·麦格雷戈·伯恩斯在经典著作《领袖》中提出的。在他的著作中,伯恩斯将领导者描述为能够激发追随者的积极性从而更好地实现领导者和追随者目标的个体,进而将变革型领导定义为领导者通过让员工意识到所承担任务的重要意义和责任,激发下属的高层次需要或扩展下属的需要和愿望,使下属为团队、组织和更大的政治利益超越个人利益。

拓展练习 4-1
思考题

第二节
实验案例

"新时代好干部选拔标准"下我国行政领导干部素质建设

2018 年 7 月 3 日至 4 日,习近平出席全国组织工作会议并发表重要讲话。在讲话中,习近平高度肯定党的十八大以来党的建设取得的重大成就,明确提出新时代党的组织路线——全面贯彻新时代中国特色社会主义思想,以组织体系建设为重点,着力培养忠诚干净担当的高素质干部,着力集聚爱国奉献的各方面优秀人才,坚持德才兼备、以德为先、任人唯贤,为坚持和加强党的全面领导、坚持和发展中国特色社会主义提供坚强组织保证。

第三节
实验要求

一、实验目的

行政领导案例分析的主要目的在于提高学生解决行政领导管理相关问题的能力和判断力，重点在于解决问题的过程。案例分析人员要把自己当作案例中的当事人，来进行分析和决策，提高分析和处理管理问题的技能。

通过对案例分析的学习，可以牢固掌握与案例相关的行政领导知识点，同时还能促进深入思考，找出自身思维中的盲点，相互启发、借鉴、学习和交流，充实、完善自己，从而达到提高自身的沟通能力以及决策能力的目的。

二、实验步骤

1. 阅读案例，个人分析

主要是审读案例文本，把握案例事实，识别案例情境中的关键（案例）问题，个人先对案例进行分析，初步拟订解决问题的方案。这一阶段要求学生花费大量时间来准备，准备得充分与否直接关系到学习的效果。具体又可划分为以下步骤：

(1) 快速阅读案例材料，熟悉所要讨论的案例及问题；

(2) 再次阅读案例，尝试勾画问题轮廓及可能答案；

(3) 仔细研究案例中的所有附加材料；

(4) 确定（关键）问题之所在；

(5) 分析案例中的数据；

(6) 使用所需要的任何一种分析工具；

(7) 仔细分析相互冲突的观点；

(8) 为个人的分析诊断和观点提供理论支持和证据支持；

(9) 制定恰如其分的行动计划和行动方案。

2. 小组讨论，达成共识

在小组或全班同学面前呈现个人对案例问题的分析，提出解决方案和依据；听取其他小组成员意见，对案例问题和解决方案展开讨论，从不同角度甚至对立中认识问题，以求达成共识。注意是提出观点而不是重复信息；尽量使用以下的表达"我的分析表明……""该公司应该……，因为……"，而不是"我想……""我认为……""我觉得……"。

3. 课堂发言，全班交流

在课堂上以小组为单位陈述案例分析结果。可以选派一名组员代表小组发言，也可以由几人共同完成。表述过程中注意锻炼自己的表达能力，力求做到自然流畅，并能吸引

听众的注意力,然后回答班里其他同学的提问。回答最好按照小组准备时的分工来分担问题,当然相互支持也是非常重要的。

4. 教师总结归纳,消化提升

在小组陈述、课堂讨论的基础上,最后由主讲教师或助教做总结。教师指导侧重案例分析的关键点,分析思路,通过该案例可强化、可引导的知识点等方面。

三、实验要求

(1) 将案例阅读两遍。第一遍应该对案例有一个概括性认识,第二遍应该对案例中的种种做法了如指掌,然后仔细地研究每一份参考资料。

(2) 列举本案例中必须面对的各个问题与关键点。

(3) 充分进行数据分析,挖掘案例材料所能说明的各种问题。

(4) 寻找运用各种原理和分析工具的机会。

(5) 对形势的分析要全面深刻。

(6) 所有的观点必须提供经过充分推理和论述的论据,包括数字证据。

(7) 绘制图表,以清晰地表达你的观点。

(8) 对个人提出的各种建议进行优先性排序,确保实施框架/步骤及可行性。

(9) 重新评价个人所提出的行动计划,检验它是否为所确定的问题和关键点提出了解决方案。

(10) 避免提出风险不可控制或不合理的方案。

四、实验成绩

序号	实验要求	分值
1	领导特质理论视角下的新时代好干部标准是什么	20
2	为什么需要新时代好干部标准	20
3	好干部标准的优点是什么	50
4	字数要求:不少于 3000 字	10

第四节
实验报告

实验报告

<table>
<tr><td>院系</td><td colspan="2"></td><td>专业</td><td colspan="2"></td></tr>
<tr><td>班级</td><td></td><td>姓名</td><td></td><td>学号</td><td></td></tr>
<tr><td>实验教师</td><td></td><td>成绩</td><td></td><td>日期</td><td></td></tr>
<tr><td>实验名称</td><td colspan="5"></td></tr>
<tr><td colspan="6">一、实验目的

二、实验原理

三、实验步骤

四、实验数据(如有则填)

五、实验结果

六、讨论分析(完成指定的问题要求)

七、实验总结(如有则填)</td></tr>
<tr><td colspan="6">备注：</td></tr>
</table>

第五节
实验答案

浅析"新时代好干部标准"下，我国行政领导干部素质建设

一、领导特质理论视角下的新时代好干部标准

党的十九大以来，习近平总书记对落实新时代好干部标准发表了一系列重要论述，为各级党组织的高素质专业化干部队伍建设指明了方向。领导特质理论旨在确定具有何种特性的人适合当领导。本节在领导特质理论视角下，将新时代好干部标准归为以下五个点。

1. 坚定对马克思主义的信仰

以实现共产主义为最高理想的马克思主义信仰，是每一名共产党员的政治信仰。马克思主义信仰，是建立在理性和科学知识基础之上的，因此，党员干部必须在认真研读马克思主义经典著作的基础上，深入思考其中的道理，方可理解马克思主义的基本理论，树立坚定的马克思主义信仰。

2. 深入贯彻"三严三实"

三严，即"严以修身、严以用权、严以律己"。"三严"属于干部政德建设范畴，用权规范，要求干部要严格要求自己。三实，即"谋事要实、创业要实、做人要实"。谋事要实属于谋划事业，创业要实属于干事业，做人要实指的是老老实实地推进事业。党员干部唯有从"严"上要求、向"实"处着力，把"三严三实"内化于心、外化于行，才能使清风正气积聚起来，以"严"与"实"的过硬作风，担当改革重任，增进人民福祉。

3. 对党忠诚、个人干净、敢于担当

"对党忠诚"是新时期党对各级干部在政治上提出的新要求，要在思想上与党中央保持高度一致，坚决"反四风"①，以党的意志为意志，实现党提出的各项工作任务。"个人干净"是新时期党对各级干部在廉洁自律方面提出的新要求，在经济上清楚明白，在作风上光明磊落。"敢于担当"是新时期党对各级干部履职尽责提出的新要求，要创造性地做好本职工作，让党放心，让人民放心。

4. 全面落实"四个人"

"四个人"指的是："要心中有党，做政治的明白人；要心中有民，做群众的贴心人；要心中有责，做发展的开路人；要心中有戒，做班子的带头人。"

领导干部应当努力提高政治觉悟、牢记崇高使命，把爱党、忧党、兴党、护党责任落实

---

① 反四风：反对"形式主义、官僚主义、享乐主义和奢靡之风"四种不正之风。

到自己学习工作生活的各个环节中去；领导干部应当时刻牢记党的宗旨，尽心竭力为群众办实事、做好事、解难事；领导干部应当勇于担当、敢于负责，从实际出发，多干打基础、利长远的事；领导干部应当严于律己、模范遵守党和国家有关廉洁自律的各项规定，始终做得到心中有戒、清正廉洁。

5. 认真坚持“五条标准”

“五条标准”包括：“信念坚定、为民服务、勤政务实、敢于担当、清正廉洁。”

“信念坚定”是好干部立身之本，领导干部在任何条件下，都要把改造主观世界、加强党性修养、加强品格陶冶作为必修课。“为民服务”是好干部为政之道，领导干部更应“公”字当头，以“民”为先，懂得“官”是为人民服务的岗位，“权”是为人民服务的工具。“勤政务实”是好干部履职之要，必须夙夜在公，勤勉工作，力戒空谈，做到决策条条算数，工作件件落实。“敢于担当”是好干部成事之基，领导干部要敢于探索、敢于实践、敢于负责。“清正廉洁”是好干部正气之源，领导干部应当时刻用党章、用共产党员标准要求自己，时刻自重自省自警自励，老老实实做人，踏踏实实干事，清清白白为官。

习近平同志提出的这些标准从灵魂、作风、品质、做人、做事五个方面对好干部提出了具体要求，贯穿其中的主线就是德才兼备，最终目标就是全心全意为人民服务，保持党同人民群众的血肉联系。

二、为什么需要新时代好干部标准

2018 年 7 月 3 日至 4 日，习近平出席全国组织工作会议并发表重要讲话。在讲话中，习近平高度肯定党的十八大以来党的建设取得的重大成就，明确提出新时代党的组织路线——全面贯彻新时代中国特色社会主义思想，以组织体系建设为重点，着力培养忠诚干净担当的高素质干部，着力集聚爱国奉献的各方面优秀人才，坚持德才兼备、以德为先、任人唯贤，为坚持和加强党的全面领导、坚持和发展中国特色社会主义提供坚强组织保证。下面简要分析新时代好干部标准提出的具体原因。

1. 全面从严治党的时代趋势

当前，中国特色社会主义进入了新时代，走的是新时代党的组织路线。在这样的大背景下，全面从严治党已经取得一些成绩：党内政治生态明显好转，党的创造力、凝聚力、战斗力显著增强，党群关系明显改善，党在革命性锻造中更加坚强，以党的伟大自我革命推动了伟大的社会革命。

2. 回归群众的需要

《中国共产党章程》指出，我们党的最大政治优势是密切联系群众，党执政后的最大危险是脱离群众。坚持群众路线，就要坚持全心全意为人民服务的根本宗旨，“政之所兴在顺民心，政之所废在逆民心”。

3. 外部环境险峻

新形势下，党面临的执政考验、改革开放考验、市场经济考验、外部环境考验是长期的、复杂的、严峻的，精神懈怠危险、能力不足危险、脱离群众危险、消极腐败危险更加尖锐地摆在全党面前。不断提高党的领导水平和执政水平，提高拒腐防变和抵御风险能力，是党巩固执政地位，实现执政使命必须解决好的重大课题。

4. 内部党风建设也存在危险

选人用人上不正之风，官本位思想严重，个别干部“端架子”“定规矩”。这些都导致一些地方选出来的干部素质和能力明显不合格，甚至出了一些“带病提拔”、违规提拔的干部，致使不少同志对好干部标准的认识模糊。

高校学生会也有着类似的情况。日前，多所高校学生组织被曝出“官僚气重”的现象，由此，北大、清华等四十一所高校学生会联合发起的“学生干部自律公约”。网上曝光该高校一学生社团的QQ群聊天记录。一名低年级学生询问学长开会时间，被两名高年级学生社团干部教育，要求不能直呼主席为学长、不能直接在群里“@”主席，试用干事要注意自己的身份和说话方式。无独有偶，很快又有另一所高校的一名社团成员爆料，自己因写错部长/主席名字被要求抄写50遍、还要“开大会检查”；另一名学生把社团要求给部长/主席发“节日祝福”的消息截屏发到贴吧，被社团成员找上门要求道歉、追责。

学生会的不正之风与我党内部出现的一些问题具有相似处，学生会的解决方法也是对学生干部提出具体标准。目的是希望以这样一个公约去激励大家更好地规范自己的行为，能够回归初心，更好地将学生组织服务同学的作用发挥出来。

5. 历史经验

不能忽视的是，“政治路线确定之后，干部就是决定性的因素”(《毛主席语录》)。这是中国共产党人经过多年革命和建设实践总结出的经验。何谓“政治路线”？毛泽东同志说：一个正确的认识往往需要经过由物质到精神，由精神到物质，即由实践到认识再由认识到实践，这样多次反复才能完成，这就是马克思主义认识论，这就是辩证唯物论的认识论。所谓的“政治路线”，即马克思主义认识论——辩证唯物论的认识论，这是因为人为了改造客观世界要进行积极能动的反映。政治路线形成的过程是从人的感性认识能动地飞跃到理性认识又从理性认识能动地飞跃到工作实践中去的辩证过程。在这一过程中，干部便如针，便如线。干部实践次数越多，政治路线升级越快。政治路线每一次升级都与干部的每一次实践相关。

例如，1970年7月，谷文昌在指挥隆陂水库大坝合龙时突然下起了大雨，有人劝其走，但谷文昌说：“这时候我走与我不走大不一样。”说完就冒雨去背土抬石头。谷文昌若走了，大坝不仅不能合龙，甚至会垮。大坝垮了不要紧，人心垮了怎么办？“政治路线确定之后，干部就是决定性的因素”的道理在此。综上所述，我们党必须进一步明确新时代好干部标准，加强党政建设。

三、新时代好干部标准的优点

(1) 思想上的统一有利于行动上的规范，新时代好干部的五条标准的提出解决了以往干部思想上的分歧。

(2) 为干部选拔、培养和管理提供伦理规范。

(3) 新时代好干部标准树立了一面镜子，形成对干部的对照检查监督。

(4) 新时代好干部标准的伦理规范与形式主义、享乐主义、官僚主义、奢靡之风格格不入，反对“庸懒散”，促进反腐败和干部清廉从政的伦理监督机制的形成。

(5) 人格的重塑对现在的反腐败工作有重大意义，有助于加强干部的道德教育。

四、与传统干部选拔的区别

（1）邓小平强调选拔干部要突出“四化”，干部队伍的革命化、年轻化、知识化、专业化。十一届三中全会后，改革开放的启动、社会经济的发展、民主法制的完善以及国防、外交等方面的恢复和发展，都急需一大批高素质的干部队伍来完成。

（2）江泽民强调选拔干部要突出“德”和“绩”。全面衡量人选的“考绩”与“德绩”、口才与口碑、临场发挥与一贯表现，真正做到好中选优、人岗相适。以江泽民同志为核心的党的第三代中央领导集体，对干部人事制度改革和干部队伍建设进行了积极的探索和实践，提出了选拔好干部的新标准。

（3）胡锦涛强调选拔干部必须坚持五湖四海任人唯贤，坚持德才兼备、以德为先用人标准，把各方面优秀人才集聚到党和国家事业中来。

（4）习近平强调选拔干部的“二十字”标准：“信念坚定、为民服务、勤政务实、敢于担当、清正廉洁。”可以看出，新时代好干部标准更具体，也更重视对干部品德上的要求。

五、评价

1. 作用

（1）新时代好干部标准成为全社会的价值取向。

好干部的价值标准和判断，是社会大众基于对干部从事社会公共事务管理方面履职尽责行为的社会认同。在社会主义国家，领导干部的本质是全心全意为人民服务，因此，领导干部为人民服务的质量和水平理应成为评价领导干部的根本尺度。

（2）促进干部信息透明化。

选用好干部，既要明确新时代好干部标准，更要参照新时代好干部标准把好干部选出来。作为地方组织人事部门或单位的主要负责同志，必须善于甄别干部的好与坏，善于发现好干部，这是把好干部选拔出来的前提条件。考察一个干部，不外乎考察年龄、学历、专业、经历、能力、工作作风与工作实绩、群众公认度这些能衡量一个干部素质高低与能力大小的指标，按照各指标的权重加以综合和权衡，就大致得出了对一个干部的总体判断。问题的关键是，这些指标中仅年龄、学历、专业、经历能在干部个人履历表上客观地反映出来，其余指标的认定除了考察的技术因素外，更多地掺杂了能掌握干部升迁命运的单位主要负责同志的情感因素。而在当前的领导结构和决策体制中，恰恰是这些情感因素的存在，导致干部信息传递过程中出现扭曲和失真，以至于干部的真实信息在上级组织人事部门得不到真实的反映。

2. 不足之处

领导权变理论认为，不存在一种绝对的最佳的领导方式。领导是领导者、被领导者及其环境因素相互作用的动态过程。目前，新时代好干部标准主要是个道德伦理标准，没有太大的实质约束力，缺乏制度监督。

六、疑问与解答

1. 如何把新时代好干部标准运用到干部激励和提拔当中?

过去的官员任用提拔机制过于关注业绩,关注GDP,导致干部们不愿意去做那些“吃力不讨好”的事,然而这些“吃力不讨好”的事恰恰是一些迫切需要解决的民生问题。我们需要明确的是,提出新时代好干部标准的初心是希望官员们不要只关注GDP,而忽视了为人民服务,要敢于做没有“业绩”的事。然而,如果新时代好干部标准仅仅停留在理念层面,它将永远难以具有约束力。应当具体地、可操作地将其融入干部的激励和提拔当中。

本节建议将好干部标准融入干部的任用和提拔当中,具体体现在两个方面:一是上级在任用官员时要有意识地以新时代好干部标准为选拔指标之一,根据领导特质理论,尽量选出具有符合新时代好干部标准的人来成为干部;二是评选出类似“时代好干部”等荣誉称号,并将其加入干部提拔的要求之一,简单来说,就是干部必须得到相关的荣誉称号才能有晋升的机会。只有这样,新时代好干部标准才有约束力。

需要强调的是,应当建立有效的评估审核机制来进行“荣誉称号”的评定,具体的操作步骤有提名、审核、授予、评估等。提名可以是民意推选,也可以是机关内下级、上级的推荐;中央应当成立专门的审核部门或审核小组,先由干部自己递交荣誉称号申请材料,审核通过后进行公示;公示无异议可以授予有一定年限的荣誉称号;称号到期后,审核小组进行评估,决定是撤回或是继续颁发荣誉称号。

2. 如何保持好干部的纯洁性?

保持好干部的纯洁性的方法:一是尽量选用本身具有新时代好干部标准特质的人当干部;二是明确好干部荣誉称号与干部晋升挂钩,并加强对荣誉称号的审核;三是强调“一票否决”机制,简单地说,就是明确做什么事就会取消好干部资格,失去晋升的机会;四是好干部荣誉称号要具有一定期限,到期要重新申请或者审核。

另外,审核好干部荣誉称号申请时,尤其要关注官员做的实事,要注意干部做的事是否在其职权和管辖范围内,不能让干部为了评荣誉称号而瞎做事,如一个管财政的官员去治理环境,就与初衷不相符了。

3. 国家既然已经有了国家监察委员会和纪律检查委员会来监督领导干部违纪,为什么还需要新时代好干部标准?

国家监察委员会和纪律检查委员会是监督检查公务人员或领导干部是否存在违纪的行为,新时代好干部标准则是对普通干部提出了更高的期望与要求,两者还是有着本质的差别。

4. 现实生活中有好干部的例子吗?

2015年6月30日,习近平总书记在北京会见全国优秀县委书记时要求:广大县委书记要以焦裕禄、杨善洲、谷文昌等同志为榜样,始终做到心中有党、心中有民、心中有责、心中有戒,做政治的明白人、发展的开路人、群众的贴心人和班子的带头人。

第五章 CHAPTER5

公共财政案例实验实训

第一节 知识框架

一、公共财政的含义

公共财政，是指国家(政府)集中一部分社会资源，用于为市场提供公共物品和服务，满足社会公共需要的分配活动或经济行为。公共财政是与市场经济体制相适应的一种财政管理体制。它主要着眼于满足社会公共需要，弥补“市场失效”缺陷。公共财政的历史使命在于，它支持、促进着市场经济体制的形成和发展。有市场经济体制，必有公共财政，二者相互制约，相互促进，交替推动，共同前进。只有真正推行公共财政，才能建立与完善社会主义市场经济体制。公共财政是适应市场经济发展客观要求的一种比较普遍的财政模式。

“公共财政”的真正要义并不在于新古典主流经济学所表明的“市场失效”这一经济逻辑起因，而在于其预算法治和民主财政的“政治实质”内涵。应该说，法治性、民主性在我国公共财政理论中早已得到重视，但实际在对“公共财政”和“公共利益”的公共性理解上存在不足。

二、公共财政的特点

(1) 公共财政是弥补市场失灵的财政，公共财政活动的领域主要是在市场失灵领域。

(2) 以满足社会公共需要作为公共财政的出发点和落脚点。在社会主义市场经济体制下，市场在资源配置中起决定性作用。政府职能的公共化，决定了公共财政要以满足社会公共需要为出发点和落脚点。

(3) 公共财政必须为市场提供一视同仁的服务。

(4) 公共财政具有非市场营利的性质。

(5) 公共财政是法治化的财政。

三、公共财政的职能

1. 资源配置职能

资源配置职能,是指将一部分社会资源集中起来,形成财政收入,然后通过财政支出活动,由政府提供公共物品或服务,引导社会资金流向,弥补市场缺陷,从而优化全社会的资源配置。在社会主义市场经济中,市场这只“无形的手”在资源配置中起决定性作用,政府这只“有形的手”主要在市场“失灵”的领域发挥作用。作为政府履行职能的重要手段之一,财政不仅是一部分社会资源的直接分配者,也是全社会资源配置的调节者。这一特殊地位,决定了财政的资源配置职能既包括对用于满足社会公共需要资源的直接分配,又包括对全社会资源的间接调节。

2. 收入分配职能

收入分配职能,是指政府财政收支活动对每个社会成员收入在社会财富中所占份额施加影响,以公平分配收入。在政府对收入分配不加干预的情况下,一般会根据个人财产多少和对生产所做贡献大小等因素,将社会财富在社会各成员之间进行初次分配。这种市场化分配有利于提高效率,但容易造成社会成员间收入差距过大,从而需要政府对市场初次分配结果实施再分配调节,促进形成合理有序的收入分配格局,维护社会公平与正义。财政的收入分配职能主要通过税收调节、转移性支出(如社会保障支出、救济支出、补贴)等手段来实现。

3. 调控经济职能

调控经济职能,是指通过实施特定的财政政策,促进较高的就业水平、物价稳定和经济增长等目标的实现。政府根据宏观经济运行的不同状况,相机选择采取相应的财政政策措施。当总需求小于总供给时,采用扩张性财政政策,增加财政支出和减少政府税收,扩大总需求,防止经济衰退;当总需求大于总供给时,采用紧缩性财政政策,减少财政支出和增加政府税收,抑制总需求,防止通货膨胀;在总供给和总需求基本平衡,但结构性矛盾比较突出时,实行趋于中性的财政政策。

4. 监督管理职能

在财政的资源配置、收入分配和调控经济各项职能中,都隐含了监督管理职能。在市场经济条件下,由于利益主体的多元化、经济决策的分散性、市场竞争的自发性和排他性,这都需要财政的监督和管理,以规范财经秩序、促进社会主义市场经济健康发展。我国是以公有制为主体的社会主义国家,必须保证政令统一,维护国家和人民的根本利益,这就更需要强化财政的监督管理职能。

四、公共预算的含义

从政治维度、管理维度、经济维度和财务管理维度这四个维度来理解公共预算:第一,预算分配实际上反映了政府政策的优先性，是不同的参与者讨价还价的结果，这反映了公共预算的政治性；第二，公共预算也是管理的工具，它要求利用特定的管理方法和技术使得公共服务和公共项目的提供更有效；第三，公共预算还是经济平衡工具，它往往承担着刺激经济增长或稳定经济、促进就业，抑制通货膨胀等宏观经济职能；第四，公共预算也是一个财务管理工具。

五、公共预算的功能

（1）控制功能，是指为确保有效实施特定工作任务而对具体人、财、物的控制，所以，它常建立在对预算支出详细分类的基础上。

（2）管理功能，是指确定了组织目标后，项目管理者确保有效获得和利用资源以实现组织目标的过程，是解决“怎么做”的问题，它非常关注管理绩效。

（3）计划功能，是指确定组织目标、测算为实现组织目标需要的资源，以及决定怎样获取、使用这些资源等一系列决策过程，主要回答“做什么”的问题。

六、公共预算管理的基本模式

1. 分项排列预算模式

以预算支出的若干特定目标为核心，采用分项排列的方法依次列出特定目标的预算资金，由拨款机构加以拨付。

2. 规划-计划-预算模式

确定预算项目的目标，编排实现预算目标的方案后，按照预算方案进行预算安排的模式，而不是按照支出项目进行预算。

3. 目标管理预算模式

注重预算项目执行的效率，而不是主项目与各备选项目之间的选择。

4. 零基预算模式

不考虑以前的预算收支情况，而是根据实际需要编排预算项目的模式。

5. 绩效预算模式

以绩效或结果为导向的预算管理模式。此模式为西方国家主要的预算管理模式。

七、预算编制的原则

（1）坚持量入为出和“一要吃饭，二要建设”的原则。根据收入和财力的可能安排预算，做到量入为出，收支平衡。

（2）坚持实事求是的原则。切实做到收支计划积极稳妥，杜绝瞒报、虚报的现象。

（3）坚持综合预算的原则。实施预算内外资金统筹安排。

（4）坚持部门预算的原则。部门预算作为一个单位的总预算，是涵盖单位的所有资金的收支预算，既包括本级预算又包括其下属单位预算，既包括正常经费预算又包括专项经费预算。

（5）坚持零基预算的原则。人员经费按标准核定，公用经费按部门分类分档的定额核定，事业发展和建设项目按轻重缓急排序。

(6) 坚持一般不予调整预算的原则。部门支出预算确定以后,除突发性事件和政策性因素增加的必不可少的开支,并经财政审核后报人大批准调整预算外,其他支出项目当年财政不予追加,一律在编制下年度预算时考虑。

八、预算编制的过程

部门预算的编制实行"两上两下",即自下而上、自上而下的程序。

(1) 每年定期由财政向各部门布置预算编制工作,具体说明预算编制的有关事项。

(2) 各部门在规定时间内将部门收支预算建议计划(含基层单位预算)上报财政主管部门。

(3) 财政主管部门根据资金性质(基本建设经费、科技三项经费、离退休经费、公费医疗经费、住房基金、办案费、排污费、水资源费、城市维护费等专项支出),将部门预算建议计划分送各业务部门进行初审;业务部门审定后,报主管部门统一编制部门预算。

(4) 财政部门将汇总后的分预算科目、分部门的预算报主管政府综合平衡。

(5) 预算经政府平衡后,财政向各部门下达收支预算控制总额。

(6) 在规定时间内各部门(含基层单位预算)将调整后的预算计划报财政部门。

(7) 财政将汇总的预算建议计划报政府、党委审定,形成的政府预算草案提交人民代表大会审议。经人大批准的预算由财政向各部门(含基层单位预算)批复下达。

九、公共支出(财政支出、政府支出)的分类

公共支出就是公共财政的支出,是政府为市场提供公共服务所安排的支出。公共支出可以确保国家职能的履行,政府经济作用的发挥,在市场经济社会中,可以支持市场经济的形成和壮大。

(一)财政支出分类

1. 支出功能分类

简单地讲,就是按政府主要职能活动分类。我国政府支出功能分类设置一般公共服务、外交、国防等大类,类下再分款、项两级。主要支出功能科目包括:一般公共服务、外交、国防、公共安全、教育、科学技术、文化体育与传媒、社会保障和就业、社会保险基金支出、医疗卫生、环境保护、城乡社区事务、农林水事务、交通运输、采掘电力信息等事务、粮油物资储备及金融监管等事务、国债事务、其他支出和转移性支出。

2. 支出经济分类

即按支出的经济性质和具体用途所做的一种分类。在支出功能分类明确反映政府职能活动的基础上,支出经济分类明确反映政府的钱究竟是怎么花出去的。支出经济分类与支出功能分类从不同侧面、以不同方式反映政府支出活动。我国支出经济分类科目设工资福利支出、商品和服务支出等 12 类,类下设款,具体包括工资福利支出、商品和服务支出、对个人和家庭的补助、对企事业单位的补贴、转移性支出、赠予、债务利息支出、债务还本支出、基本建设支出、其他资本性支出、贷款转贷及产权参股和其他支出。

支出功能分类、支出经济分类与部门分类编码和基本支出预算、项目支出预算相配

合,在财政信息管理系统的有力支持下,可对任何一项财政支出进行“多维”定位,清清楚楚地说明政府的钱是怎么来的,干了什么事,最终用到了什么地方,为预算管理、统计分析、宏观决策和财政监督等提供全面、真实、准确的经济信息。

(二)政府支出分类

1. 政府支出按部门划分

政府支出按部门分类:预算支出可分为工业部门、农业部门、商务部门、交通运输部门、科技部门、教育部门、文化部门、社会保障部门等部门支出。

这样做,一方面,可以分析政府的部门政策导向,一般而言,政府对哪些部门投入多,哪些部门事业发展快;另一方面,将预算支出按部门分类,直接为编制部门预算服务。

2. 政府支出按预算编制方法划分

政府支出按预算编制方法,可分为经常性预算支出、资本性预算支出。经常性预算支出,是指满足政府履行日常内外职能所需要的支出,这部分支出一般都是无偿性支出;资本性预算支出,是指投入社会再生产领域,形成各类资产的支出,这些资产以后可为国家财政带来利税收入。将预算支出分为经常性预算支出、资本性预算支出,可分析政府履行基本公共管理职能与干预经济运行之间的关系。

3. 政府支出按预算管理体制划分

政府支出按预算管理体制划分,可分为中央预算支出、地方预算支出。中央预算支出,是指中央政府满足全国性和跨区域性公共物品服务的支出,体现中央政府职能实现的程度;地方预算支出,是指地方各级政府满足区域性公共物品服务支出。这种分类方法,可以分析各级政府履行其职能的具体情况,以及政府间财政分配关系。

十、公共收入的分类

(1) 税收:政府为履行其职能,凭借政治权力按特定标准强制无偿地取得的公共收入。

(2) 公债:政府凭借自身信用,按市场供求关系自愿灵活地取得的公共收入。

(3) 其他收入:行政收费、捐赠、国有资产经营收入、战争赔款等。

十一、税收的特点

(一)税收的强制性

税收的强制性,是指税收参与社会物品的分配是依据国家的政治权力,而不是财产权力,即和生产资料的占有没有关系。税收的强制性具体表现在税收是以国家法律的形式规定的,而税收法律作为国家法律的组成部分,对不同的所有者都是普遍适用的,任何单位和个人都必须遵守,不依法纳税者要受到法律的制裁。税收的强制性说明,依法纳税是人们不应回避的法律义务。我国宪法就明确规定,我国公民有依法纳税的义务。正因为税收具有强制性,所以它是国家取得财政收入的最普遍、最可靠的一种形式。

（二）税收的无偿性

税收的无偿性是就具体的征税过程而言的，表现为国家征税后税款即为国家所有，并不存在对纳税人的偿还问题。

税收的无偿性是相对的。对具体的纳税人来说，纳税后并未获得任何报酬。从这个意义上说，税收不具有偿还性或返还性。但若从财政活动的整体来看问题，税收是对政府提供公共物品和服务成本的补偿，这里又反映出有偿性的一面。特别是在社会主义条件下，税收具有马克思所说的“从一个处于私人地位的生产者身上扣除的一切，又会直接或间接地用来为处于私人地位的生产者谋福利”的性质，即“取之于民、用之于民”。当然，就某一具体的纳税人来说，他所缴纳的税款与他从公共物品或劳务的消费中所得到的利益并不一定是对称的。

（三）税收的固定性

税收的固定性，是指课税对象及每一单位课税对象的征收比例或征收数额是相对固定的，而且是以法律形式事先规定的，只能按预定标准征收，而不能无限度地征收。纳税人取得了应纳税的收入或发生了应纳税的行为，也必须按预定标准如数缴纳，而不能改变这个标准。同样，对税收的固定性也不能绝对化，以为标准确定后永远不能改变。随着社会经济条件的变化，具体的征税标准是可以改变的。例如，国家可以修订税法，调高或调低税率等，但这只是变动征收标准，而不是取消征收标准。所以，这与税收的固定性是并不矛盾的。

税收具有的三个特征是互相联系、缺一不可的，同时具备这三个特征的才叫税收。税收的强制性决定了征收的无偿性，而无偿性同纳税人的经济利益关系极大，因而要求征收的固定性，这样对纳税人来说比较容易接受，对国家来说可以保证收入的稳定。税收的特征是税收区别于其他财政收入形式如上缴利润、国债收入、规费收入、罚没收入等的基本标志。税收的特征反映了不同社会形态下税收的共性。税收的“三性”集中体现了税收的权威性。维护和强化税收的权威性，是我国当前税收征管中一个极为重要的问题。

十二、税收的要素

税收制度的设置和繁简与社会经济制度有关，但税收制度的构成要素有些是共同的，这些共同的要素有：纳税、征税对象、税目、税率、计税依据、纳税环节、减免税和加成、纳税期限和违章处理。其中，纳税人、征税对象和税率是构成税收制度的三个最基本的要素，简称“税制三要素”。税收制度的核心是税法，税法规定了国家向一切纳税义务人征收税款的法律依据。

1. 纳税人

纳税人，也称纳税义务人，是指税法规定的直接负有纳税义务的单位和个人，它是缴纳税款的主体。纳税人包括法人和自然人。法人是指按法律程序，经过工商行政机关审查批准和登记，具备必要的生产手段和经营条件，实行独立经济核算并能承担经济责任，依法行使权利和义务的单位。它包括国有企业、集体企业、私营企业、股份制企业、联营企业、中外合资企业和外资企业等。自然人是指负有纳税义务的个人，如从事工商业的个人以及有应税收入和应税财产的个人。

2. 征税对象

征税对象，又称课税对象，是征税的客体。它是指国家对什么样的标的物征税。它是区别不同类型税种的标志。税种是国家税收制度中规定征收的税收种类，也就是国家征收的某一种税的名称。依征税对象的不同性质，全部税种可分为四大类：①对流转额课税。该税包括直接以商品流转额为征税对象的增值税和消费税，也包括以劳动服务流转额为征税对象的营业税等。②对所得额课税。这是以纳税人的生产经营所得或其他所得为对象征收的税。③对财产课税。这是以财产的数量或价值为征税对象课征的税。④对特定行为课税。这是以纳税人的特定行为为课征对象征收的税。

3. 税率

税率是应纳税额与征税对象的比例或征收额度。它是计算税额的尺度，有两种表示方法：一是用相对数表示，即用比例表示；二是用绝对数表示，即用固定税额表示。税收的固定性是通过税率来体现的。税率的高低直接关系到国家收入多少和纳税人负担的轻重，所以税率体现了征税的深度。

4. 税目

税目是指税法中规定的征税对象的具体项目，是征税的具体根据。它规定了征税对象的具体范围，反映征税的广度。规定税目，一方面可以划分征税与免税的界限，另一方面通过对不同税目规定不同的税率，可以贯彻国家的经济政策。制定税目的基本方法有两种：一种是"列举法"，即按照每种商品或经营项目分别设置税目，必要时还可以在一个税目下设若干子目；另一种是"概括法"，即把性质相近的产品或项目归类设置税目，如按大类或行业设置税目。

十三、税收管理的内容

税收管理是国家以法律为依据，根据税收的特点及其客观规律，对税收参与社会分配活动全过程进行决策、计划、组织、协调和监督控制，以保证税收职能作用得以实现的一种管理活动，也是政府通过税收满足自身需求，促进经济结构合理化的一种活动。税收管理的具体内容包括税收法制管理、税收征收管理、税收计划管理、税务行政管理。

（1）税收法制管理是指税法的制定和实施，具体包括税收立法、税收执法和税收司法的全过程。税法是国家法律的组成部分，是整个国家税收制度的核心，是税收分配活动的准则和规范。税收立法工作由国家立法机关负责，税收执法工作由各级税务机关承担，税收司法工作由国家司法机关来执行。税收立法是整个国家立法活动的一部分。税收立法是由制定、修改和废止税收法律、法规的一系列活动构成的。税收立法管理是税收管理的首要环节，只有通过制定法律，把税收征纳关系纳入法律调整范围，才能做到依法治税。税收立法主要包括税收立法体制和税收立法程序两大方面。其中，税收立法体制主要是指立法机关和立法权限的划分。税收立法权限一般包括国家立法、地方立法、授权立法和行政立法。由于各级机构的税收立法不同，因此，所制定的税收法律规范的级次、效力也不同。对税收立法活动来说，税收立法程序也十分重要。税收立法程序是指国家立法机关或其授权机关在制定、修改和废止税收法律规范的活动中应该履行的步骤和方法。税法的制定和修改必须依法定程序进行才具有法定效力，税收立法程序是使税收立法活动规范化、科学化的重要保证。税收立法的实践证明，严格按照立法程序进行活动，对于保证国家税法的严密、规范，提高法律的权威性和适用性，维护税收法治的尊严是十分重要的。其中，提出税收议案是税收立法的第一道程序。税收议案提出后，税收立法程序进入一个新的阶段——审议税收立法议案的阶段，审议结束后，税收立法程序进行表决和通过税法议案的阶段。表决的结果直接影响到税法草案能否成为法律。立法机关或制定机关将通过的税法用一定形式正式公开发布。它标志着税法制定程序的最终完成。税法公布之后，或立即生效，或在指定的日期生效。

(2) 税收征收管理是一种执行性管理，是指税法制定之后，税务机关组织、计划、协调、指挥税务人员，将税法具体实施的过程。具体包括税务登记管理、纳税申报管理、税款征收管理、减税免税及退税管理、税收票证管理、纳税检查和税务稽查、纳税档案资料管理。

(3) 税收计划管理主要包括税收计划管理、税收重点税源管理、税收会计管理、税收统计管理。

(4) 税务行政管理，又称税务组织管理，是对税务机关内部的机构设置和人员配备进行的管理。具体包括税务机构的设置管理、征收机关的组织与分工管理、税务工作的程序管理、税务人员的组织建设与思想建设管理、对税务人员的监督与考核、税务行政复议与诉讼的管理。

拓展练习 5-1 思考题

第二节
实验案例

河北省预算绩效管理

近年来，河北省的经济总量虽在上升，但受经济下行压力的影响，该省经济增速呈逐步下降趋势，受其影响，尤其从 2011 年开始，该省公共财政预算收入增长率快速下降，而另一方面公共财政预算支出仍刚性增长，导致省级收支矛盾问题日益凸显。改革财政资金制度，发挥财政基础和保障作用，探索建立有效的预算绩效管理制度，成为河北省级财政的“当务之急”。

从 2002 年起，预算绩效管理就在河北省推行，首先选取了几个部门进行试点。2004 年，制定了预算绩效管理改革的制度规范，在全国走在前列。之后几年，陆续对典型项目进行绩效评价试点,评价范围逐步扩大。2010 年,预算绩效管理向深度推进,省政府出台了《关于深化推进预算绩效管理的意见》,意见指出了改革的总体目标、基本原则和主要内容,规定了具体的管理办法和管理问责办法,河北省的绩效预算管理实践开创了多个"全国首次",如"全过程预算绩效管理体系、预算围绕绩效重购、绩效管理问责机制"都是河北省率先提出来的,也逐步确立了河北省全过程预算绩效管理改革的基本框架,使全省的这项工作进入了一个新的阶段。

在此基础上,2011 年出台了《河北省财政支出绩效评价管理办法》,对绩效评价所涵盖内容、工作程序、评价结果及其应用等做了明确规定,使全省的这项工作不断完善。2014 年,《新预算法》的大修和实施,开辟了用法律约束预算管理各个环节的时代,推动了河北省预算绩效改革的大步前进。在此背景下,2014 年河北省以省政府名义印发的六个专项文件,提出自 2014 年起所有省级部门全部实行预算绩效编制新模式。2015 年,推进市县绩效预算改革,完善提升建成较完善的绩效运行机制。2016 年,在所有市县全面推开,巩固提高建成科学高效的管理新机制,用"倒逼"机制强化财政资金使用绩效。

衡水市作为试点市,率先提出了深化预算绩效改革,提高财政资金效益的总目标。具体做法是:"三个夯实",即完善管理机制,夯实制度基础;建立绩效评价专家库和中介机构,夯实人才基础;加强信息化建设,夯实技术基础,高起点实施改革。"四个强化",即强化目标导向,使预算编制有目标;强化绩效监督,使预算执行有监控;强化绩效管理,使预算完成有评价;强化评价与预算挂钩,使评价结果有应用。"一个新突破",即加强业务培训,规范指标管理,积极创新机制,实现绩效管理改革新突破。

第三节 实验要求

一、实验目的

公共财政案例分析的主要目的在于提高学生解决公共财政管理相关问题的能力和判断力,重点在于解决问题的过程。案例分析人员要把自己当作案例中的当事人,来进行分析和决策,提高分析和处理管理问题的技能。

通过对案例分析的学习,可以牢固掌握与案例相关的公共财政知识点,同时还能促进深入思考,找出自身思维中的盲点,相互启发、借鉴、学习和交流,充实、完善自己,从而达到提高自身的沟通能力以及决策能力的目的。

二、实验步骤

1. 阅读案例，个人分析

主要是审读案例文本，把握案例事实，识别案例情境中的关键（案例）问题，个人先对案例进行分析，初步拟定解决问题的方案。这一阶段要求学生花费大量时间来准备，准备得充分与否直接关系到学习的效果。具体又可划分为以下步骤：

（1）快速阅读案例材料，熟悉所要讨论的案例及问题；

（2）再次阅读案例，尝试勾画问题轮廓及可能答案；

（3）仔细研究案例中的所有附加材料；

（4）确定（关键）问题之所在；

（5）分析案例中的数据；

（6）使用所需要的任何一种分析工具；

（7）仔细分析相互冲突的观点；

（8）为个人的分析诊断和观点提供理论支持和证据支持；

（9）制定恰如其分的行动计划和行动方案。

2. 小组讨论，达成共识

在小组或全班同学面前呈现个人对案例问题的分析，提出解决方案和依据；听取其他小组成员意见，对案例问题和解决方案展开讨论，从不同角度甚至对立中认识问题，以求达成共识。注意是提出观点而不是重复信息；尽量使用以下的表达"我的分析表明……""该公司应该……，因为……"，而不是"我想……""我认为……""我觉得……"。

3. 课堂发言，全班交流

在课堂上以小组为单位陈述案例分析结果。可以选派一名组员代表小组发言，也可以由几人共同完成。表述过程中注意锻炼自己的表达能力，力求做到自然流畅，并能吸引听众的注意力，然后回答班里其他同学的提问。回答最好按照小组准备时的分工来分担问题，当然相互支持也是非常重要的。

4. 教师总结归纳，消化提升

在小组陈述、课堂讨论的基础上，最后由主讲教师或助教做总结。教师指导侧重案例分析的关键点，分析思路，通过该案例可强化、可引导的知识点等方面。

三、实验要求

（1）将案例阅读两遍。第一遍应该对案例有一个概括性认识，第二遍应该对案例中的种种做法了如指掌，然后仔细地研究每一份参考资料。

（2）列举本案例中必须面对的各个问题与关键点。

（3）充分进行数据分析，挖掘案例材料所能说明的各种问题。

（4）寻找运用各种原理和分析工具的机会。

（5）对形势的分析要全面深刻。

（6）所有的观点必须提供经过充分推理和论述的论据，包括数字证据。

（7）绘制图表，以清晰地表达观点。

(8) 对个人提出的各种建议进行优先性排序，确保实施框架/步骤及可行性。

(9) 重新评价个人所提出的行动计划，检验它是否为所确定的问题和关键点提出了解决方案。

(10) 避免提出风险不可控制或不合理的方案。

四、实验成绩

序号	实验要求	分值
1	绩效预算管理的概念和提出背景	20
2	预算绩效改革与传统模式的区别	30
3	分析、评价河北省预算绩效改革	40
4	字数要求：不少于 3000 字	10

第四节
实验报告

实验报告

院系			专业		
班级		姓名		学号	
实验教师		成绩		日期	
实验名称					

一、实验目的

二、实验原理

三、实验步骤

四、实验数据(如有则填)

五、实验结果

六、讨论分析(完成指定的问题要求)

七、实验总结(如有则填)

备注：

第五节 实验答案

预算绩效管理案例分析

——以河北省为例

一、预算绩效管理的概念和提出背景

(一)预算绩效管理的概念

预算绩效管理是政府绩效管理的重要组成部分,目的是将绩效理念融入预算编制、执行和监督的全过程,通过实施以结果为导向、以绩效提高为目标的一系列管理措施,有效提高财政资金使用效益,并成为实施行政问责制和加强政府效能建设的重要抓手。

(二)预算绩效管理提出的背景

从21世纪起,作为我国政治体制改革重要组成部分的预算制度改革进入新阶段。近年来,我国政府围绕财政资金的绩、效、预算三个方面问题,不断进行探讨、研究、试点、改革、完善,目的就是要提高财政资金的使用效益,让有限的资金产生实在的效益,政府花钱,人民满意,真正实现预算绩效理念,提高政府行政效能。这项工作由财政部牵头,地方各级财政部门紧密配合,从试点到在全国范围内陆续展开,积累了一定的经验,在组织建设、机制创新、制度建立方面都取得了积极进展,为下一步在全国全面开展预算绩效管理打下了根基。我国财政部从2000年起就开始探索在公共财政体制下建立公共支出绩效评估制度,2010年,财政部设立了专职负责此项工作的“预算绩效管理处”,2011—2015年,印发了专门的预算绩效管理的指导意见和工作规划,截至目前,初步建立了从我国实际出发的预算绩效管理框架,成为提升我国预算管理水平、提高公共服务质量的重要抓手,成为政府绩效改进的有力工具,成为促进政府管理现代化的助推器。

党的十九大报告提出,“建立全面规范透明、标准科学、约束有力的预算制度,全面实施绩效管理”。2018年的《政府工作报告》也明确要求,全面实施绩效管理,使财政资金花得其所、用得安全。经济日报 中国经济网记者从有关方面获悉,全面实施绩效管理进程正在加快,相关指导性文件正在抓紧制定中。

目前,2018年中央部门预算集中向社会公开。其中,一大亮点是进一步加大了项目预算公开力度,在2017年公开10个部门共计10个重点项目的基础上,又增加了26个部门的26个项目,随着社会主义市场经济体制的逐步完善和公共财政体系的初步确立,社会公众对财政资金使用和政府绩效管理日益关注。党中央、国务院多次强调要完善预算

制度,推进预算绩效管理,提高财政资金使用效益和政府工作效率。

深化和推进预算绩效管理是贯彻落实党中央、国务院要求,从根本上深化行政管理体制改革、促进政府职能转变、增强部门责任意识,建设"责任政府"、"阳光政府"和"服务型政府"的有效举措,对提高政府理财和公共服务水平、优化公共资源配置、加快经济发展方式转变和和谐社会建设具有重要意义。

二、预算绩效改革与传统模式的区别

在管理理念上,预算绩效管理更强调绩效和规则。政府预算围绕政府行政目标来确定,部门预算围绕部门职责来编制,项目预算以绩效高低为标准来确定,绩效预算管理要求以最小的投入获取最大的社会效益和经济效益,不仅使权力使用有了明确的约束,而且预算决策有了更加客观的规则和方法,钱为什么给为什么不给,标准清晰明了。

在管理框架上,预算绩效管理更强调规范和稳定。建立起科学稳定的三级预算管理结构,职责和活动确定以后每年一般不做大的改动,预算项目在活动下编列,并且预算编制流程、方法和格式等规范统一,每年的钱花在哪,怎么花的,可比较、可追溯。

在管理流程上,预算绩效管理更强调动态管理和持续改进。形成了预算编制、执行、绩效评价、结果应用为主要环节的管理闭环,绩效信息、项目指标贯穿全程、动态监控、即时管理,特别是对偏离绩效目标的预算项目,能够及时采取有效措施纠偏或者停止执行,确保了财政资金的安全使用和绩效持续提升。

在管理工具上,预算绩效管理更强调新技术、新方法的应用。针对不同管理目标、阶段和对象,有不同的管理工具,这些工具大量应用数学、统计学、经济学等方法,与计算机及网络技术有机结合,能够大大提升预算管理的科学化、规范化水平。

三、预算绩效管理与行政绩效管理

(一)预算绩效管理

1. 对预算绩效管理的简述

预算绩效管理是实施政府预算绩效管理。将各级政府收支预算全面纳入绩效管理。各级政府预算收入要实事求是、积极稳妥、讲求质量,必须与经济社会发展水平相适应,严格落实各项减税降费政策,严禁脱离实际制定增长目标,严禁虚收空转、收取过头税费,严禁超出限额举借政府债务。各级政府预算支出要统筹兼顾、突出重点、量力而行,着力支持国家重大发展战略和重点领域改革,提高保障和改善民生水平,同时不得设定过高民生标准和擅自扩大保障范围,确保财政资源高效配置,增强财政可持续性。

2. 对预算绩效管理的评价

预算绩效管理是一种更加注重结果导向的、一种创新的预算管理方式。强调成本效益、硬化责任约束,力争用三到五年时间基本建成全方位、全过程、全覆盖的预算绩效管理体系,实现预算和绩效管理一体化,着力提高财政资源配置效率和使用效益,改变预算资金分配的固化格局,提高预算管理水平和政策实施效果,为经济社会发展提供有力保障。

(二)行政绩效管理

1. 行政绩效管理的具体内容

(1) 根据战略目标的要求,设计企业层面的 KPI(关键绩效指标),然后运用各种方法、技术将企业关键绩效指标分解到部门、岗位。

(2) 根据工作说明书的内容,设计各部门、岗位的 PRI(岗位职责指标)。

(3) 根据各岗位的胜任特征模型,设计各类岗位的 PCI(岗位胜任特征指标)。

(4) 根据岗位的不同,设计各类人员的工作态度指标。

由此构建完成整个企业的绩效指标体系。

2. 对行政绩效管理的评价

(1) 部门职能和岗位职责的履行情况,也就是员工完成自己岗位本职工作的情况。

(2) 除完成指标任务以外的工作情况,对被绩效考核人员在沟通和协调中的响应及时性、服务质量、协作精神等进行评价。因为行政管理人员大多数工作都是临时性的、服务性的,他们的工作并不局限于自身的本职工作,还有大量的支持性的辅助工作。因此,也要注重对行政管理人员本职工作以外的任务完成情况的绩效考核。

(3) 德、绩、勤的绩效考核。结合企业的实际情况,通过对德、绩、勤等三个方面的指标进行科学、合理的细分,制定出可以定量或尽量接近的定量的考评项目、内容、评分标准,给考评者提供统一的评分依据,以减少考评者的人为因素。

(4) 对上级指示和各项制度的执行能力和执行力度的情况。行政管理人员很多工作都是执行性质的,本身并没有很多的创新性。

四、案例分析

(一)案例背景介绍

近年来,河北省的经济总量虽在上升,但受经济下行压力的影响,该省经济增速呈逐步下降趋势,受其影响,尤其从 2011 年开始,该省公共财政预算收入增长率快速下降,而另一方面公共财政预算支出仍刚性增长,导致省级收支矛盾问题日益凸显。改革财政资金制度,发挥财政基础和保障作用,探索建立有效的预算绩效管理制度,成为河北省级财政的"当务之急"。

从 2002 年起,预算绩效管理就在河北省推行,首先选取了几个部门进行试点。2004 年,制定了预算绩效管理改革的制度规范,在全国走在前列。之后几年,陆续对典型项目进行绩效评价试点,评价范围逐步扩大。2010 年,预算绩效管理向深度推进,省政府出台了《关于深化推进预算绩效管理的意见》,意见指出了改革的总体目标、基本原则和主要内容,规定了具体的管理办法和管理问责办法,河北省的绩效预算管理实践开创了多个"全国首次",如"全过程预算绩效管理体系、预算围绕绩效重购、绩效管理问责机制"都是河北省率先提出来的,也逐步确立了河北省全过程预算绩效管理改革的基本框架,使全省的这项工作进入了一个新的阶段。

在此基础上,2011 年出台了《河北省财政支出绩效评价管理办法》,对绩效评价所涵盖内容、工作程序、评价结果及其应用等做了明确规定，使全省的这项工作不断完善。2014 年，《新预算法》的大修和实施，开辟了用法律约束预算管理各个环节的时代，推动了河北省预算绩效改革的大步前进。在此背景下，2014 年河北省以省政府名义印发的六个专项文件，提出自 2014 年起所有省级部门全部实行预算绩效编制新模式。2015 年，推进市县绩效预算改革，完善提升建成较完善的绩效运行机制。2016 年，在所有市县全面推开，巩固提高建成科学高效的管理新机制，用"倒逼"机制强化财政资金使用绩效。

（二）具体实验案例

衡水市作为试点市，率先提出了深化预算绩效改革，提高财政资金效益的总目标。具体做法是："三个夯实"，即完善管理机制，夯实制度基础；建立绩效评价专家库和中介机构，夯实人才基础；加强信息化建设，夯实技术基础，高起点实施改革。"四个强化"，即强化目标导向，使预算编制有目标；强化绩效监督，使预算执行有监控；强化绩效管理，使预算完成有评价；强化评价与预算挂钩，使评价结果有应用。"一个新突破"，即加强业务培训，规范指标管理，积极创新机制，实现绩效管理改革新突破。

（三）案例分析

截至 2014 年底，河北省 11 个设区市都已设立了预算绩效管理专职机构，各市财政都制定出台了相关预算绩效管理的办法。在此基础上，有些市还因地制宜，开创出了既符合中央要求又兼顾地方特点的预算绩效管理理念和体系，并用绩效理念促进各项财政支出的管理。由点及面，地方政府的进步必能推动省级政府的进步，从而推动中央政府的改革和创新。但是任何改革和创新都不是一蹴而就的，也不是一开始就是至臻至美的，而是需要多次尝试，不断地从错误中总结经验，从而不断完善。

由衡水市的预算绩效管理我们不难发现，从总体上看，河北省围绕落实中央和省委决策部署，推进财政改革，优化资源配置，财政管理水平不断提高。但是财政资金使用绩效不高的问题仍然存在，主要是：资金使用效益不高。

我们可以从四个方面来具体分析：一是资金总体安排不能很好保障省委省政府决策部署和重点工作的落实，受基数影响，年初预算存量很难，只有更多地在增量上做文章，支出结构长期固化，加上当年的增量又成了下年的存量，整体上影响着财政资金的配置效率。二是资金投入方式传统，政府与市场边界不清，竞争性领域投入不断加大，特别是直接投入过多；对基层习惯批项目，基层缺少决策权，造成对资金监督管理的积极性不高。三是部门分割明显，部门之间、部门内部处室之间各自为战，年初预算跨部门整合基本无法实施，导致一些项目性质相近、内容相近，执行中重复安排、多头支持。四是散碎项目、虚编项目、打捆项目过多，损失浪费现象严重。

（四）评价

虽然河北省的预算绩效管理仍然存在着许多的问题，而造成这些问题的原因也是方方面面的，但不可否认的是，河北省预算绩效管理也取得了一定的成绩。河北省预算绩效管理开创了全国预算绩效管理改革的先河，在这里不得不提到的是河北实现了五个全国首创:一是首次提出预算绩效管理概念。二是首次提出围绕绩效建立全过程预算绩效管理体系和构建思路。三是首次提出全过程预算绩效管理的具体制度设计和操作规则,制定了明确的规定和要求。四是首次构建了系统的预算绩效管理问责机制。五是首次在预算绩效管理的各个环节实现了多角度、全方位的创新,多项具体做法在全国领先。河北省的率先示范,为全国其他各级政府的改革创新提供了参照,起到了一定的示范作用,预算绩效管理的落实和执行对落实中央改革部署、完善河北省预算资金管理、缓解河北省收支矛盾、实现治理体系现代化起到了一定的促进作用。同时对树立和强化财政预算为民服务的理念和责任,提高政府效能建设,不断改进工作作风和提高服务水平,促进建设高效、透明、负责任的政府具有重大的政治意义和社会意义。

五、结语

随着时代的发展,我国从计划经济体制转入市场经济体制,为了顺应时代发展的要求,为了建设更加廉洁高效的政府,为了更加合理地配置资源,预算绩效管理的提出和实施都是必需的。也许在实施的过程中会遇到很多的阻碍和困难,也许根据地方资源、文化等因素的不同会使得预算绩效管理不完全科学适用,但是只要我们能在实践中不断总结经验,因地制宜,将理论政策与实践经验相结合,就一定能够将绩效预算管理切实地落实到地方,使其能够真正地发挥效用,为人民谋取利益,为国家谋求发展。我们不可否认的是,预算绩效改革提供了一个提高公共支出效率的方法,就其未来而言,应该是一个积累新经验、不断改革、不断完善的过程。也只有这样,才能真正实现习近平总书记提出的全面深化改革的总要求。

第六章 CHAPTER6

机关管理案例实验实训

第一节 知识框架

一、机关管理的含义及特征

（一）机关管理的含义

机关管理，一般是指对作为行政组织办公地点的机关环境的完善、机关设施的营建、机关物材的配置、文书文件的处理、机关事务的分工等进行的合理化管理。广义的机关管理是指利用科学方法，有计划、有效率、有技术的规划、管理、联系、协调和运用机关的组织、人员、经费和物材，进行适时、适地、适人和适事的处理，以便提高行政效率，发展机关业务，完成机关的使命。狭义的机关管理是机关本身、即办公地点的管理，这包括合理地安排机关的办公处所，配置合适的设备，保持优美的工作环境，以及系统地处理公文和案卷。

（二）机关管理的特征

1. 机关管理事务的多样性特征

由于机关管理是对政府部门的办公地点、设施等的管理，因此机关管理所涉及的事务较为琐碎繁杂，而且种类较多。

2. 机关管理事务的固定性特征

机关管理的对象是机关，即政府部门固定的办公处所、地点或设施。固定的“机关”是政府部门的象征、物质表象和经常性工作的物理空间，正因为有了机关的存在，日常的政府活动才能进行，公共政策才能保持连续性，人们的社会经济生活才能稳定有序。

3. 机关管理事务的辅助性特征

实施组织内部管理的机关，一般直接隶属于行政首脑，是辅助行政首脑处理组织内部行政管理事务的办事机构，而负责机关管理事务的政府办公厅(室)则更具有辅助性、从属性、补充性、管理性的特点。

4. 机关管理事务的技术性特征

机关管理事务纷繁复杂、种类多样，虽然机关管理事务一般具有定型、例行和程序化的特点，但无论是政府文书的处理，还是机关环境的安排，或者是后勤服务的开展等，都需要一定的技术的、制度的和经验的积累，并且随着行政环境的变化而不断开发和创新机关管理的方法和技术，从而形成适应时代和环境变化的良好的机关管理模式或文化。

二、机关文书管理

机关文书管理，是按照一定程序处理文书的全部活动。通常包括按规定行文、收文管理、发文管理和文书保存等。文书管理是行政机关管理的组成部分，是提高行政效率和工作质量的一项重要内容。

文书管理的基本原则是准确、及时、安全。管理的内容包括按照规定的文书种类行文。例如，中华人民共和国国务院 2000 年 8 月 24 日印发的《国家行政机关公文处理办法》规定，公文种类主要有 13 种：①命令(令)；②决定；③公告；④通告；⑤通知；⑥通报；⑦议案；⑧报告；⑨请示；⑩批复；⑪意见；⑫函；⑬会议纪要。按照统一文书格式办文。公文格式一般包括标题、发文字号、签发人、秘密等级、紧急程度、主送机关、正文、附件、印章、发文时间、抄送机关、附注。按照国家机关各自的隶属关系和职权范围，确定行文关系，并遵照一定规则行文。公文按照行文关系分为：下行公文，如命令、指示、批复、通知、布告等；上行公文，如报告、请示等；平行公文，如公函、某些通知等。国家行政机关办文程序通常为：①收文办理，包括签收、登记、审核、拟办、承办、催办等。②发文办理，包括草拟、审核、签发、复核、缮印、用印、登记、分发等。以上处理程序多由机关内各有关部门和人员分工完成，各个环节的排列顺序不宜任意颠倒和删减。拟办公文时，必须符合行政决策，不得违反国家有关法律、法规，公文应观点明确，情况确实，条理清楚，层次分明，文字精练，用词规范，书写工整，标点准确，篇幅力求简短。③文书保存。公文办完后，根据文书立卷、归档的有关规定，及时分类整理，装订案卷，定期向档案部门移交。没有存档或存查价值的公文，经过一定审批手续，定期销毁。

三、办公室管理

(一)办公室管理的科学化

1. 办公室科学管理的重要性

(1) 办公室管理的科学化，关系到领导的决策水平。决策是上层领导的主要职责，决策的正确与否直接关系到管理的成败。而正确的决策离不开对机关各方面情况的调查研究和对调查资料的正确判断，离不开获取和掌握大量的准确信息。在这方面，办公室作为辅助领导决策的主要部门，承担着为领导收集信息、传递信息和提供咨询意见的重要任务。其本身管理的科学化，将有助于更好地发挥为领导决策服务的参谋咨询作用，为领导提供全面、及时、准确的信息，从而提高领导的决策水平。

(2) 办公室管理的科学化，关系到企业的有序运转。任何一个企业都是一个复杂的联系网络。在这个网络中，办公室处于中枢的地位，它不仅是领导的综合办事机构、信息参谋部门，而且是沟通、联系和协调领导与部门之间、部门与部门之间、机关与基层之间的桥梁和纽带。全局工作能否顺利进行、各方面的沟通和联系是否顺畅，取决于办公室枢纽作用的发挥程度。办公室管理的科学化，将会更好地发挥办公室的枢纽作用，理顺各方面的关系，保持领导与部门之间、部门与部门之间的联系，促进整个管理系统的协调运转。

(3) 办公室管理的科学化，关系着机关的办事效率和服务质量。办公室工作林林总总，繁杂琐碎，如管理不善，极易造成混乱，导致效率低下、服务质量差。而实行科学化管理的办公室，能够分清轻重缓急，忙而不乱、有条不紊、先后有序地处理日常行政事务，较好地消除马拉松会议、文牍主义等弊端；能够协助领导者迅速找出行政执行过程中的种种障碍，避免部门与部门之间出现互相推诿、扯皮的现象，从而提高办事效率和服务质量。

2. 目前办公室管理过程中存在的问题

(1) 办公室内部工作：分工不明确、流程不规范，员工工作积极性不高。办公室承担着公文处理、会议管理、信息处理、印章管理、信访工作、机要保密工作、公关接待工作以及领导临时交办的工作等大量的日常性工作。目前，办公室员工分工不明确、领导逮谁叫谁的工作现状普遍存在，工作安排比较随意。同时，因工作强度大，很多制度出现滞后性现象，内容涵盖不全、制度流程缺失，导致很多工作无章可依，员工工作积极性不高。

(2) 办公室协调工作：各部门沟通不顺畅，办公室的枢纽、管理作用不大。企业内部普遍存在部门之间相互推诿的现象，办公室作为企业的枢纽部门与第一管理部门，未能很好地协调各部门工作，没有出台部门之间沟通协调机制或者是相应的痕迹化记录；未能很好履行管理职责，出现仅仅为了完善手续而被动签字的现象，缺少主动管理、严格管理的意识，导致全局工作不顺畅。

(3) 办公室参政工作：调研质量不高，参政议政能力较弱。办公室员工综合素质不高，未能从繁杂的工作中脱离出来，调研时间不足、调研方向不明、大局观念淡薄、调研精品意识不强，没有真正深入基层一线，没有真正找到问题的症结，没有精确提炼适合企业发展政策的能力。

3. 提高办公室管理科学性的若干建议

(1) 对办公室工作进行有效计划。办公管理不当，没有计划的人经常被日常的文书工作搞得晕头转向。如果想要办公室有一个良好的秩序，就要建立起一套切实可行的制度并坚持下去。办公室工作中的通病就是事必躬亲。适当的委派，把某项任务连同完成任务的权力交给他人，让他人和你一起为实现某一目标而共同努力，既可以节省时间，又可以使下属得到充分锻炼。作为管理人员，一定要让他人来分担你的工作。想成为一个有效的时间管理者，就需要掌握委派的艺术。

(2) 改善办公室时间运筹方法。办公室工作人员常常会遇到这样的矛盾：工作多、时间少。如何用尽可能少的时间办尽可能多的事呢？具体方法是对遇到的事情提出三个问题：一是能不能取消它？首先找出哪些事根本不必做，哪些事做了也全然是浪费时间，没有效果。如果有些事不做，也不会有任何影响，那么，这件事便该立刻停止。二是能不能与别的事合并？把能够合并起来的事尽量合并起来办。三是能不能代替它？用费时少的办法代替费时多的办法而同样能达到目的，自然是最佳方案了。

(3) 办公室工作量化管理。办公室工作的量化管理需应用定性与定量相结合的原理和方法。衡量脑力劳动和体力劳动两者的比重，定性、定量相结合的分析方法可以避免"人浮于事"、浪费时间的现象。定性，就是对人与事的特性进行鉴别和确定。定性分析带有较强的主观性。定量是通过一种数字符号显示人的功能特性或人的效率特性。同时，办公室工作量化管理也需进行测量与评定工作效率，对工作时间及业绩和贡献都需要全面确定行为价值。此外，要掌握好动静结合的原则。具体可通过制定工作标准，制定工作定额的要求，办公室工作分类。

(4) 权责相称，适当授权。要想管理好办公室，就得适当的授权，至少给予足够的权力，使工作得以完成，让骨干员工发挥主动性，并保证工作能够正常进行。授权就是把工作委托给胜任工作职责的那些人。必须授予足够的权力才能保证工作的完成，工作想要出成果就要互相了解。从上到下，权责关系必须清楚，这样才能履行全部职能，有效进行管理，尽可能减少任务的重复和交错。

(5) 有效的办公室人际沟通。沟通是一种高度个人的、含有情感的交流过程。办公室的沟通不单单在于上级管理者与下属的沟通，还在于办公室与其他企业部门、其他企业之间的沟通。这就需要在沟通中明确沟通的地位，选择合适的沟通方式，更要关心信息接收者的情感反应、态度和感觉，并根据信息接收者的反映及时改进沟通方式。

(二)办公自动化

办公自动化，是将现代化办公和计算机网络功能结合起来的一种新型的办公方式。办公自动化没有统一的定义，凡是在传统的办公室中采用各种新技术、新设备从事办公业务，都属于办公自动化的领域。在行政机关中，大多把办公自动化叫作电子政务，企事业单位一般叫 OA(office automation)，即办公自动化。通过实现办公自动化或者说实现数字化办公，可以优化现有的管理组织结构，调整管理体制，在提高效率的基础上，增强协同办公能力，强化决策的一致性，最后实现提高决策效能的目的。办公自动化具有五个特性。

(1) 易用性。管理落地必须面向全员，软件也必须能够被全员所接受。如果易用性不强，这个前提不存在了，管理落地就只能是空谈。但任何软件都是需要培训的，不过上网几乎人人都会。所以，就支撑管理落地的软件而言，走网页风格可能是最佳选择。

(2) 稳定性。管理落地必须面向全员，支撑落地的软件也必须能保证全员应用的稳定性，尤其是针对集团型企业，软件必须具备超大用户、高并发系统的稳定性，否则，一旦出问题，哪怕是小问题，都可能影响到现实的集团业务，从而造成不可估量的损失。

（3）开放性。管理落地在现实管理中渗透到管理的各个方面，而没有哪一套软件能够独立地完成所有方面的管理需求。支撑管理落地的软件必须具备全面而广泛的整合能力，能够从其他软件系统中自动获取相关信息，并完成必要的关联性整合应用。从技术上看，采用整合性强的技术架构作为底层设计，对软件的整合性有决定性的帮助。如此，软件就能预留大量接口，为整合其他系统提供充分的技术保障。同时，现实的整合经验也必不可少，因为整合应用不光涉及技术层面，还包括对管理现实业务的理解、整合实务技巧、整合项目把控等实际操作技能要求。

（4）严密性。企业，尤其是集团型企业，从管理落地的现实需求来看，一方面，必须有统一的信息平台；另一方面，必须给各个子公司部门相对独立的信息空间。因此，软件不仅要实现"用户、角色和权限"上的三维管控，还必须同时实现信息数据上的大集中与小独立的和谐统一，也就是必须实现"用户、角色、权限＋数据"的四维管控，具备全面的门户功能。

（5）实用性。软件功能必须与管理实务紧密结合，否则药不对症，反而可能有副作用。此外，还必须能适应企业管理发展的要求。

现实中，企业一方面需要软件最大限度地满足现有需求，另一方面，管理本身也是个不断发展的过程，所以，企业又需要软件能够满足不断发展的需求。面对这个现实与发展间的矛盾，业界常见的三种解决模式分别是，项目化、产品化和平台化。

四、机关后勤管理

机关后勤管理的工作内容比较多，涉及财务、车辆、房地产、财产物资、设施设备、基础建设、水电供给、总机电话转接、生活服务、接待服务、机关绿化、卫生、安全保卫以及机关创办经济实体管理等，是一种"全方位""全过程""全天候"的管理体系。所谓"全方位"，是指它的管理范围包括方方面面；"全过程"，是指后勤管理的每项工作，从头到尾都要负责到底，如接待工作，从客人迎进到送走，中间的吃、喝、住、行等，都要负责到底；"全天候"，是指一年 365 天，一天 24 小时都要不间断运转。例如，安全保卫、总机电话接转、水电供给等是没有 8 小时内外之分的，这是与其他工作的一个重要区别。要把如此众多的具体事项都管理好，关键是要把人力资源运用好，要分析研究工作量和人力之间的关系，分析每个岗位的工作量是否饱和、工作者的素质能力是否符合岗位需要，要使人的质和量与工作的质和量相一致，工作量不足是一些单位懒散、低效，滋生不正之风的一个重要原因。要尽量做到以最少的人员投入，最短的时间成本，最低的财力支出和物力消耗，获得最佳的成果。机关后勤管理只有做到人人有专责，事事有标准，才能取得良好的效果。

（一）机关后勤管理工作坚持三个原则

1. 必须贯彻集中与放权的原则

要根据后勤管理特点、正确划分管理层次，一方面要把有关机关全局的管理权限集中到决策指挥层上来，加强统一决策指挥；另一方面，又要充分调动各级管理组织的积极性，充分发挥每个管理者的智慧和力量，对他们在其职权范围内独立地处理各自业务给予足够的信任。后勤工作是个管钱、管物的部门，对某项工作进行调查、抽查、督促也是必要的。

2. 制定制度要坚持责、权、利对等的原则

后勤管理部门具有经济性的特点。在制定和落实责任制时，要做到责任明确，奖惩分明。实际工作中要注意避免三种倾向：一是责任明确、权力含糊的现象。在落实工作时，应既明确责任，也要给责任人相应的权力。二是责任含糊、利益明确的现象。如在制定岗位责任制时笼统原则，模棱两可，在利益分配上却清清楚楚，明明白白，长久下去，岗位责任越来越“虚”，经济利益越来越“实”，工作起来钻政策的空子，检查验收时，扯皮现象越来越突出。三是责任清楚、利益不明的现象。岗位责任制中不仅要规定岗位人员的职责，还要规定相应的权力，落实相应的奖惩制度。只有这样，才能保证岗位责任制的贯彻执行，防止出现少数人热气腾腾，多数人冷冷清清的局面。

3. 必须坚持“说到做到”的原则

责任目标经过调查研究、充分讨论后，一旦制定，就必须坚决执行。平时要按责任目标进行检查，年底按责任目标考核兑现，做到奖励不眼红，惩罚不手软，决不搞下不为例，才能取信于民，否则就会影响责任制的落实。

（二）机关后勤管理工作处理好两个关系

1. 处理好全面服务和重点服务的关系

首先是为领导开展政务活动提供很好的服务，这是服务的重点。领导的政务活动事关全局，影响很大，服务工作不能有失误。其次是为机关服务。为机关服务既包括为机关有效运转服务，又包括为改善机关干部职工生活福利服务。这种服务关系到大多数干部职工的利益，服务的面很宽，内容很多，必须服务好。

2. 处理好开源与节流的关系

节流本身就是很好的开源。一是资源利用上要节流。二是单位内部大小建设上的节流。三是消耗与支出要节流。实际上，节流也是一种创收，少开支一点，也就等于增加了一点。不积小流无以成江河，说的就是这个道理。此外，做好机关后勤管理工作还必须转变观念。近年来，不少后勤管理人员在有关领导的正确领导下转变了这种观念，贯彻了“少花钱多办事、花小钱办大事、不花钱也办事”的原则，取得了良好的成效。行政后勤一班人还组织参与了机关大院的绿化、美化、净化、亮化工程，为机关节约了大笔资金。这说明观念转变天地宽，后勤管理工作只要做到心里常常想着事，手里时时找事干，不断创新管理方法，坚持不懈抓落实，就一定能取得成效。

（三）机关后勤管理的主要作用

1. 为职能活动提供可靠的物质保障

俗话说，兵马未动，粮草先行。一个单位的职能活动要想正常进行，后勤管理部门就必须事先提供安排好工作所必需的条件设施，为职能部门（人员）提供必需的后勤保障服务，这是职能活动正常进行的物质基础。只有加强后勤管理，才能使这些基本的物质条件得到可靠的保证。而这一作用是后勤管理的基本职能决定的，所以这一作用也是后勤管理的基本作用。

2. 保障机关职能工作效率的提高

搞好后勤管理工作，可以使人、财、物得以充分有效的利用，进而充分发挥、调动人的主观能动性，提高资金使用效率和物资设备的使用潜力，做到“人尽其才、财尽其用、物尽其力”，进而为职能部门工作提供高效的服务，促进职能部门工作效率的提高。这也是后勤管理的主要作用。

3. 激发职工工作的积极性和创造性

后勤工作涉及职工工作、生活的方方面面，与职工个人的切身利益密切相关。党的许多方针政策和对群众的关怀，往往是通过后勤管理工作来体现的。后勤管理工作做得好，必然会使党的方针政策落到实处，把党对群众的关怀及时送到群众心里，使社会主义制度的优越性得到更充分的体现，群众就会更加热爱党、热爱社会主义。后勤工作搞得好，可以为职工提供舒适的生活、工作环境，解除他们的后顾之忧和实际困难，就会极大地促进职工热爱自己的工作，激发他们工作的积极性和创造性。

4. 推进社会主义精神文明建设

后勤工作是服务工作，服务工作是一个单位的“窗口”，搞好后勤管理，有益于社会主义精神文明建设。通过后勤“窗口”的礼貌待人，文明服务，去感染人、影响人，可以培养和提高机关职工的文明素质；通过后勤“窗口”创造的良好卫生环境，可以展现机关向上的精神风貌，通过后勤“窗口”与各部门密切协作，互相配合，可以加强各部门之间的理解和支持，加强团结。总之，通过后勤的“窗口”作用，可以极大地推进社会主义精神文明建设。

5. 加强党的廉政和机关工作作风建设

后勤管理工作，通过认真核算，健全制度，强化监督，科学管理，既可以减少浪费，节约资源，降低机关办公成本，实现低碳消费，推进节约型社会建设，又可以树立清正廉洁的机关工作作风，预防贪污腐败，从而加强党风廉政建设。

拓展阅读 6-1 财政部：2016 年全国三公经费下降 23.5%

6. 促进社会安定和谐

搞好后勤管理工作，是稳定职工队伍和机关工作秩序，确保安定团结的重要条件。搞好衣、食、住、行、生、老、病、退等工作，是后勤管理工作者的重要职责。后勤管理工作做好了，领导省心，职工放心，大家不用担心，从而稳定职工队伍和维护工作秩序，确保安定团结，促进社会和谐。

第二节　实验案例

厉行节约　反对浪费

——努力遏制公款消费

与“舌”有关，自然是关乎食物。只不过这次不是“舌尖上的中国”，而是“舌尖上的浪费”。临近春节，吃喝本是中国人生活的主题，但眼下，反对浪费成为热词。这是一场自上而下的整治，往日的公款接待、公款吃喝不得不收敛，可仍有人“顶风作案”，将盛宴转入“地下”。公众对吃喝浪费之风深恶痛绝，对整治充满期待，但公众也有理由怀疑：反浪费会不会如一阵风，风过之后，一切如旧？

一、整治莫成“秀”

海南省琼中县财政局局长王群一定想不到，自己会栽在吃喝问题上。2013 年 1 月 21 日，海南省纪委暗访组到一家酒店了解公款消费现象，他们发现前一天晚上有 9 家党政单位在这里消费，其中消费最高的一笔为 1.5 万元，付款方名称是琼中县财政局。海南省纪委、琼中县委随即展开调查，经查明，琼中县财政局局长王群今年 1 月先后三次在这家酒楼宴请外地客人、同学、朋友和相关业务部门，然后一次性以琼中县财政局名义开具了发票。当事人琼中县财政局局长王群随即被免职，并接受纪委调查，1.5 万元吃喝款被有关部门追缴。

在官场当中，吃喝风气之盛，已有年头。在很多地方，宴请招待是官员们再正当不过的“公务”，而如此的宴请接待，对于一部分不愿此道的官员们常常是一种负担，但风气如此，吃喝之风也就刹不住车。中央三令五申要求管住的“三公消费”，其中就包括了胡吃海喝。很遗憾，几年下来，“三公消费”依旧膨胀，吃喝之风屡禁不止。吃喝公款不心疼，这也是造成大量浪费的重要原因所在。但眼下，官员们不得不重新看待他们的行为。

十八届中央纪委二次全会上，中共中央总书记习近平告诫各级领导干部：要坚持勤俭办一切事业，坚决反对讲排场比阔气，坚决抵制享乐主义和奢靡之风。要大力弘扬中华民族勤俭节约的优良传统，大力宣传节约光荣、浪费可耻的思想观念，努力使厉行节约、反对浪费在全社会蔚然成风。不久，习近平再次做出批示，要求厉行节约、反对浪费。批示中将浪费行为具体到餐饮浪费等各种浪费行为，特别是公款浪费行为。

中央“八项规定”“六项禁令”出台后，中共中央领导班子身先士卒、率先垂范，无论是习近平总书记在广东省考察期间吃“自助餐”，还是在河北省贫困地区访问时的“四菜一汤”等，都在提醒广大党员干部，尤其是各级领导干部要厉行节约。

高压之下，许多政府机构和事业单位立即削减了宴请接待，甚至连年夜饭也紧急取消。据媒体报道，厉行节约、反对浪费的相关规定出台后，宁波市餐饮业初步统计，联欢会、团拜会等公务宴请订餐的退单率高达 90%。以往年末本是高档酒销售旺季，但现在年末，高档酒却迎来了寒冬，茅台酒酒价和股价暴跌。

当然，刹住吃喝浪费之风并非易事，《新京报》记者暗访发现，一些国企、政府部门悄然将宴请转移到驻京办餐厅，由于这些餐厅比普通餐厅私密性更高，宴请被曝光的机会更少。记者调查了甘肃、福建、河北、内蒙古、四川等 10 余家省级驻京办餐厅发现，数日内的多数包间和宴会厅都被预订一空，“主要是国企和政府部门的公务接待和年会”。

有不少评论认为，这些年来，对于整治公款吃喝，各级政府不知出台了多少文件，搞了多少场运动，一些“斗争经验”丰富的官员，总能找到办法把看似刚性的措施化为绕指柔。对于公款吃喝浪费这样久治不绝的痼疾，不仅要下猛药，更需做好打“持久战”的准备。

二、吃的是面子

缘何浪费浮华之风会越来越盛？因为请客的人，不怕贵，关键要有“面子”、“环境”和“档次”。服务员是“面子”，高档餐厅都是清一色的漂亮小姑娘，迎宾的要求身高 1.7 米以上，有高档餐厅还号称服务员均按“空姐”和“模特”的标准挑选和培训。说到“环境”，高档餐厅要不就选在公园附近，变公园为“少数人享用”；要不就选在高楼上，尽揽京城美景；再有甚者，直接改造四合院，图的是“古色古香”。至于“档次”，这些餐厅除了有“最低消费”，还有 15%的服务费，如果是自己带酒，还要加收 150 元到 500 元不等的“开瓶费”。此外，一些高档餐厅，还形成“产业链”，“连吃带送”，客人最后要带份礼物走，这些“特产”包装精美，价格则一般比市面价格高出 5～10 倍。

对于浪费，中国人请客吃饭时根深蒂固的传统观念——宁“剩”勿“缺”也起到了推波助澜的作用。大多数人普遍认为一顿饭下来，只有桌上菜有剩余，才能显示出自己的大气和热情。“一桌菜吃一半，扔一半；鱼没动几筷子，还像条整鱼，就倒掉了；还有没吃几口的大盘鸡，也被扔掉了。”看到这些被倒掉的剩菜剩饭，上海某饭店服务员王月娥（化名）对《新民周刊》说，“每天看到那么多食物被当成垃圾扔掉，心里确实不好受”，“整个晚市，桌翻了好几轮，这么多好菜都被当作垃圾扔掉，为啥不能打包，真可惜”。王月娥告诉记者，饭店规定服务员不能拿走客人剩下的饭菜，“有时候，我看着那么多好菜被浪费，实在不忍心，就会在剩菜里挑一些好的给后巷的流浪猫吃”。“如果是家里人出来吃饭，大多数人还是会选择打包带走。”王月娥说，“但公款请客，浪费比较严重，有的为了排场，点了很多菜，一般能吃一半就不错了。多数客人碍于面子，也极少打包带走。这些饭菜只有倒掉，怪可惜的”。

清华大学社会学系教授孙凤在接受媒体采访时曾表示，近年来，人们富裕起来，社会转型加快，消费主义观念泛滥，浪费似乎代表了“成功”和“地位”。这样发展下去，社会将不可避免地陷入对物质的崇拜中，必会对整个社会的价值体系带来负面影响。

三、倒掉多少粮食？

浪费分为两种，一种是平民百姓挥霍自己的钱，另一种是公职人员挥霍纳税人的钱。这场整顿之风，不仅针对公款吃喝浪费，也试图改变公众个人的消费习惯。对于个人的浪费，一场“光盘行动”正在进行。活动由北京市一家民间公益组织推行，主题是：从我做起，今天不剩饭。公益组织的志愿者倡议市民在饭店就餐打包剩饭，“光盘”离开，形成人人节约粮食的好风气。该活动得到越来越多的网友认可，许多演艺界的知名人士、官方认证的餐饮行业也都加入到“光盘行动”中来。一时间，在微博上晒出自己吃干净的餐具和打包带走的剩菜剩饭成为风尚。其中，也不乏高调者，如江苏黄埔再生资源利用有限公司董事长陈光标。2013 年 1 月 25 日晚，他率领其公司 40 名员工来到南京街头一饭店吃剩饭、剩菜。在出发前，陈光标不仅给员工开了“动员大会”，还给每个员工发了一双筷子，并强调：“说百遍不如做一遍。”

餐桌浪费的另一面，是我国不足 90％的粮食自给率，以及 2012 年进口 7200 万吨粮食的尴尬窘境。据有关部门统计，中国人每年在餐桌上浪费的粮食多达 800 多万吨，价值高达 2000 亿元。我国餐饮业每年倒掉的饭菜等于 2 亿多人一年的口粮。即使按照 2011 年提高后的农村居民家庭人均年纯收入 2300 元的贫困线标准，我国依然有高达 1.28 亿的贫困人口，占全国总人口近十分之一，这些浪费的粮食，完全可以解决他们的吃饭问题。

与此同时，中国农业大学专家课题组曾对大、中、小三类城市，共 2700 桌不同规模的餐桌中剩余饭菜的蛋白质、脂肪等进行系统分析。据他们保守估算，我国 2007 年至 2008 年仅餐饮浪费的食物蛋白质就达 800 万吨，相当于 2.6 亿人一年的所需；浪费脂肪 300 万吨，相当于 1.3 亿人一年所需。另据一项针对北京部分大学餐后剩菜剩饭情况的调查表明，倒掉的饭菜总量约为学生购买饭菜总量的三分之一。按全国大专以上在校生总数量 2860 万人(2009 年底数据)计，大学生们每年倒掉了可养活约 1000 万人一年的食物。

再来看全球的情况，据报道，世界上每 6 秒就有 1 名儿童因饥饿而死。联合国粮农组织 2012 年 6 月 13 日发表声明指出，全世界每年浪费的粮食数量达到 13 亿吨。倘若这些粮食中有四分之一能够得以保留，就足以养活全世界目前近 9 亿的饥饿人口。

四、浪费入罪？

“杂交水稻之父”、中国工程院院士袁隆平建议将浪费视为犯罪。袁隆平在接受央视采访时表示：“我们国家人口这么多，人均耕地这么少，好不容易国家投入很大，每年都增加科技投入，我们辛辛苦苦钻研来增加产量，我们的水稻产量，每亩提高 10 斤、5 斤都是很难的。提高了单产之后呢，却被浪费掉了。”袁隆平建议，政府要出台法律法规，把浪费当作一种可耻行为，当成犯罪的行为来限制它，“我参加过好多宴会，好多种菜，十几、二十种菜，每一样蜻蜓点水，吃了一点点，如果政府限制，有多少人吃多少，浪费了之后要罚款”。

其实，早在 2012 年的“两会”上，全国人大代表陈代富就曾说过，面临严峻的资源短缺形势，国人应该要有危机感。各类宴席上，无论是公务接待还是私人宴请，宴席散时总是吃得少、剩得多，公务接待剩得尤其多。为此，他和一些代表建议国家制定《反浪费法》，制止、防范和惩处浪费行为。这一说法也得到了上海财经大学法治与发展研究中心主任麻国安教授的认同。他曾向媒体表示：“杜绝餐桌浪费需要靠法律制度及早介入。节约粮食有赖于观念的转变，但也应充分运用法律手段制止奢侈、反对浪费、厉行节约。”

“鉴于目前粮食浪费严重的情况，急需制定《反浪费法》，制止和防范浪费行为，规定浪费粮食情节严重的构成犯罪，使浪费粮食的现象得以有效抑制。”麻国安说，“对于公款大吃大喝形成的浪费，应从挥霍公款，或者职务侵占角度进行处理，或从贪污受贿角度依法进行调查。”他认为，只有增加大吃大喝的风险，树立浪费粮食是犯罪的观念，公款消费行为才会变得规矩。这当然也是一个思路，但可能会引来争议。因为浪费与犯罪行为之间，至少无法简单地联系在一起。

2009年，全国人大代表赵林中曾向全国人大常委会提议修改《刑法》，设立“挥霍浪费罪”。该罪名针对的是挥霍公款的公职人员，而罪行不止于公款吃喝中的“浪费粮食”，现实中的挥霍公款还包括公款旅游、政府超标采购、市政工程重复建设等老百姓深恶痛绝的行为。只不过，所谓“公款吃喝”是一个民间说法，官方语境中叫“公务接待”。而什么样的公款吃喝属于公务接待？公务接待的“标准”又是怎样？现实中弹性太大。

第三节 实验要求

一、实验目的

机关管理案例分析的主要目的在于提高学生解决机关管理相关问题的能力和判断力，重点在于解决问题的过程。案例分析人员要把自己当作案例中的当事人，来进行分析和决策，提高分析和处理管理问题的技能。

通过对案例分析的学习，可以牢固掌握与案例相关的机关管理知识点，同时还能促进深入思考，找出自身思维中的盲点，相互启发、借鉴、学习和交流，充实、完善自己，从而达到提高自身的沟通能力以及决策能力的目的。

二、实验步骤

1. 阅读案例，个人分析

主要是审读案例文本，把握案例事实，识别案例情境中的关键（案例）问题，个人先对案例进行分析，初步拟定解决问题的方案。这一阶段要求学生花费大量时间来准备，准备得充分与否直接关系到学习的效果。具体又可划分为以下步骤：

(1) 快速阅读案例材料，熟悉所要讨论的案例及问题；

(2) 再次阅读案例，尝试勾画问题轮廓及可能答案；

(3) 仔细研究案例中的所有附加材料；

(4) 确定（关键）问题之所在；

(5) 分析案例中的数据；

(6) 使用所需要的任何一种分析工具；

(7) 仔细分析相互冲突的观点；

(8) 为个人的分析诊断和观点提供理论支持和证据支持;

(9) 制定恰如其分的行动计划和行动方案。

2. 小组讨论,达成共识

在小组或全班同学面前呈现个人对案例问题的分析,提出解决方案和依据;听取其他小组成员意见,对案例问题和解决方案展开讨论,从不同角度甚至对立中认识问题,以求达成共识。注意是提出观点而不是重复信息;尽量使用以下的表达"我的分析表明……""该公司应该……,因为……",而不是"我想……""我认为……""我觉得……"。

3. 课堂发言,全班交流

在课堂上以小组为单位陈述案例分析结果。可以选派一名组员代表小组发言,也可以由几人共同完成。表述过程中注意锻炼自己的表达能力,力求做到自然流畅,并能吸引听众的注意力,然后回答班里其他同学的提问。回答最好按照小组准备时的分工来分担问题,当然相互支持也是非常重要的。

4. 教师总结归纳,消化提升

在小组陈述、课堂讨论的基础上,最后由主讲教师或助教做总结。教师指导侧重案例分析的关键点,分析思路,通过该案例可强化、可引导的知识点等方面。

三、实验要求

(1) 将案例阅读两遍。第一遍应该对案例有一个概括性认识,第二遍应该对案例中的种种做法了如指掌,然后仔细地研究每一份参考资料。

(2) 列举本案例中必须面对的各个问题与关键点。

(3) 充分进行数据分析,挖掘案例材料所能说明的各种问题。

(4) 寻找运用各种原理和分析工具的机会。

(5) 对形势的分析要全面深刻。

(6) 所有的观点必须提供经过充分推理和论述的论据,包括数字证据。

(7) 绘制图表,以清晰地表达观点。

(8) 对个人提出的各种建议进行优先性排序,确保实施框架/步骤及可行性。

(9) 重新评价个人所提出的行动计划,检验它是否为所确定的问题和关键点提出了解决方案。

(10) 避免提出风险不可控制或不合理的方案。

四、实验成绩

序号	实验要求	分值
1	政府的"公款吃喝"体现出政府在内部管理中的哪些缺陷与问题	20
2	分析"三公"消费形成的原因	30
3	简述治理"三公"消费的意义	40
4	字数要求:不少于3000字	10

第四节

实验报告

实验报告

院系			专业		
班级		姓名		学号	
实验教师		成绩		日期	
实验名称					

一、实验目的

二、实验原理

三、实验步骤

四、实验数据（如有则填）

五、实验结果

六、讨论分析（完成指定的问题要求）

七、实验总结（如有则填）

备注：

第五节　实验答案

一、引言

党的十八大以来，以习近平同志为核心的党中央以巨大的政治勇气和强烈的历史担当，采取了一系列措施切实解决人民群众反映强烈的问题。近年来，中央出台了一系列整治奢侈浪费之风的铁腕举措：从改进工作作风、密切联系群众的“八项规定”，到纠正“四风”，再到中共中央、国务院印发的《党政机关厉行节约反对浪费条例》。各地各部门纷纷采取多种举措落实中央要求，厉行节约、反对浪费工作初现成效，极大地提高了政府的公信力。

二、“三公”消费问题回顾

“三公”消费通常是指公款吃喝、公费旅游、公车购置。由于财政监管制度的不完善，我国对于“三公”消费长期处于监管缺位的状态，“三公”消费不仅数目惊人，还存在诸多不合理的情况，一些单位、个人滥用职权，浪费国家财产的现象时有发生，我国“三公”支出的合理性亟须改善。

1. “三公”消费数额较大

2010 年，我国中央行政单位、事业单位和其他单位“三公”支出合计 94.7 亿元。其中，消费过亿的单位高达 12 家，消费额最高的是国家税务总局，约 21.7 亿元，其公务接待平均每天 182.4 万元。目前，我国政府的支出占到 GDP 的 34%左右，而行政公务支出占全部政府支出的比例则高达 38%，其中以“三公”消费为主。

2. 公车消费比例较大

公车消费居高不下且所占比例较大是“三公”消费中最突出的问题。根据 2011 年中央各部门公布的“三公”消费的账单来看，公车消费比例超过 50%的单位有 32 家，也就是说有近三分之一单位将一半以上的“三公”经费花在了公车上。公车使用公私不分是其被广为诟病的最直接原因，许多使用者倚仗公车特权引起了人民群众的极大反感，由此导致了现在公众普遍将“公车消费”等同于“公车私用”。

3. “三公”支出预算此前呈上升趋势

根据 91 家中央部门及单位 2011 年度财政预算显示，仍有 50 家单位预算超过上年决算。预算增幅最大的为国家体育总局，2011 年度“三公”支出预算比上一年增加 1475.8 万元。总体来看，91 家中央部门公布预算的增减额度的总和为 33.87 万元，基本上与去年保持不变，但与建设节约型政府的目标相悖。

三、"三公"消费形成的原因

1. 政府官员的"官本位"思想犹存

追溯历史，我国在长期的封建集权统治下，行政官员作为社会的统治阶级，一旦获取现有身份，就意味着进入了特权阶层，出行、用餐的标准越高，则代表着他们的级别和地位也就越高。"富贵不归故乡，如锦衣夜行，谁人知之者？"这种"官本位"的思想在公务人员心里根深蒂固，政府也在行政官员的这种炫耀和讲究排场的心理影响下，催生了过高的行政成本，造成了不必要的行政浪费，导致"三公"消费居高不下。

2. 体制内监督机制不完善，法律监督机制缺乏

当前，政府官员的行政权力运行透明度相对较低，容易形成"上级不好监督、同级不愿监督、下级不敢监督"的"死角"，难以形成规范管理、监督管理和严格管理的体制与机制。我国虽然在2006年颁布了《党政机关国内公务接待管理规定》，但是条款较少、不够细化、语言模糊性大等原因给执行制造了一定的困难，造成"三公"消费治理效果不明显。

3. 行政绩效考核不科学

目前，我国的行政考核只注重对行政效果进行考核，而忽略了对行政成本的绩效考核。政府部门对于政绩的考虑主要侧重于GDP的增长、人均收入的提高以及基础设施建设的成就。这就导致行政官员失去了降低行政成本的内在动力和外部压力，而是围绕GDP与政绩大做文章，预算资金在一定程度上服从了畸形的政绩观、发展观的支配。重复性建设以及基础设施建设的修建既造成大量的资源浪费，也导致行政支出急剧增长。

四、治理"三公"消费的必要性

1. 行政成本逐年提升

根据财政部、发改委和统计局调研数据显示，2005年以来，我国财政、行政事业公用经费支出每年增加1000多亿元，到2010年，该项经费支出已接近9000亿元，其中公务用车消费占比较高的比例。党政机关及行政事业单位公务用车总量为200多万辆，每年公务用车消费支出1500亿～2000亿元（不包括医院、学校、国企、军队以及超编配车），公务用车购置费年支出增长率在20%以上。调查显示，每年一辆公务车的运行成本（含司机工资、福利）至少在6万元以上，有的甚至超过10万元。地方公车消费占财政支出的6%～12%。"三公"消费的增长占财政支出的比例不断攀升，行政成本逐年增长，财政负担沉重。

2. 影响民众对于政府的信任

近年来，随着政府支出的快速增长以及官员腐化案件的曝光，政府廉洁的形象不断受到公众的质疑。根据中国青年报社会调查中心与腾讯网新闻中心联合调查显示，在17836名受访者中，98.3%的人认为行政成本浪费现象非常普遍。民众不仅关注自己所交的税款去向何方，还希望在此问题上政府能有个良好的态度并采取积极有效的措施。

3. 易形成特权腐败

从公款吃喝来看，一餐下来动辄成千上万在我国的官场上已不少见，甚至已经成为部分官员的生活常态；从公车消费看，领导干部超标准用车、公车私用已成为"公务用车"摆脱不掉的标签；从公款出国来看，公款出国(境)旅游同样不甘落后地成为一些官员身份和地位的象征，领导以考察为名游山玩水早已司空见惯。由此可见，“三公”消费不仅浪费了国家财产，更严重影响党和政府清廉的作风形象，易于造成特权阶级的腐败。

五、十八大以来的治理

1. 推进预算制度改革

要彻底转变我国政府部门和单位的“三公”消费现状，必须首先彻底改革和改进当前编制内容粗放、编制方法落后的预算制度。首先，增加预算编制参与者，在加强制衡的同时强化财务、法律等专业人员在预算编制中扮演的角色，加强预算编制中各方面力量的约束和制衡，使预算更趋合理。其次，改造预算编制流程和内容，细化审核预算项目，改进原有的预算流程，政府要在制定本年度预算的同时审核上一年度的决算。最后，建立透明严格的公款消费报销程序，可向俄罗斯、日本等国学习，建立透明严格的公款报销程序以降低“三公”消费。

2. 建立完善的“三公”消费监督机制

遏制“三公”消费居高不下的态势，除了从立法和预算源头上控制，重要的是强化“三公”消费的过程监督。首先，公开“三公”消费的信息，包括消费结果信息和消费过程信息，晒出各项消费的“类”“款”“项”“目”及数量、金额，作为社会公众质询和部门绩效考核的依据。其次，健全内部监督体系和社会监督体系。在内部监督体系发挥作用的同时，要充分发挥人民群众参与的社会外部监督作用，让“三公”消费过程中的任何问题和漏洞在无数双眼睛的审视下无处躲藏。

3. 倡导廉政文化，形成反腐倡廉的意识形态

进入 21 世纪以来，我国国民经济持续高速发展，外汇储备突破万亿美元，但是我们要时刻保持清醒的头脑，财政资金必须用在最需要的地方。相应的文化，对于一个国家核心价值观的形成和维持起着非常重要的作用。我们必须用中国特色社会主义理论体系代替“官本位”，认真改造主观世界，提高思想境界和道德修养，正确对待和使用权力，深怀爱民之心，恪守为民之责，全社会形成公私分明、廉荣贪耻的廉政文化意识形态。我们要倡导廉政文化，铸就反腐倡廉的意识盾牌，杜绝骄奢淫逸，一门心思谋发展，在激烈的国际竞争中，不断积蓄力量，促使国富民强。

六、对于公务消费透明化的对策和建议

1. 统一“三公”消费概念、口径、标准

“三公”消费的公开始终绕不开如何公开的问题，有关部门应尽快研究界定“三公”消费的概念和口径，为了保证公众更好的监督，这种公开理应是范围越大、项目越细越好。对于“三公”经费公开的具体标准，我们大可以像新闻那样也讲讲五个“W”，即每笔“三公”经费支出都要告诉大家“何事、何时、何地、何人、何故”。按照这样的一个公开标准，我们或许就会知道每一场公款吃喝的详情。也希望有关部门不要告诉大家，那些公款宴请都是“国家机密”。

2. 转变思想，端正态度，积极应对

无论是中央政府还是地方各级政府，对于"三公"经费的公开都应在允许范围内尽可能地保持一个积极的态度，按要求及时公开相关信息，为公众的监督提供一条畅通无阻的道路。首先，要转变"官本位"的思想，树立公仆意识。政府以公民的合法代理人的身份管理国家公共事务，公务人员不应该是社会的特权阶级。其次，应树立责任政府的理念。政府基于受委托人的身份，有责任向自己的委托方即人民群众报告政府事务状况，有责任公开各种行政开支，接受纳税人的监督，让纳税人知道各项开支的来龙去脉，尊重纳税人质询政府部门财务执行状况的权利。

3. 推动"三公"消费的立法

过去对于"三公"消费的治理之所以效果不明显，一个很大的因素是惩处环节不到位。因此，需要对各部门的"三公"消费有个合理的定额，建立硬性约束机制，以制度和法律的形式，控制行政运行费用。对不按规定公开以及存在挥霍公费的，预算内容要细化，公开到"底"，这一点已经在公布的中央财政预算中得到了充分体现：除涉密内容外，2014 年中央本级支出预算全部公开到支出功能分类的项级科目，同时将专项转移支付预算按照每一个具体项目向社会公开，财政信息公开力度逐年加大，彰显了党中央、国务院打造阳光政府的决心和力度。

七、总结

我国正处于并将长期处于社会主义发展初级阶段，规范"三公"消费问题确实存在很多困难。但笔者坚信，在当前中央狠抓作风建设、严惩各类歪风邪气的大环境下，只要我们齐心协力，认真贯彻执行法律法规，按规矩办事，不破坏公平正义，大力弘扬中华民族勤俭节约的优秀传统，构建节约光荣的良好社会风尚，完善社会监督体系，密切联系基层群众，树立全心全意为人民服务的思想，对公款奢侈浪费行为问责到底，"三公"消费会越来越科学合理，公款奢侈浪费一定可以得到有效遏制。

CHAPTER7

第七章 行政监督案例实验实训

第一节 知识框架

一、行政监督的含义

行政监督有狭义和广义之分。狭义的行政监督是指行政机关内部上下级之间,以及专设的行政监察、审计机关对行政机关及其公务人员的监督。广义的行政监督泛指执政党、国家权力机关、司法机关和人民群众等多种社会力量对国家行政机关及其公务人员的监督。

二、行政监督的分类

行政监督有两种用法:一种是行政主体基于行政职权依法对行政相对人是否遵守行政法规范和执行行政决定等情况进行的监督检查,也叫行政检查。另一种是指行政组织系统内容的监督检查,指的是对行政机关和工作人员的监督。由于第一种行政监督本质上属于行政管理职能和行政执法活动的组成部分,用行政管理或行政执法即可涵盖,因此一般行政法上的行政监督主要是指对行政权力的监督,其监督对象是行政主体及其工作人员。在第一种意义上使用行政监督概念的著作以及法律规范是极少的。另外,行政监督可根据不同的标准进行分类。通常有:

(1) 以行政监督的对象是否特定为标准,可以分为一般监督与特别监督。

(2) 以行政监督的内容为标准,可以分为公安、工商、海关、资源、环境保护、审计等行政监督。

（3）以其实施的阶段为标准，可以分为事前监督、事中监督和事后监督。

（4）以其主体的任务为标准，可分为依职权的监督与依授权的行政监督。

三、行政监督的原则

行政监督是行政管理活动的一个重要组成部分，因此，行政监督应遵循一定的原则，以保证行政监督的合法性和有效性。

（一）合法性原则

行政监督的合法性是行政监督主体从事行政监督的必要条件。这种合法性主要体现在行政监督主体的合法性、行政监督活动符合法定程序、行政监督活动符合法定方式等三个方面。

（二）经常性原则

行政监督作为一种经常性活动，存在于行政管理活动的全过程，具体贯穿于决策、协调、执行等各个环节。经常性监督，有利于及时发现政府行政组织和公务员在处理公务中的不当行为、违法现象，并及时纠正和处理，避免增加社会成本。

（三）平等性原则

依法监督，法律面前一律平等，是社会主义行政监督的基础。不论是领导机关还是被领导机关，不论是专门监督机构还是一般机构，不论是领导者还是普通民众，在进行监督的权利和接受监督的义务上完全平等，不存在不受监督的特权或享有特权的监督。

（四）广泛性原则

广泛性原则主要指监督主体、监督对象和监督范围的广泛性。行政监督的性质决定了全体公民对政府的公务活动均有实施监督的权利。这种广泛性还表现在行政监督要对一切政府行政机关的行政行为、行政措施、行政制度的实施进行监督。

（五）有效性原则

有效性原则主要体现在行政监督实施后的结果如何。有效的行政监督就要做到客观、公正、准确、及时，做到违法违纪必究，执法必严。

四、行政监督的方式

（一）事前监督、事中监督与事后监督

事前监督，是指在行政管理机构进行行政决策、开展行政行为之前进行监督。最典型的事前监督是听证会制度。听证会是由立法机关、国家行政管理机构和某些行政事业性单位根据有关规定，召集社会各阶层、当事人或有关受益者、受害者进行交流、沟通的会议。

事中监督，是指在行政管理机构决策与执行过程中所进行的监督。为了防止行政管

理过程中决策的失误和执行出现偏差，必须开始事中监督，即在决策过程中对决策活动进行监督，在执行过程中对执行活动进行监督。从决策过程来看，这种监督是对决策者进行的面对面的监督，有助于及时发现决策失误或决策不当，并对其及时予以纠正；从执行过程来看，这种监督有助于及时了解执行情况，以及向决策中心传递相关信息，不仅有助于纠正执行偏差，而且有助于及时修正原有的不当决策。

事后监督，是指行政决策或者行为做出之后，相关监督主体进行的监督活动。现代社会管理日益复杂和多元化，给行政管理带来了一定难度和压力，因此，行政行为往往具有一定的先定性，以保证行政权力的权威性和强制性，这就使得人们不能对所有行政行为进行事前监督，这样就有必要进行事后监督。最典型的事后监督是国政调查。国政调查是立法机关就政府官员的行为、重大事件进行调查。现代世界各国，无论宪法有无明文规定，均普遍承认立法机关拥有国政调查权，并形成了比较完善的国政调查程序。

（二）长期监督与暂时监督

根据监督活动开展持续的时间不同，行政监督又可以分为长期监督和暂时监督两种。

长期监督，是指由常设的行政监督主体对行政管理机构和人员进行的监督活动。上下级之间的日常监督和行政监察监督都是属于长期监督。长期监督会伴随相应的、稳定的监督主体和规章程序。

暂时监督，是指对某一项特别行政事务、行政决策或者突发事件进行的监督和调查。由于暂时监督变化大，产生突然，所以一般不具备一致不变的监督主体和规章程序。权力机关代表的质询活动是一种较为典型的暂时监督。质询是立法机关对行政管理机构进行检查和监督的一种主要方式。所谓质询，是对被质询机关的工作不清楚、不理解、不满意的地方提出质问，要求被质询机关做出澄清、解释的一种活动。在我国，对本级人民政府及其工作部门、人民法院、人民检察院的工作提出质询，是宪法和法律赋予人大代表或人大常委会组成人员在各级人民代表大会或常务委员会会议期间的一项重要职权。

五、行政监督的构成要素

行政监督的构成要素包括监督的主体、客体、内容和标准等四个方面。

（一）行政监督主体

如果离开真实的主体，没有有效的制度和完善的机构作为载体，那么，对行政机关及其行政人员的监督就成为一句空话。当然，不同的历史时期和不同性质的国家，具有不同的行政监督主体。从某种意义上说，对行政监督主体地位的确立体现了民主程度的差异。中国现阶段的行政监督主体，包括国家的行政监督和社会的行政监督两个方面。其中，国家的行政监督有立法机关、司法机关以及行政机关、行政监察和审计部门等。社会的行政监督包括各种社会力量，如政党组织、社会团体、公民和新闻媒体等。

（二）行政监督客体

行政监督主要是针对行政行为和行政权力的监督，而行政行为和行政权力的载体是国家行政机关及国家公务员，所以行政监督的指向和客体应当是国家行政机关及国家公务员。依法拥有行政管理权力、行使行政管理职能的非行政组织及其工作人员，也属于行政监督的客体。

（三）行政监督内容

行政监督主体不是对国家行政机关及其国家公务员的任何行为进行监督，而只是对国家行政机关及其国家公务员在执行公务和履行职责时的失范行为和失效行为进行监督。所谓失范行为，是指行政权力的使用者违反了法律的有关规定；失效行为，是指在行政权力的运行过程中，尽管投入了相当多的人力、物力和财力，但仍然没有达到既定目标，行政效率低下。政府的违法行为和效率状态构成了行政监督的基本内容。

（四）行政监督标准

行政监督内容的广泛性决定了监督标准的多维性。纵观古今中外的行政监督，其标准主要来源于以下几个方面：①宪法标准。以国家宪法为标准，监督行政机关及国家公务员制定的规章、制度、命令是否符合宪法的基本精神和有关规定，以及行政机关及其国家公务员的行政行为是否符合宪法精神，是否同宪法的规定相抵触。②法律标准。以国家权力机关制定的各类法律为准绳，监督国家行政机关及国家公务员遵循和执行法律的情况。③纪律标准。为了保证行政机关的有效运转，不仅需要一定的宪法和相关法律规定，而且需要大量的针对具体政府部门的纪律和制度。如《公务员法》中规定的国家公务员的纪律及行为规范，以及政府有关部门制定的工作纪律和规章制度等，所有这些纪律和制度无疑也是对国家行政机关和国家公务员进行监督的重要依据。④公共政策标准。公共政策是政府制定的调节社会利益关系，推动社会经济发展，规范社会成员行为的规定、准则和策略等。执行政策是国家公务员的基本职责，违反政策行为必须受到追究和制裁。此外，还有职业道德标准、合理性标准等等。

监督的主体、客体、内容和标准四个方面相互联系、相互影响，共同构成行政监督的有机统一体。如果四个要素，缺少其中任何一个，行政监督活动都会难以顺利进行。

六、行政监督的功能

行政监督的功能主要指监督各级行政机关及其工作人员执行国家制定的各项行政法规、行政政策的情况，同时纠正和惩处违犯行政法规、行政规章与行政纪律的行为。具体来讲，行政监督主要有三种基本功能。

（一）行政督察

行政监督的目的是督察各级行政机关及其工作人员执行国家行政法规、行政规章与行政纪律的情况。这是行政监督的基本功能，它直接关系到整个行政体系的正常运行。为了确保行政督察的有效性，对行政机关的督察活动必须做到规范性和时效性。规范性是指行政督察必须严格遵守国家制定的有关行政法规、行政规章和行政纪律；任何机关和个人，特别是上级行政机关和行政领导不得超越、偏离以上行政督察的合法性依据。时效性是指行政督察必须经常性地进行。行政督察通常分为长期、中期、短期以及专项督察。

（二）行政纠错

行政监督一方面是对行政机关及其工作人员执行行政法规、行政规章和行政纪律的情况进行监督；另一方面是通过监督发现行政机关及其工作人员有违法、违规、违纪等行为时对其进行纠错，督促其改正。行政纠错是在行政机关及其工作人员在行政执行过程中出现了违犯有关行政法规、行政规章、行政纪律的情况下，特定行政监督部门所进行的行政活动。行政纠错的突出特点是，行政纠错只是在发现问题之后的一种补救行为。也就是说，行政纠错不能防患于未然，是一种被动的行政监督。

（三）行政防护

监督都具有防护性，但是不同类型和不同层次的监督，其防护功能不同。行政防护作为行政监督的一种功能，既可以防止某种行政违法、违规、违纪等行为的发生，又可以防止行政机关及其工作人员在行政活动中有关行政违法、违规、违纪等行为的再次或重复发生。行政监督的防护功能并不是以某种专门行政手段实现的，而是运用行政法规、行政规章和行政纪律来约束、规范和监督行政机关及其工作人员的行政行为，通过制止和处分违犯行政法规、行政规章和行政纪律的行为来实现的。发挥行政监督功能的方式是不断发展的。传统的行政监督大多数是凭借权力强制、法律惩罚、法规惩处和纪律处分等方式来发挥行政监督功能。而当代行政监督则注重用心理激励、思想沟通、健康人格培养和社会伦理规范等方式来实现行政监督的功能。这种发展是适应社会和人的发展需要的。行政监督应当发展成为一种积极的、指导性和鼓励性的行政行为，而不是被动的、应急的行政行为。

七、行政监督的基本内容

（一）行政指派监督

一般而言，行政监督主体对行政监督客体的监督就构成了行政监督的主要内容。行政监督主体一般指上级行政机关和专门的监督机构，而客体则指下级行政机关及其行政人员。行政机关对下级的监督一般可以相对地分高、中、低三个层次。不同层次有不同的监督内容。

行政上级对下级的监督是工作监督，其主要内容包括合法性监督、合理性监督和对行政人员的监督三个部分。其中，合理性监督是上级行政机关对下级机关实施监督的主要内容。这些监督行为在高、中、低二个层次上的内容有所不同。行政监督的内容可细分为对行政指派、行政指导和行政评价的监督。如果以中国整修行政系统为参照系，国务院的监督为高层监督，省、自治区、直辖市的监督为中层监督，县级人民政府的监督为基层监督。

行政指派是指根据行政人员的品行、修为、知识结构、工作能力和工作经验和各项条件来分配他们的工作任务。行政指派的合理性直接影响到行政人员的工作情况和行政工作的整体效率。

根据行政指派的内容和特点，对行政指派的监督内容主要涉及：①行政领导是否按照自己的职权和任务制定具体的工作计划和工作分配任务。②行政领导是否定期调查和分析行政机构的内部情况。③行政领导是否定期考察行政人员的各项素质。④行政领导在行政指派时是否考虑到工作的轻重缓急。⑤行政领导在行政指派时是否给行政下级保留了适当的自主权。⑥行政领导在行政指派时是否做到了行政人员的最佳组合。

（二）行政指导监督

行政指导是指上级行政机关对下级行政机关和行政人员进行的非强制性的、以影响下级行政机关及行政人员行为为目的的行政活动。它包括管理性行政指导、协调性行政指导和咨询性行政指导。

任何行政指导都有一个合法性、合理性和责任性的问题。具体而言，对行政指导的有效性监督通常涉及三个方面的内容：①对行政指导合法性监督；②对行政指导合理性的监督；③对行政指导责任性的监督。

（三）行政评价监督

行政评价是指对行政机关和行政人员所完成的工作进行考核、评估，通过评价确定奖惩的对象。行政评价涉及如下关键变量：行政计划和行政目标是否吻合；已经完成的工作的数量和质量是否合乎要求；工作效率是否合乎要求；行政人员的能力是否胜任各自的工作。行政评价一般采取定性和定量相结合的方法。

对行政评价的监督通常涉及四个方面的内容：①行政评价是否具有客观标准；②行政评价是否公开；③行政评价是否公正；④行政评价是否坚持了实事求是的原则。

八、行政系统内部监督体系

行政系统内部监督，是指国家在行政机关内部设立的专责机关，对国家行政机关及其工作人员是否遵守国家法律和纪律或对有关公共事务的处理是否符合法律和政策予以检查、调查、处理或提出建议的制度。内部监督又分为一般监督和专门监督。

（1）一般监督主要指层级监督，是指国家行政机关在上、下级行政隶属关系上产生的一种相互监督的关系和活动。一般监督是行政机关内部监督体系中最重要的部分，也是最为广泛的一种监督，具有直接性、经常性和广泛性等特点。

（2）专门监督分为行政监察和审计机关对行政机关及其公务人员的审计监督。

九、行政系统外部监督体系

（一）国家权力机关的监督

国家权力机关的监督，是指各级人民代表大会及其常务委员会，为维护国家宪法、法律的尊严和统一，维护人民的根本利益，代表人民的意志，运用国家权力，依照法定形式和程序对国家行政、审判、检察机关的工作和对宪法、法律的实施，所采取的监督、督促、纠正、处置的强制行为。国家权力机关的监督，包括三个相互关联的部分：①了解权。这是监督主体对监督对象实施监督的前提和基础。它包括听取工作报告和汇报，质询和询问，视察和调查，组织特定问题委员会等。②处置权。这是监督活动的一个实质阶段，是监督主体对监督对象违法或其他不适当行为予以纠正。③制裁权。即监督主体对监督对象违宪、违法或其他不适当的行为实施制裁。制裁权包括罢免、撤职、撤销等国家权力机关的监督，从根本上说，是人民当家作主、管理国家事务的具体体现。行政、审判、检察机关接受国家权力机关的监督，就是接受人民的监督；不承认或不尊重国家权力机关的监督权，就是不承认或不尊重人民的政治权利，动摇了国家权力机关的监督权，就是动摇了人民当家作主的主人翁地位。

（二）司法监督——检察机关、审判机关

一是监督主体依照国家的宪法和法律的规定，对司法机关及其工作人员的司法活动的合法性进行的监督；二是司法机关依法对行政机关及其工作人员的司法活动的合法性进行的监督。

（三）政党监督——中国共产党、民主党派

政党监督是指政党组织对行政机关的工作实施的监察与督导。政党监督包括执政党监督、参政党监督等，其中执政党监督占有非常重要的地位。在我国，中国共产党是执政党，坚持中国共产党对国家生活的领导，这是已写入 1982 年宪法序言的一项宪政原则。

（四）社会团体的监督

社会团体的监督，一般而言是社团组织作为监督主体对国家行政机关及其工作人员的行政管理活动所进行的监察和督促。这里的社团组织，既包括社会团体也包括群众组织，如工会、共青团、妇联等社会团体和居民委员会、村民委员会等群众组织。社团组织是党和政府联系人民群众的桥梁。社团组织最了解人民群众的愿望和要求，能更好地表达和维护各自所代表的群众的具体利益，因而也能够对行政机关及其工作人员起到民主监督的作用。社团组织对行政机关及其工作人员实施监督的方式，主要是通过召开会议，通过口头或文字形式向有关机关提出要求、建议、批评、对某些行政人员提出申诉、控诉、检举等。

（五）人民群众的监督——信访、传播媒介、行政复议和行政诉讼

群众监督主要是指公民或社会组织对权力机构及其工作人员的监督，有时也指普通群众对领导干部的监督，是民主监督的一种重要形式。群众监督是人民主权原则、基本人权原则和法治原则的体现。我国宪法规定，"中华人民共和国的一切权力属于人民"，"人民依照法律法定，通过各种途径和形式，管理国家事务，管理经济和文化事业，管理社会事务"。群众监督的实施机制包括信访制度、举报制度、社会调查制度、巡视制度、政治协商对话制度、意见征询制度、领导接待制度等。

（六）社会舆论监督——新闻报道、公开披露、表达民意

社会舆论监督是针对社会上某些组织或个人的违法、违纪、违背民意的不良现象及行为，通过报道进行曝光和披露，抨击时弊、惩恶扬善，以达到对其进行制约的目的。舆论监督是现代反腐败斗争的重要手段，这是因为腐败行为具有隐蔽性，是在黑暗中进行的肮脏交易。

十、行政监督的意义

行政监督的作用主要是对行政的政治方向和对行政政策的贯彻执行起保证作用，保护国家、社会、集团利益和公民合法权益，推进行政法治化造就优秀政务者和公务人员。通过行政监督，保障行政机关正确地行使行政权力，保护公民、法人和其他组织的合法权益和国家的整体利益。

首先，能增强国家公务员的公仆意识。在我国，政府的宗旨是为人民服务，国家公务员不论职位高低、权力大小，都是人民的公仆。加强对行政行为的监督，将行政机关的行政活动置于广大人民群众的监督之下，可以增强国家公务员的公仆意识，促进其更好地为人民服务。

其次，通过行政监督，打击官僚主义和腐败现象。国家行政机关在行政管理活动中，由于种种原因，会存在人浮于事、办事拖拉、不负责任、相互推诿等官僚主义现象；同时，行政机关中还存在着不少利用手中的行政职权牟取私利、行贿受贿、贪赃枉法等腐败现象。

近年来，行政腐败的监管不力，与我国的行政监督体制不完善，尤其是监督不力有关。腐败严重影响和败坏了党和政府的形象，损害行政机关的权威，这就要求必须完善行政监督体制，要求行政监察机关更加严格执法。加强行政监督是发展民主政治，建设社会主义法治国家的重要途径。发展民主政治，就是使人民充分行使民主监督权、参政权和议政权，保证人民真正当家作主，管理国家的权力的真正落实。监督权是人民的基本政治权利之一。这是具有中国特色社会主义的行政监督的一大优势。检查本行政区域内国家行政机关及其公务员是否遵纪守法，履行职责，并依法做出相应的处理决定。行政监督，能够加强国家行政人员的法治观念，从而使依法行政的原则在现实行政行为中得到贯彻。首先研究解决行政法律规范自身存在的问题。如对条文规定不具体、不明确，或发现有过时或违法时，应及时研究解决。指导监督对象的行政执法活动，处理监督对象在行政执法中越权、滥用职权或失职渎职行为。

拓展练习 7-1
思考题

第二节 实验案例

从长春长生疫苗事件看我国监察委的行政监督

2018 年 7 月 24 日，吉林省纪委监委对长春长生疫苗案腐败问题调查追责。长春长生董事长高俊等 15 名涉案人员被长春市公安局长春新区分局依法刑事拘留。

2018 年 7 月 26 日，吉林省食品药品监督管理局原党组书记、局长崔洪海（正厅级）涉嫌受贿罪一案，由长春市人民检察院向长春市中级人民法院提起诉讼。长春市人民检察院起诉书指控：被告人崔洪海利用职务便利，为他人谋取利益，非法收受他人财物，依法应当以受贿罪追究其刑事责任。检察机关在审查起诉阶段，依法告知了被告人崔洪海享有的诉讼权利，并依法讯问了被告人崔洪海，听取了其辩护人的意见，审查了全部案件材料。

2018 年 7 月 29 日，公安机关对长春长生董事长等 18 名犯罪嫌疑人提请批捕。2018 年 8 月 1 日，公司子公司长春长生收到长春市公安局长春新区分局《查封决定书》，根据《中华人民共和国刑事诉讼法》第一百三十九条之规定，长春长生 9 处房产和 61 台车辆被查封。上述资产被查封对公司日常经营管理活动将产生重大影响。8 月 6 日，国务院调查组公布了吉林长春长生公司违法违规生产狂犬病疫苗案件调查的进展情况。

2018 年 8 月 13 日，张洺豪持有公司股票 174062400 股，占公司总股本 17.88%，司法冻结股数 7200000 股，冻结占其所持有股份比例 4.14%。控股股东、实际控制人高俊芳、张友奎、张洺豪共持有 356876714 股，占公司总股本 36.65%；司法冻结合计 190014314 股，占公司总股本 19.51%。

2018 年 8 月 16 日，中共中央政治局常务委员会召开会议，听取关于吉林长春长生公司问题疫苗案件调查及有关问责情况的汇报。

2018 年 8 月 18 日，国家市场监管总局对问题疫苗案件相关工作人员问责，多人被免职。通知称该案件暴露出原国家食品药品监督管理总局、国家药品监督管理局相关工作人员监管不到位、监督指导不力、失察失责等诸多漏洞。

2018 年 8 月 25 日，据吉林省纪委消息：经吉林省委批准，东北中小企业信用再担保股份有限公司党委书记、董事长，省食品药品监督管理局（省食品药品安全委员会办公室）原党组书记、局长崔洪海（正厅级）涉嫌严重违纪，接受组织审查。

2018 年 10 月 16 日，国家药品监督管理局和吉林省食品药品监督管理局依法从严对长春长生公司违法违规生产狂犬病疫苗做出行政处罚，没收违法所得，并处违法生产销售货值金额 3 倍的罚款，两项合计罚款人民币 91 亿元。

第三节
实验要求

一、实验目的

行政监督案例分析的主要目的在于提高学生解决行政监督管理相关问题的能力和判断力，重点在于解决问题的过程。案例分析人员要把自己当作案例中的当事人，来进行分析和决策，提高分析和处理管理问题的技能。

通过对案例分析的学习，可以牢固掌握与案例相关的行政监督知识点，同时还能促进深入思考，找出自身思维中的盲点，相互启发、借鉴、学习和交流，充实、完善自己，从而达到提高自身的沟通能力以及决策能力的目的。

二、实验步骤

1. 阅读案例，个人分析

主要是审读案例文本，把握案例事实，识别案例情境中的关键（案例）问题，个人先对案例进行分析，初步拟定解决问题的方案。这一阶段要求学生花费大量时间来准备，准备得充分与否直接关系到学习的效果。具体又可划分为以下步骤：

(1) 快速阅读案例材料，熟悉所要讨论的案例及问题；

(2) 再次阅读案例，尝试勾画问题轮廓及可能答案；

(3) 仔细研究案例中的所有附加材料；

(4) 确定（关键）问题之所在；

(5) 分析案例中的数据；

(6) 使用所需要的任何一种分析工具；

(7) 仔细分析相互冲突的观点；

(8) 为个人的分析诊断和观点提供理论支持和证据支持；

(9) 制定恰如其分的行动计划和行动方案。

2. 小组讨论，达成共识

在小组或全班同学面前呈现个人对案例问题的分析，提出解决方案和依据；听取其他小组成员意见，对案例问题和解决方案展开讨论，从不同角度甚至对立中认识问题，以求达成共识。注意是提出观点而不是重复信息；尽量使用以下的表达“我的分析表明……”“该公司应该……，因为……”，而不是“我想……”“我认为……”“我觉得……”。

3. 课堂发言，全班交流

在课堂上以小组为单位陈述案例分析结果。可以选派一名组员代表小组发言，也可以由几人共同完成。表述过程中注意锻炼自己的表达能力，力求做到自然流畅，并能吸引

听众的注意力，然后回答班里其他同学的提问。回答最好按照小组准备时的分工来分担问题，当然相互支持也是非常重要的。

4. 教师总结归纳，消化提升

在小组陈述、课堂讨论的基础上，最后由主讲教师或助教做总结。教师指导侧重案例分析的关键点，分析思路，通过该案例可强化、可引导的知识点等方面。

三、实验要求

(1) 将案例阅读两遍。第一遍应该对案例有一个概括性认识，第二遍应该对案例中的种种做法了如指掌，然后仔细地研究每一份参考资料。

(2) 列举本案例中必须面对的各个问题与关键点。

(3) 充分进行数据分析，挖掘案例材料所能说明的各种问题。

(4) 寻找运用各种原理和分析工具的机会。

(5) 对形势的分析要全面深刻。

(6) 所有的观点必须提供经过充分推理和论述的论据，包括数字证据。

(7) 绘制图表，以清晰地表达观点。

(8) 对个人提出的各种建议进行优先性排序，确保实施框架/步骤及可行性。

(9) 重新评价个人所提出的行动计划，检验它是否为所确定的问题和关键点提出了解决方案。

(10) 避免提出风险不可控制或不合理的方案。

四、实验成绩

序号	实验要求	分值
1	我国监察委设立的背景和整合的过程	30
2	对我国监察委设立现行制度进行分析	40
3	长春长生案例情况及分析	20
4	字数要求：不少于 3000 字	10

第四节
实验报告

实验报告

<table>
<tr><td>院系</td><td colspan="2"></td><td>专业</td><td colspan="2"></td></tr>
<tr><td>班级</td><td></td><td>姓名</td><td></td><td>学号</td><td></td></tr>
<tr><td>实验教师</td><td></td><td>成绩</td><td></td><td>日期</td><td></td></tr>
<tr><td>实验名称</td><td colspan="5"></td></tr>
<tr><td colspan="6">一、实验目的

二、实验原理

三、实验步骤

四、实验数据(如有则填)

五、实验结果

六、讨论分析(完成指定的问题要求)

七、实验总结(如有则填)</td></tr>
<tr><td colspan="6">备注:</td></tr>
</table>

第五节
实验答案

一、中华人民共和国国家监察委员会简介

中华人民共和国国家监察委员会是我国的最高监察机关，领导地方各级监察委员会的工作，由全国人民代表大会选举产生，负责全国监察工作，对全国人民代表大会及其常务委员会负责，并接受监督。国家监察委员会由主任、副主任若干人、委员若干人组成，主任由全国人民代表大会选举产生。在我国，现有“一府一委两院”，一府即国务院，一委即国家监察委，两院即最高人民法院、最高人民检察院。国家监察委独立行使监察权，不受行政机关、社会团体和个人干涉，与审判机关、检察机关、执法部门互相配合，互相制约。

二、中华人民共和国国家监察委员会设立的背景

人民群众最痛恨腐败现象，腐败是我们党面临的最大威胁之一。当前，反腐败斗争压倒性态势已经形成并巩固发展，但形势依然严峻复杂。习近平总书记指出，增强党自我净化能力，根本靠强化党的自我监督和群众监督。自我监督是世界性难题，是国家治理的“哥德巴赫猜想”，中国共产党下定决心，要练就“绝世武功”，建设廉洁政治。要把党内监督同国家机关监督、民主监督、司法监督、群众监督、舆论监督贯通起来，形成发现问题、纠正偏差的有效机制。党的十八大以来，党内监督得到有效加强，监督对象覆盖了所有党组织和党员。我国80％的公务员、95％以上的领导干部是共产党员。这就要求适应形势发展构建国家监察体系，对党内监督覆盖不到或者不适用于执行党的纪律的公职人员，依法实施监察，真正把权力都关进制度笼子，确保党和人民赋予的权力切实用来为人民谋利益。

三、机构的整合过程

（一）监察委的重要地位

国家监察体制改革是建立中国特色监察体系的创制之举，党中央从全面从严治党出发，将国家监察体制改革纳入全面深化改革总体部署，积极推进改革及试点工作并取得重要阶段性成效，在此基础上将改革实践成果上升为宪法规定，具有坚实的政治基础、理论基础、实践基础和充分的法理支撑。

监察委员会是反腐败工作机构，深化国家监察体制改革的一个重要目的，就是加强党对反腐败工作的统一领导。赋予监察委员会宪法地位，并明确其性质定位和职能职责，实现对所有行使公权力的公职人员监察全覆盖，必将推动反腐败斗争深入发展，进一步增强

人民群众对党的信心和信赖，厚植党执政的政治基础。

国家监察体制改革是事关全局的重大政治体制改革，目的是为了加强党对反腐败工作的集中统一领导，依法建立党统一领导的反腐败工作机构，实现对所有行使公权力的公职人员监察全覆盖。

（二）历史沿革

1927 年 4 月，中国共产党第五次全国代表大会设立中央监察委员会，并选举了中央监察委员会委员。这是中央纪律检查委员会的前身。

1928 年 7 月，中国共产党第六次全国代表大会通过的《中国共产党章程》，将“监察委员会”改为“审查委员会”。大会选举产生了以刘少奇为书记的中央审查委员会。

1933 年 9 月，中共中央做出《关于成立中央党务委员会及中央苏区省县监察委员会的决定》。1934 年 1 月，党的六届五中全会选举产生了以李维汉为书记的中央党务委员会。

1949 年 10 月，中华人民共和国成立。中央人民政府委员会第三次会议决定成立中央人民政府政务院人民监察委员会。

1949 年 11 月，中共中央做出《关于成立中央及各级党的纪律检查委员会的决定》，成立了由朱德等 11 人组成的中共中央纪律检查委员会。

1954 年 9 月，根据宪法和国务院组织法，政务院改为国务院，政务院人民监察委员会改为国务院监察部。钱瑛（女）任监察部部长。

1955 年 3 月，中国共产党全国代表会议通过《关于成立党的中央和地方监察委员会的决议》，决定成立党的中央和地方监察委员会，代替各级党的纪律检查委员会。会议选举产生了由董必武等 21 人组成的中共中央监察委员会。

1959 年 4 月，因国家管理体制调整，撤销监察部。

1962 年 9 月，中共八届十中全会通过《关于加强党的监察机关的决定》，扩大了中共中央监察委员会的名额（增至 60 人），调整了中共中央监察委员会领导成员。

1969 年 4 月，中国共产党第九次全国代表大会通过的《中国共产党章程》取消了党的监察机关的条款，撤销了中共中央监察委员会。

1977 年 8 月，中国共产党第十一次全国代表大会通过的《中国共产党章程》重新恢复了设置党的纪律检查委员会的条款，规定各级纪委由同级党委选举产生。

1978 年 12 月，中共十一届三中全会选举产生了新的中共中央纪律检查委员会。

1982 年 9 月，中国共产党第十二次全国代表大会通过的《中国共产党章程》规定，党的各级纪律检查委员会都由同级党的代表大会选举产生。党的中央纪律检查委员会在党的中央委员会领导下进行工作。党的地方各级纪律检查委员会在同级党的委员会和上级纪律检查委员会的双重领导下进行工作。中国共产党第十二次全国代表大会选举了由陈云等 132 人组成的中共中央纪律检查委员会。

1986 年 12 月，第六届全国人民代表大会常务委员会第十八次会议决定设立中华人民共和国监察部。1987 年 7 月，监察部正式挂牌办公。

1987 年 10 月，中国共产党第十三次全国代表大会选举了由乔石等 69 人组成的中共中央纪律检查委员会。

1992 年 10 月，中国共产党第十四次全国代表大会选举了由尉健行等 108 人组成的中共中央纪律检查委员会。

1993 年 1 月，党中央、国务院决定中央纪律检查委员会与监察部合署办公，实行一套工作机构、两个机关名称，履行党的纪律检查和政府行政监察两项职能。

2016 年 11 月，国家监察体制改革大幕正式拉开。改革以北京、山西、浙江三省市为首批试点，为全国其他地区提供可复制、可推广的经验。党的十九大对深化国家监察体制改革做出战略部署，提出将试点工作在全国推开，组建国家、省、市、县监察委员会。

2017 年 1 月 19 日，中共中央政治局常委、中央纪委书记王岐山在十八届中央纪委七次全会上的工作报告全文公布。王岐山在报告中提到，将在十三届全国人大一次会议审议通过国家监察法、设立中华人民共和国国家监察委员会。

2017 年 10 月，中央办公厅印发《关于在全国各地推开国家监察体制改革试点方案》。随后，十二届全国人大常委会第三十次会议通过在全国各地推开国家监察体制改革试点工作的决定，省、市、县三级监察委员会组建工作与地方人大换届工作紧密衔接。

2018 年 2 月 11 日，青海省监察委员会领导班子成员全部产生，全国省级监察委员会全部成立；2 月 13 日，河北唐山市监察委员会挂牌，全国市级监察委员会全部完成组建；2 月 25 日，广西崇左市大新县监察委员会揭牌。全国省、市、县三级监察委员会全部组建完成。全国各地改革试点工作的顺利推进，为下一步成立国家监察委员会，构建起国家、省、市、县四级监察体系奠定了坚实基础。

2018 年 3 月 11 日，第十三届全国人民代表大会第一次会议通过了宪法修正案，宪法第一百二十五条规定，中华人民共和国国家监察委员会是最高监察机关。

2018 年 3 月 17 日，第十三届全国人民代表大会第一次会议审议通过了《国务院机构改革方案》，将中华人民共和国监察部并入新组建的国家监察委员会。中华人民共和国国家预防腐败局并入国家监察委员会。不再保留监察部、国家预防腐败局。

2018 年 3 月 23 日，中华人民共和国国家监察委员会在北京揭牌，举行新任国家监察委员会副主任、委员宪法宣誓仪式。

四、现行制度分析

目前关于我国监察委的制度主要对其职能以及法律地位做出规定，分别有两个出处，一是 2018 年修改后的宪法，二是中华人民共和国监察法。

（一）2018 年修改后的宪法内容

1. 整体评价

此次宪法修改建议中，用一节对监察委员会做出规定，这是以习近平同志为核心的党中央审时度势做出的重大战略决策，必将为加强党对反腐败工作的统一领导，建立集中统一、权威高效的国家监察体系，实现对所有行使公权力的公职人员监察全覆盖，奠定坚实宪法基础，产生重大深远影响。确立监察委员会作为国家机构的法律地位，充分彰显了监察委员会在国家治理体系中的重要作用，也为深化国家监察体制改革、保证国家监察委员会履职尽责提供了根本遵循。

在宪法中增写监察委员会一节,体现了党的主张和人民意志,为深化国家监察体制改革提供了根本法治保障,是对我国政治体制、政治权力、政治关系的重大调整,是对国家监察制度的重大顶层设计,顺应了把全面从严治党向纵深推进的迫切要求,反映了党的十八大以来国家监察体制改革的成果,贯彻了党的十九大关于健全党和国家监督体系的重大部署,有利于坚持和加强党对反腐败工作的统一领导,丰富和完善全国人民代表大会制度,为制定监察法、设立国家和地方各级检查委员会提供宪法依据,为推进国家治理体系和治理能力现代化提供重要保证。

深化国家监察体制改革,是强化党和国家自我监督、坚持和加强党的领导的重大决策部署。赋予监察委员会宪法地位,明确其性质定位和职能职责,为加强党对反腐败工作的统一领导提供国家根本法保障,同时增强人民群众对党的信心和信赖,厚植党执政的政治基础。

2. 具体内容及评价分析

第一百二十三条　中华人民共和国各级监察委员会是国家的监察机关。

分析:此条法律确立了监察委员会作为国家机构的法律地位。

第一百二十四条　中华人民共和国设立国家监察委员会和地方各级监察委员会。

监察委员会由下列人员组成:主任,副主任若干人,委员若干人。监察委员会主任每届任期同本级人民代表大会每届任期相同。国家监察委员会主任连续任职不得超过两届。监察委员会的组织和职权由法律规定。

分析:此条法律对监察委员会的人员构成及任期做出了规定。

第一百二十五条　中华人民共和国国家监察委员会是最高监察机关。

国家监察委员会领导地方各级监察委员会的工作,上级监察委员会领导下级监察委员会的工作。

分析:此条法律确立了国家监察委员会作为国家监察机构的最高法律地位。

第一百二十六条　国家监察委员会对全国人民代表大会和全国人民代表大会常务委员会负责。地方各级监察委员会对产生它的国家权力机关和上一级监察委员会负责。

分析:此条法律是对监察委员会的性质定位。

第一百二十七条　监察委员会依照法律规定独立行使监察权,不受行政机关、社会团体和个人的干涉。

监察机关办理职务违法和职务犯罪案件,应当与审判机关、检察机关、执法部门互相配合,互相制约。

分析:此条法律规定了监察委员会的职权。

(二)中华人民共和国监察法

这里列出的法条主要是介绍监察委的职能。

第十一条　监察委员会依照本法和有关法律规定履行监督、调查、处置职责:

(1) 对公职人员开展廉政教育,对其依法履职、秉公用权、廉洁从政从业以及道德操守情况进行监督检查;

(2) 对涉嫌贪污贿赂、滥用职权、玩忽职守、权力寻租、利益输送、徇私舞弊以及浪费国家资财等职务违法和职务犯罪进行调查;

(3) 对违法的公职人员依法作出政务处分决定;对履行职责不力、失职失责的领导人员进行问责;对涉嫌职务犯罪的,将调查结果移送人民检察院依法审查、提起公诉;向监察对象所在单位提出监察建议。

第十二条 各级监察委员会可以向本级中国共产党机关、国家机关、法律法规授权或者委托管理公共事务的组织和单位以及所管辖的行政区域、国有企业等派驻或者派出监察机构、监察专员。

监察机构、监察专员对派驻或者派出它的监察委员会负责。

第十三条 派驻或者派出的监察机构、监察专员根据授权,按照管理权限依法对公职人员进行监督,提出监察建议,依法对公职人员进行调查、处置。

第十四条 国家实行监察官制度,依法确定监察官的等级设置、任免、考评和晋升等制度。

五、监委和纪委合署办公

纪委、监委合署办公,是深化国家监察体制改革的重要制度安排,对健全党统一领导的反腐败工作体系、完善国家监督体系、提升党和国家治理能力具有重大意义。

形势决定任务。1993 年,我们党做出反腐败斗争形势依然严峻的判断。党中央依据当时形势,决定中央纪委和监察部合署办公,由中央纪委行使党的纪律检查和行政监察两项职能,对党中央全面负责。实践历史都充分证明,合署办公的决策是英明正确的。当前,反腐败斗争形势依然严峻复杂。反腐败不能"九龙治水",必须把拳头攥起来。这次深化国家监察体制改革,设立监察委员会,与纪委合署办公,根本目的就是要加强党对反腐败工作的统一领导,把执纪和执法贯通起来,汇聚反腐败斗争的强大合力。

纪委和监委合署办公,能够有效破解反腐败体制机制不畅、资源力量分散的困境。一是反腐败决策指挥体系更加集中统一。各级监察委员会作为专门的反腐败工作机构,在党委的统一决策、统一指挥下开展工作,既实现对公职人员的全面监察,又重点加强对一把手、"关键少数"的监督,党对反腐败工作的领导更加坚强有力。二是反腐败资源力量更加集中统一。通过整合行政监察、预防腐败和检察机关查处贪污贿赂、失职渎职、预防职务犯罪机构和人员,走内涵式发展道路,反腐败的工作力量更加集中、配置更加合理,实现"1+1>2"。三是反腐败手段措施更加集中统一。把纪委执纪审查实践中运用的手段和法律法规规定的调查措施结合起来,使监察手段更加丰富、多元,为惩治腐败提供重要保障。

纪委、监委合署办公,构建起党统一领导下的反腐败工作体制机制,必将巩固发展已经形成的反腐败斗争压倒性态势,进一步赢得党心民心,厚植党执政的政治基础。

六、长春长生案例分析

(一)事件经过

2018 年 7 月 24 日,吉林省纪委监委对长春长生疫苗案腐败问题调查追责。长春长生董事长高俊等15名涉案人员被长春市公安局长春新区分局依法刑事拘留。

2018年7月26日，吉林省食品药品监督管理局原党组书记、局长崔洪海（正厅级）涉嫌受贿罪一案，由长春市人民检察院向长春市中级人民法院提起诉讼。长春市人民检察院起诉书指控：被告人崔洪海利用职务便利，为他人谋取利益，非法收受他人财物，依法应当以受贿罪追究其刑事责任。检察机关在审查起诉阶段，依法告知了被告人崔洪海享有的诉讼权利，并依法讯问了被告人崔洪海，听取了其辩护人的意见，审查了全部案件材料。

2018年7月29日，公安机关对长春长生董事长等18名犯罪嫌疑人提请批捕。8月6日，国务院调查组公布了吉林长春长生公司违法违规生产狂犬病疫苗案件调查的进展情况。8月16日，中共中央政治局常务委员会召开会议，听取关于吉林长春长生公司问题疫苗案件调查及有关问责情况的汇报。8月17日，国家市场监督管理总局对问题疫苗案件相关工作人员问责。10月16日，国家药监局和吉林省食药监局分别对长春长生公司做出多项行政处罚，长春长生公司被处罚没款91亿元。

（二）监察委介入调查

1. 吉林省纪委监委

就疫苗生产、流通、监管等方面是否存在贪腐、渎职问题，吉林省纪委监委已采取三项措施抓紧工作：

(1) 对反映长春长生生物科技股份有限公司及其主要负责人的问题线索和信访举报进行梳理和调度。

(2) 责成驻省食药监局纪检组、长春市纪委监委在查清事实基础上，厘清责任，对省市食药监部门相关责任人失职渎职问题，依纪依法严肃查处问责。

(3) 成立责任追究工作组，对长春长生生物科技股份有限公司改制、生产、经营过程中可能存在的腐败问题进行调查追责。

2. 山东省纪委监委

2018年7月22日，山东省委常委、省纪委书记、省监委主任陈辐宽要求，迅速成立由一名省纪委副书记和一名省纪委常委负责的专班，组织得力人员立即开展工作，重点对“问题疫苗”进入山东、使用过程中是否存在监管不到位、程序违规、利益输送等问题，以及相关责任部门的履职情况进行全面调查，以严谨细致的态度，不放过任何一个疑点，切实履行好执纪执法、监督检查的职责，发现违纪违法和失职渎职问题，坚决严肃查处、严厉问责。目前，专班已展开调查工作。同时，省纪委监委与省有关部门建立工作配合机制，密切沟通协调，形成工作合力，全力推动调查工作开展。

山东省委、省政府针对长春长生公司不合格百白破疫苗流入山东事件，不折不扣贯彻落实习近平总书记重要指示精神，主要领导同志要求提高政治站位，一抓到底，严格依纪依法查处，绝不姑息，坚决问责监管失职渎职行为，坚决重拳打击一切危害人民群众生命安全的违法犯罪行为，全力维护好保障好广大人民群众的切身利益。

CHAPTER8

第八章 绩效管理案例实验实训

第一节 知识框架

一、绩效管理的含义

所谓绩效管理，是指各级管理者和员工为了达到组织目标共同参与的绩效计划制订、绩效辅导沟通、绩效考核评价、绩效结果应用、绩效目标提升的持续循环过程。绩效管理的目的是持续提升个人、部门和组织的绩效。绩效管理是双向的管理活动，主要是对员工行为和结果的管理，是周期性、持续性的活动。

绩效计划制订是绩效管理的基础环节，不能制订合理的绩效计划就谈不上绩效管理；绩效辅导沟通是绩效管理的重要环节，这个环节工作不到位，绩效管理就不能落到实处；绩效考核评价是绩效管理的核心环节，这个环节工作出现问题会给绩效管理带来严重的负面影响；绩效结果应用是绩效管理取得成效的关键，如果对员工的激励与约束机制存在问题，绩效管理不可能取得成效。

绩效管理强调组织目标和个人目标的一致性，强调组织和个人同步成长，形成多赢局面；绩效管理体现着以人为本的思想，在绩效管理的各个环节中都需要管理者和员工的共同参与。绩效管理的过程通常被看作是一个循环，这个循环分为四个环节：绩效计划、绩效辅导、绩效考核与绩效反馈。

按管理主题来划分，绩效管理可分为两大类，一类是激励型绩效管理，侧重于激发员工的工作积极性，比较适用于成长期的企业；另一类是管控型绩效管理，侧重于规范员工的工作行为，比较适用于成熟期的企业。但无论采用哪一种考核方式，其核心都应有利于提升企业的整体绩效，而不应在指标的得分上斤斤计较。

二、绩效管理的流程

（1）制订考核计划：①明确考核的目的和对象；②选择考核内容和方法；③确定考核时间。

（2）进行技术准备。绩效考核是一项技术性很强的工作。其技术准备主要包括确定考核标准、选择或设计考核方法以及培训考核人员。

（3）选拔考核人员。在选择考核人员时，应考虑的因素：通过培训，可以使考核人员掌握考核原则，熟悉考核标准，掌握考核方法，克服常见偏差。

（4）收集资料信息。收集资料信息要建立一套与考核指标体系有关的制度，并采取各种有效的方法来达到。

（5）做出分析评价。①确定单项的等级和分值；②对同一项目各考核来源的结果综合；③对不同项目考核结果的综合。

三、绩效管理的关键

绩效管理的关键在于绩效目标的制定与分解。谈起绩效管理大家并不陌生，很多公司都在尝试或者已经推行绩效管理。但凡推行过的人力资源经理，都会陷入一种困境：一方面，绩效管理是个法宝，能够通过客观考核、评价员工的日常工作表现，使得员工加薪、升职以及培训等都有据可依。另一方面，绩效管理如果应用不当，会造成严重的后果：降低员工工作的积极性，出现“该走的不走，该留的却走”现象，优秀员工大量流失，个人的绩效好而部门的绩效差，考核不公平……造成这种困境的原因不外乎一种认识的误区：绩效管理就是绩效考核，重点在于如何考核打分，而相对忽视了绩效目标管理的重要性。我们常常忽略了一个问题，那就是绩效管理的关键在于绩效目标管理而非绩效考核，绩效目标是否有效制定、是否与公司的战略相结合、是否合理地从上到下分解都会影响到最终绩效管理运行的效果。

四、绩效管理的特征

（1）绩效管理发生作用的机制是，通过恰当的激励机制，激发员工主动性、积极性以充分利用组织的内部资源和提高员工能力素质，最大限度地提高个人绩效，从而促进部门和组织绩效提升。

（2）建立激励机制要考虑企业员工成熟度，正激励和负激励要平衡使用，不能走极端。一方面，只有负激励没有正激励是不能调动员工积极性的，只有正激励缺乏负激励的制度安排在中国目前条件下也要慎重使用。另一方面，激励内容要符合员工的真正需求。在目前条件下，对大多数企业而言，以物质需求为主要内容的低层次需求对员工来说还是非常重要的，而在满足员工低层次需求的同时，不能轻视高层次需求对于某些员工的作用。因此，设计激励内容时要充分考虑社会发展现状以及员工个体实际需求特征。

（3）绩效管理体系是站在公司战略发展的角度来设计的，绩效管理不仅促进了组织和个人绩效的提升，同时绩效管理能实现公司发展战略导向，能使个人目标、部门目标和组织目标保持高度一致。

(4) 绩效管理体系是站在提高组织和个人绩效的角度来设计的，绩效考核工作仅仅是绩效管理工作中的一个环节，绩效计划制订、绩效辅导沟通、绩效结果应用等方面都是绩效管理工作的重要环节。

(5) 系统的绩效管理需要具备一定的前提条件，包括企业的基础管理水平相对较高、公司企业文化比较健康、公司发展战略比较清晰、组织结构适应公司发展战略、岗位责权明晰、薪酬体系能实现公平目标和激励作用、公司预算核算体系完备。

(6) 系统的绩效管理需要公司具备较强的执行力，公司决策领导对绩效管理有一定的认识，注重绩效辅导和沟通环节。

(7) 绩效考核注重结果考核和过程控制的平衡，对过程控制有实质有效办法，有相对科学的方法来设定组织的绩效目标，能得到员工的理解和接受。

(8) 绩效管理注重管理者和员工的互动和责任共担，建立有效的激励机制，激发员工工作积极主动性，鼓励员工自我培养开发能力素质，进而提升个人和组织绩效。

(9) 体现以人为本的思想，体现对人的尊重，鼓励创新，保持组织活力，使员工和组织得到同步成长。

五、绩效管理的作用

绩效管理主要是通过合理评价员工的绩效，一方面达成根据考核结果有效激励员工的目的，另一方面，通过对考核结果的分析，发现工作中的不足，从而提升员工的个人绩效，达成企业绩效提升的目的。随着绩效管理的完善，最终达到员工个人能力和企业绩效互动螺旋式上升的目的。

(1) 绩效管理促进组织和个人绩效的提升。

(2) 绩效管理促进管理流程和业务流程优化。

(3) 绩效管理保证组织战略目标的实现。

六、绩效管理的体系

一个完整的绩效管理包含四个相互关联的体系：目标分解体系、目标责任体系、结果测量体系、结果运用体系。

(一) 目标分解体系

参照平衡记分卡的理念，找到真实具体的目标，确定各项目标之间的优先顺序，平衡短期任务和长期战略之间的资源分配，并将它们合理分解到各个部门和个人。

(二) 目标责任体系

与员工一起讨论设计各个目标可以执行的具体的衡量指标，层层落实，责任到人，使员工真切地感受到成就感和责任感。

（三）结果测量体系

建立一整套可以横向、纵向比较的评估体系，使绩效考核的结果清晰可量化，同时各个部门、各级员工之间可以有一个公平合理的参照体系，建立一套规范的评估程式和方法，使评估过程最大限度地体现员工的真实结果。

（四）结果运用体系

对员工经过共同努力取得的成果进行公平合理的分配，依据个人的绩效表现进行评估并兑现承诺。对员工的综合表现和素质进行评估，重新确定他们在组织中应有的地位和将来发展的方向，据此设计个性化的培训方案或其他成长计划。

七、政府绩效管理的价值标准

1. 经济

经济指标一般指组织投入到管理项目中的资源量。经济指标关心的是投入，以及如何使投入以最经济的途径使用。经济指标要求的是以尽可能低的投入或成本，提供并维持既定数量和质量的公共产品与服务。

2. 效率

效率可简单地理解为投入与产出的比例关系，效率关心的是手段问题，而这种手段经常以货币方式体现。效率可分为两种类型：①生产效率，即生产或提供服务的平均成本；②配置效率，即组织所提供的产品或服务是否能满足不同偏好。

3. 效能

效能指公共服务符合政策目标的程度，通常是将实际成果与原定的预期成果进行比较。效能可分为两种类型：①社会效能，包括两方面，一是政府部门制定的目标和采用的手段是否体现国家意志，是否代表广大人民的利益；二是政府部门实现目标的能力，即目标完成的程度和速度。②群体效能，着眼于集体功能的发挥是否符合组织的目的，组织内部的运行机制是否合理。

4. 公平

公平作为衡量绩效的标准，关心的主要问题在于“接受服务的团体或个人是否都享受到了公平的待遇，需要特别照顾的弱势群体是否得到更多的社会照顾”。但公平的价值标准在市场机制中难以界定，在现实中也较难测量。

5. 民主

（1）政府绩效管理要考虑民众对政府的效率是否满意，考察政府所做的工作在多大程度上满足了社会和公众的需要。民主作为衡量绩效的标准，关心的主要问题在于“公民参与的程度有多高，政府是否接受了民众的监督，使公民意志和利益能够及时体现在行政过程中”。

（2）公民参与可以以社会的主人和服务对象的角色对政府绩效提出要求，协助和监督政府部门对其开支、行动和承诺负责，帮助政府机构界定重要问题议程，提出解决方案，判断目标是否达成。

八、绩效管理的四个阶段

（一）计划阶段

高层管理根据企业的经营环境和自身情况制定年度目标，确定组织结构和岗位职责，分解各级目标，上下级就目标达成的条件、资源帮助、奖惩等达成共识。

（二）执行阶段

整个组织通过这种矩阵式的目标体系形成一个整体，各目标之间相互连贯，牵一发而动全身。各人员应该保持随时沟通，确保目标体系的全面完成。

（三）考核阶段

最需要的是客观、公正、无私、坦诚的态度。下级员工首先自我评估，上下级一起审核，确认结果，切忌部门之间、员工之间相互指责，背离绩效管理的宗旨。

（四）反馈阶段

对上个过程中形成的好的经验进行总结推广，对失误进行冷静分析，引以为戒，为下一个过程做更好的准备。

九、绩效计划

（一）绩效计划的含义

绩效计划是被评估者和评估者双方对员工应该实现的工作绩效进行沟通的过程，并将沟通的结果落实为订立正式书面协议即绩效计划和评估表，它是双方在明晰责权利的基础上签订的一个内部协议。绩效计划的设计从公司最高层开始，将绩效目标层层分解到各级子公司及部门，最终落实到个人。对于各子公司而言，这个步骤即为经营业绩计划过程，而对于员工而言，则为绩效计划过程。

（二）绩效计划的原则

1. 价值驱动原则

要与提升公司价值和追求股东回报最大化的宗旨相一致，突出以价值创造为核心的企业文化。

2. 流程系统化原则

与战略规划、资本计划、经营预算计划、人力资源管理等管理程序紧密相关，配套使用。

3. 一致原则

设定绩效计划的最终目的，是为了保证公司总体发展战略和年度生产经营目标的实现，所以在考核内容的选择和指标值的确定上，一定要紧紧围绕公司的发展目标，自上而下逐层进行分解、设计和选择。

4. 突出重点原则

员工担负的工作职责越多，所对应的相应工作成果也较多。但是在设定关键绩效指标和工作目标设定时，切忌面面俱到，而是要突出关键，突出重点，选择那些与公司价值关联度较大、与职位职责结合更紧密的绩效指标和工作目标，而不是整个工作过程的具体化。

5. 可行性原则

关键绩效指标与工作目标，一定是员工能够控制的，要界定在员工职责和权利控制的范围之内，也就是说要与员工的工作职责和权利相一致，否则就难以实现绩效计划所要求的目标任务。同时，确定的目标要有挑战性，有一定难度，但又可实现。目标过高，无法实现，不具激励性；目标过低，不利于公司绩效成长。另外，在整个绩效计划制订过程中，要认真学习先进的管理经验，结合公司的实际情况，解决好实施中遇到的障碍，使关键绩效指标与工作目标贴近实际，切实可行。

6. 全员参与原则

在绩效计划的设计过程中，一定积极争取并坚持员工、各级管理者和管理层多方参与。这种参与可以使各方的潜在利益冲突暴露出来，便于通过一些政策性程序来解决这些冲突，从而确保绩效计划制订更加科学合理。

7. 足够激励原则

使考核结果与薪酬及其他非物质奖惩等激励机制紧密相连，拉大绩效突出者与其他人的薪酬比例，打破分配上的平均主义，做到奖优罚劣、奖勤罚懒、激励先进、鞭策后进，营造一种突出绩效的企业文化。

8. 客观公正原则

要保持绩效透明性，实施坦率的、公平的、跨越组织等级的绩效审核和沟通，做到系统的、客观的评估绩效。对工作性质和难度基本一致的员工的绩效标准设定，应该保持大体相同，确保考核过程公正，考核结论准确无误，奖惩兑现公平合理。

9. 综合平衡原则

绩效计划是对职位整体工作职责的唯一考核手段，因此必须通过合理分配关键绩效指标与工作目标完成效果评价的内容和权重，实现对职位全部重要职责的合理衡量。

10. 职位特色原则

与薪酬系统不同，绩效计划针对每个职位而设定，而薪酬体系的首要设计思想之一便是将不同职位划入有限的职级体系。因此，相似但不同的职位，其特色完全由绩效管理体系来反映。这要求绩效计划内容、形式的选择和目标的设定要充分考虑到不同业务、不同部门中类似职位各自的特色和共性。

（三）绩效计划的制定程序

1. 全员绩效基础理念培训

绩效管理要想真正走向成功，真正为企业战略的实现提供保障，就必须让每个员工都理解并接受绩效管理。实际上，绩效管理应该是每个员工都应该渴求的管理举措。很多企业，经理人或者员工抵触甚至对抗绩效管理，实际上是他们没有正确认识绩效管理，当然也不乏绩效管理的推行者把绩效管理搞错了。绩效管理的真谛不在于考核，而在于改善行为，最终提升绩效。通过正确的绩效管理，能够提升员工的绩效，帮助员工更好地发展自我，更好地胜任工作。

2. 了解企业的发展目标

绩效管理是为企业战略服务的，因此绩效计划也应该来自战略。经理人和员工都应该了解企业的战略，了解企业发展的具体目标。因为绩效计划实际上就是来源于企业发展目标的层层分解。

3. 将企业发展目标分解为各个部门的特定目标

部门目标来自企业战略目标的分解。不但企业的发展目标可以分解到生产、销售等业务性部门，而且对财务、人力资源等业务辅助性部门，其工作目标也与整个企业发展目标紧密相连。

4. 员工为自己制订绩效计划草案

在设定绩效计划之前，员工应该对本岗位的工作描述进行回顾，重新思考职位存在的目的和主要工作职责。经理人可以根据岗位的实际变化调整工作职责。制订绩效计划，员工首先要明白自己所在岗位的工作职责。清楚自己岗位的主要工作职责之后，员工要根据部门的目标，结合自身实际，草拟自己的绩效计划与目标。绩效计划的主要内容不仅包括工作任务目标，还包括要达到的绩效具体标准、主要考核指标、工作目标的权重、工作结果测量方法等等。这个步骤非常重要，一方面可以培养员工的绩效计划意识，另一方面也可以了解员工对自己、对岗位、对绩效计划的认知和定位。

5. 经理人审核员工制订的绩效计划

经理人要详细审核员工的绩效计划。有些员工制订的绩效计划不切合实际，有的偏高，有的偏低，或者不够具体等情况。经理人要善于发现绩效计划的问题所在，分析员工为什么会把绩效目标定得太高或者太低。同时，经理人还应该利用 SMART 原则来分析员工制订计划的有效性。经理人审核员工的绩效计划，可以发现员工的真实心理，可以根据每个员工的具体情况对症下药。

6. 经理人与员工就绩效计划进行沟通

经理人和员工都应该确定一个专门的时间用于每年的绩效计划的沟通。经理人和员工都应该高度重视绩效计划的沟通。在绩效计划沟通的时候，气氛要尽可能宽松，不要给员工太大的压力，经理人要把焦点集中在开会的原因和应该取得的结果上。绩效计划的沟通，先要由员工阐述自己绩效计划制订的出发点；经理人要首先肯定双方一致的部分；经理人要就不一致部分提出修改意见，双方不断地进行友好协商。

7. 经理人与员工就绩效计划达成共识

绩效计划过程结束时，经理人和员工应该能以同样的答案回答关于绩效指标等重要问题，以确认双方是否对绩效计划达成了共识。

8. 明确界定考核指标以及具体考核标准

让每个员工都非常清晰地了解自己岗位的具体考核指标，以及关于这些指标的数据来源、计算方式、计分方法，要达到的具体的量化或者定性的标准。员工对本岗位的绩效考核指标越了解，他就越清楚工作的重点和工作的具体目标，这样完成绩效计划的可能性才会更大。

9. 经理人协助员工制订具体行动计划

经理人要善于协助员工就绩效计划制订详细周密的行动计划。同时，经理人在后期的绩效辅导与事实过程中，还应该及时监督并控制员工行动计划的实施情况。

10. 最终形成绩效协议书，双方签字认可

绩效计划制订最后一步，就是形成一个经过双方协商讨论达成共识的协议书——绩效协议书。绩效协议书中应该包括员工的工作目标、主要工作结果、衡量工作结果的指标和标准，各项工作所占的权重，每项工作目标的主要行动计划等内容。绩效协议书主要在于明确当事人的绩效责任，并且经理人和员工双方都要在该协议书上签字认可。

十、绩效执行

企业的战略目标、部门/个人的目标都通过有效执行来完成、实现的，每个企业都有自己的战略目标或实施方案，但是成败基于执行过程的力度上。如何用正确的人去执行战略目标是企业管理体制是执行力的关键所在，避免用不专业的人去盲目地执行。检视执行力的同时，也要检视我们的用人机制与执行过程。

(1) 组织/个人执行力与执行力的重要性。各级组织落实企业战略，实现经营目标的能力，也就是战略方案和目标的贯彻力度；员工个人把思想变行动，把行动变结果，也就是员工有效工作的能力。

(2) 把制度/流程/标准的概念变成团队/个人的实际行动，并按标准要求操作与落实、跟进、检查、改善，也就是ISO的基准要求：说写做一致。而这也是很多企业管理体制贯彻的软肋。

(3) 如何才能够让我们团队有执行力呢？①必须统一贯彻落实与处理，让大家都感悟到遵守/落实是每个人的职责，而不是某个部门/某个人的责任，让大家都有平衡点；要检讨我们是否全体统一贯彻，而不是只针对某一部分、某一点去落实/执行标准。②工作激情/氛围是决定工作好坏的一个重要因素，应该知道团队的核心执行力是什么。

(4) 有目标没有落实或没有执行等于空谈，坚决执行是实现计划的重要因素，也是推动企业/个人走向成功的决定性因素。

(5) 执行力的体现与解决执行力问题的关键：①战略流程（做正确的事）→人员流程（用正确的人）→运营流程（把事做正确）。②拒绝借口。

(6) 企业/员工的执行力体现在管理体制的统一贯彻落实，在执行过程中必须反思执行的力度及存在的各种问题，以及对执行后产生的实际效果进行分析与纠正。

(7) 正确战略目标/方针是成功的基石，决定战略目标/方针的成败取决于什么人在领导/执行，如何灵活处理、解决问题及辅导其把工作做好是根本，发现问题而不能解决或正确辅导、纠正等于白搭。

(8) 管理体制/战略目标在符合企业现状与发展情况下，我们必须坚决执行，但也必须检讨管理体制/战略目标存在的问题与不足。

(9) 权变管理是符合不同层次企业的管理，无法变通只能走向退步/绝路，不及时变通只能永远做跟随者。企业管理就是现场管理，必须管好现场工作的每个细节，我们工作的失误往往是由于细节没有做好或没有注重细节，以及不重视简单的工作所造成的。

(10) 绩效执行管理包括以下三个方面。

①部门绩效目标的贯彻：根据企业的战略目标的分解，拟定部门目标与员工工作目标，做好工作绩效计划、培训、辅导、考核标准、考核结果反馈/分析、业绩回报的面谈、沟通，加强员工对各自绩效目标的理解。

②绩效组织过程控制：根据部门目标，检查每天运作的实际状况，善于分析、纠正各种影响绩效目标的因素与组织改善，并进行逐级跟进、检查、反馈。

③绩效结果的调控：个人绩效目标问题分析、检讨与如何改善；上级对下属绩效目标问题分析、面谈、辅导，并监督、检查改善效果；个人绩效目标达成回报管理。

十一、绩效考核

(一)绩效考核的含义

绩效考核是一项系统工程，涉及战略目标体系及其目标责任体系、指标评价体系、评价标准及评价方法等内容，其核心是促进企业获利能力的提高及综合实力的增强，其实质是做到人尽其才，将人力资源作用发挥到极致。

明确这个概念，可以明确绩效考核的目的及重点。企业制定了战略发展的目标，为了更好地完成这个目标，需要把目标分阶段分解到各部门、各人员身上，也就是说每个人都有任务。绩效考核就是对企业人员完成目标情况的一个跟踪、记录、考评。

绩效考核是指收集、分析、传递有关个人在其工作岗位上的工作行为、表现和工作结果等方面信息的过程。绩效考核是检测产品结果和顾客需求的满意程度。国内许多企业实行的绩效考核，其实只是绩效管理中的一个环节。完整的绩效管理应当是一个循环流程，包括绩效目标制定、绩效辅导、绩效考核和绩效激励等内容。两者最大的不同在于，绩效考核是在年底对过去一年绩效情况的回顾，甚至有些企业是到了年底才匆忙制定了考核的标准、条款和权重，“针对的是点”；而绩效管理则是向前看，侧重过程，通常需要一年时间来完成整个流程。

有新观点认为，绩效考核是计算企业的合力的过程，通过一定的手段衡量出哪些因素推动企业发展、哪些因素制约企业发展，从而找到平衡点，以达到企业和谐发展的目的。

(二)考评方式

(1) 按考评时间分类，可分为日常考评与定期考评。①日常考评，即对被考评者的出勤情况、产量和质量实绩、平时的工作行为所做的经常性考评。②定期考评，即按照一定的固定周期所进行的考评，如年度考评、季度考评等。

(2) 按考评主体分类，可分为主管考评、自我考评、同事考评、下属考评和顾客考评。即“360度考评方法”。①主管考评，即上级主管对下属员工的考评。这种自上而下的考评，由于考评的主体是主管领导，所以能较准确地反映被考评者的实际状况，也能消除被考评者心理上不必要的压力。但有时也会受主管领导的疏忽、偏见、感情等主观因素的影响而产生考评偏差。②自我考评，即被考评者本人对自己的工作实绩和行为表现所做的评价。这种方式透明度较高，有利于被考评者在平时自觉地按考评标准约束自己。但最大的问题是有“倾高”现象存在。③同事考评，即同事间互相考评。这种方式体现了考评的民主性，但考评结果往往受被考评者的人际关系的影响。④下属考评，即下属员工对他们的直接主管领导的考评。一般选择一些有代表性的员工，用比较直接的方法，如直接打分法等进行考评，考评结果可以公开或不公开。⑤顾客考评。许多企业把顾客也纳入员工绩效考评体系中。在一定情况下，顾客常常是唯一能够在工作现场观察员工绩效的人，此时，他们就成了最好的绩效信息来源。

(3) 按考评结果的表现形式分类，可分为定性考评与定量考评。①定性考评的结果表现为对某人工作评价的文字描述，或对员工之间评价高低的相对次序以优、良、中、及、差等形式表示。②定量考评的结果则以分值或系数等数量形式表示。

（三）考核体系

1. 管理层考核体系

平衡记分卡，包括财务、客户与伙伴、组织与流程、成长能力四个维度。《老板》杂志表示管理层考核，一般一年一次，越高层周期越长。考核维度一般有十几项，围绕平衡记分卡进行的。例如财务维度，管理层都要有，并占考核指标一大部分，但是不同职能部门负责人侧重维度不一样，如销售部门侧重财务，可能财务占40%，而人力资源部门可能只占30%。最终考核结果以分数体现，将影响到奖金，甚至职位。

2. 员工考核体系

对员工的考核，分为业绩、行为/态度和能力三部分。其中，员工行为态度和能力指标，与业务指标不一样，前者是定性的，后者是定量的。

例如：J企业有21项定性指标，其中行为/态度指标7项，能力指标14项，全公司统一。定性指标的分值等级用“行为定位等级评价法”确定。即通过行为定位等级评价表，定义各种水平具体行为等级及考评标准。0～4分代表“缺乏满足客户的需求的愿望和态度；个人生活的独立性差，思考问题总是从个人利益出发；交谈或办事可能常常表现出不耐烦或急躁，缺少热情”。9～10分代表“了解客户的潜在需求并为客户的利益发展提供建议。把发展客户与给予服务作为一种价值取向来要求自己，并成为一种职业习惯和行为”。

3. 管理过程监控

管理过程监控包括季度绩效回顾，部门目标是否分解下达；季度绩效回顾做了没做；考核后，经理人和员工是否进行了绩效面谈；考核结果是否进行了正态分布；经理半年中期述职。员工每周的计划与总结，在每周一例会前，部门经理通过网络系统都要先检查。

例如：客户服务部A员工，过去半月内有4个客户投诉A服务无礼，同事也觉得工作中和A难于相处。部门经理和A进行“诊断面谈”后，发现A挫折和压力感很大，缺乏时间管理技能，导致与客户交往过程中出现混乱。部门安排了一个同事在两周内给予A支持，帮助A进行心理映射训练（以学会分清事情的轻重缓急）和两次减压的技能训练。一个月后，A的客户投诉率降到零。

十二、政府部门绩效反馈与改进

（一）绩效反馈的作用

（1）使员工了解自己在本绩效周期内的业绩是否达到所定目标、行为态度是否合格，与管理者就考核结果达成一致的看法；

（2）探讨绩效未合格的原因，并制订绩效改进计划；

（3）管理者可以在绩效反馈中向员工传递组织的期望；

（4）管理者和员工双方对下一个绩效周期的目标进行协商，形成个人绩效合约。

（二）绩效改进和导入

（1）政府绩效改进的过程：①分析组织绩效改进要素，确定期望绩效与实际绩效，找出两者间的差距，分析差距原因；②要针对存在的问题制定合理的绩效改进方案，并确保其能够有效实施；③通过对绩效改进过程和产生的结果进行评估，分析绩效改进方案的实施效果。

（2）绩效导入：进行绩效培训，为保证绩效的持续改进，必须通过培训使管理者和员工具备相应的能力。

（3）绩效改进和导入主要内容：①绩效沟通，是绩效改进和导入的前提。②设定绩效改进目标。政府部门的公共性决定它要对公众负责，所以与公民满意度相关的绩效改进目标处于优先地位。③设定能力发展目标。能力发展目标指那些与员工工作效率和提供服务能力有关的目标。④绩效改进和导入方案的制定与实施。

拓展阅读 8-1　关于加强和改进城市更新实施工作的暂行措施

第二节　实验案例

政府绩效管理：杭州综合考评的实践与探索

伍彬副秘书长在国家行政学院“厅局级领导干部行政问责和政府绩效管理研讨班”上的报告

自 2000 年开展“满意单位不满意单位”评选活动以来，杭州综合考评已经走过了十年的发展历程。十年来，杭州综合考评在转变机关作风、破解民生难题、引领创新创优、推动科学发展等方面取得了显著的成效。

一、杭州综合考评的发展历程

杭州综合考评十年的发展经历了三个阶段。

第一阶段：前综合考评时期——起源与发展（2000—2004 年）。2000 年，市委、市政府在全国率先推出“满意单位不满意单位”评选活动，以根治门难进、脸难看、话难听、事难办机关“四难”综合征，转变机关作风。这一时期，市直单位目标责任制考核和满意评选活动双轨并行，并逐步形成了“公民导向”的考评机制。

第二阶段：综合考评正式确立时期——体制的建立（2005—2006 年）。2005 年下半年，市委、市政府决定将目标考核、满意评选（社会评价）进一步结合，同时增设领导考评，对市直单位实行综合考核评价，形成了“三位一体”的综合考评。2006 年 8 月，市考评办正式成立，推动综合考评向制度化、规范化、专业化方向发展。

第三阶段：综合考评深化发展时期——绩效管理的强化（2007 年至今）。2007 年以来，杭州综合考评通过扩大考评范围，开展区、县（市）综合考评；深化社会评价，完善“评判—整改—反馈”工作机制，发布年度社会评价意见报告；强化绩效管理，建立年度目标绩效改进工作机制，促进目标管理由任务型目标责任制考核向功能型绩效管理转变。

杭州综合考评持续十年、不断创新发展，主要原因有以下四点。

一是方向明确。自 2000 年开展“满意单位不满意单位”评选活动以来，杭州综合考评的方向始终非常明确，紧紧按照“创一流业绩，让人民满意”的主题和宗旨，转变机关作风、破解民生难题、引领创新创优、推动科学发展，这个方向一直没有变。

二是坚持不懈。杭州综合考评自开展以来，也遇到过不少矛盾和问题，但我们没有回避、没有退缩，而是持之以恒、坚持不懈地把这项工作开展下来。十年来，杭州综合考评不因领导人变化或注意力转移而放松，不因存有争议或矛盾而放弃，不因取得明显成效而懈怠。

三是不断完善。这是杭州综合考评保持生机和活力的重要源泉。比如，参评单位从最初的 54 家扩大到 117 家，投票层面从 4 个层面扩大到 9 个层面；对单位实行分类考核，分窗口单位与非窗口单位，设置达标线，采用达标制加淘汰制。一系列的创新举措使综合考评逐步完善，综合考评正是在每年逐步完善的过程中变得更科学、更客观、更公正，更加有活力。同时，密切关注国内外理论与实践的动态，与专家建立长期、紧密的合作关系。

四是体制保障。杭州市考评办是单独设置的正局级常设机构，直接对市委、市政府和市考评委负责，具有较强的独立性与权威性。同时，市考评办拥有一支政治和业务素质都比较高的专职工作人员和兼职信息员队伍，并建立了吸纳各方面高层次人才的绩效评估专家库，从而使绩效管理工作逐步走向专业化。

二、杭州综合考评的基本内容

杭州综合考评是以科学发展观为统领，以“创一流业绩，让人民满意”为宗旨，从社会评价、目标考核、领导考评及创新创优（特色创新）四个维度（即“3＋1”考评模式），对市直单位和区、县（市）实施的全方位、多维度、综合性考核评价。

1. 市直单位综合考评

将参加考评的117家市直各部、委、办、局及市直有关单位，按照工作职能、性质的不同，分为综合考评单位(74家)和非综合考评单位(43家)两大类，设置不同考评内容、不同权重，统一考评。

市直单位综合考评总分为100分。其中，综合考评单位社会评价占50分，主要是按比例随机抽取市民、企业、市党代表、市人大代表、市政协委员、专家学者等9个层面约1.5万名投票人员，对市直单位进行满意度评价；目标考核占45分，主要是对市直单位职能工作目标、领导班子和党风廉政建设等共性工作目标进行考核；领导考评占5分，由市四套班子领导和法、检两长对市直单位的总体工作实绩进行评价。非综合考评单位只设置目标考核和领导考评，其在社会评价中只征求意见。创新创优由市直各单位自愿申报，市考评办组织核验和专家绩效评估，作为综合考评加分项目(见图8-1)。

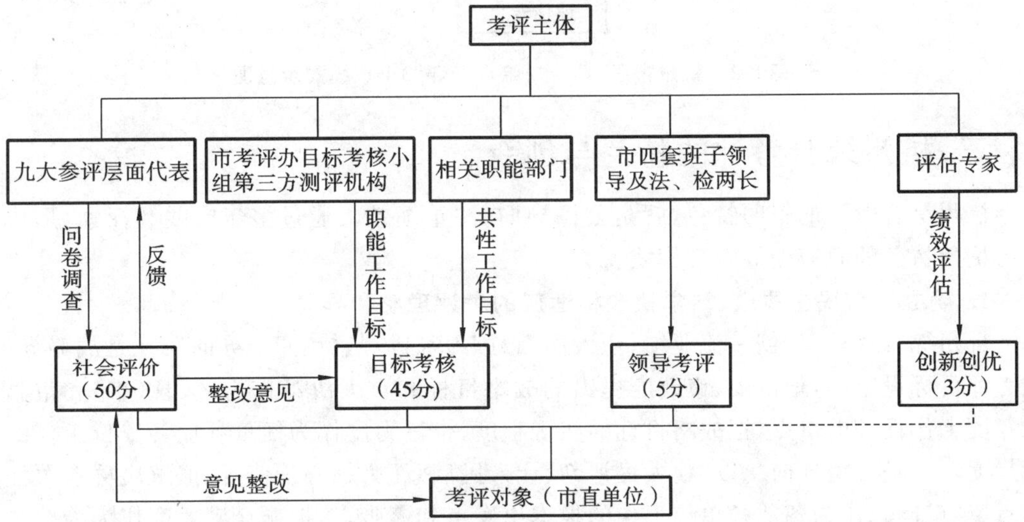

图8-1　杭州市市直单位综合考评"3+1"模式示意图

2. 区、县(市)综合考评

考评对象为所辖的13个区、县(市)。在考评内容与权重设置上，目标考核占65分，包括发展指标和工作目标两部分。发展指标按经济建设、社会管理和公共服务、发展潜力三大类设置了34项指标；工作目标着重考核市委、市政府确定的年度重点工作任务、地区年度重大工作目标完成情况，以及领导班子、党风廉政建设、社会评价意见整改等情况。领导考评占5分，由市四套领导班子成员和市法、检两长对区、县(市)领导班子的领导力、执行力、协作力、创新力和总体工作业绩进行综合评定。社会评价占30分，主要由当地五个层面的代表对区、县(市)党委政府经济建设、社会管理、公共服务、依法行政和自身建设等方面的工作业绩和社会效果进行满意度测评。特色创新作为考评加分项目(分值设定5分)，自愿申报，实行绩效评估(见图8-2)。

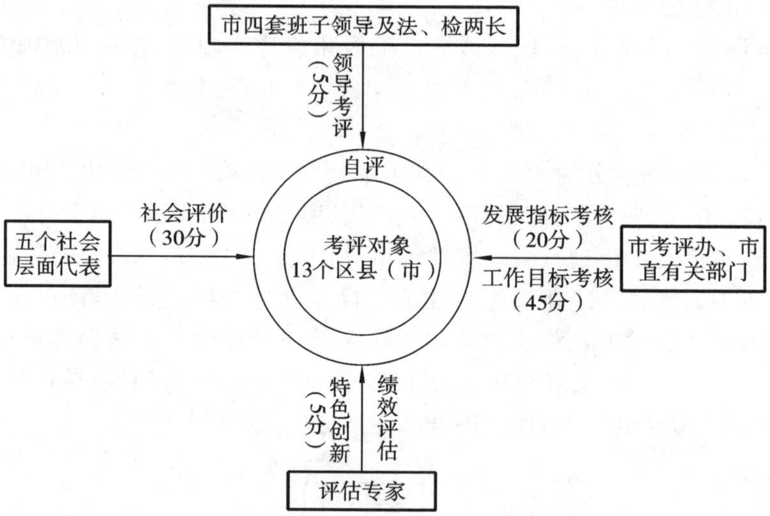

图 8-2　杭州市区、县(市)综合考评“3＋1”模式示意图

三、杭州综合考评的特色与创新

杭州综合考评的鲜明特色，就是公民导向、注重绩效。通过多年实践和探索，形成了具有杭州特色的政府绩效管理模式。

1. 确立了与民主执政、科学执政相适应的考评理念和导向

杭州综合考评以“创一流业绩、让人民满意”为宗旨，坚持“四个导向”：一是战略导向。在考评目标设定上，把市委、市政府提出的战略目标和重大决策作为区、县(市)和市直单位年度工作任务的重点，把战略目标的实现程度、推进力度作为衡量各地各单位工作的基本尺度。二是公民导向。以“让人民评判、让人民满意”为核心价值观，把解决群众关注的热点、难点问题作为各地各单位工作的根本出发点和落脚点，把群众满意度作为检验各地各单位工作好坏的根本标准。三是职责导向。在综合考评中，重视各地各单位履行职责和完成目标的过程与结果，正确评价各地各单位的工作实绩，强化依法行政、依法管理，促进政府职能和机关作风转变。四是绩效导向。综合考评发挥其内在的发现、协调、改进功能，帮助各单位在日常工作中不断改进绩效，更好地引领各地各单位争创一流业绩、让人民满意，有力推动服务型、效能型政府建设，促进全市经济社会又好又快发展。

2. 形成了稳定、开放的民主参与机制

杭州综合考评十年的发展逐步形成了一个政府主导的、覆盖全市的公民参与网络，有力地保障了公民的有序政治参与。从满意单位评选初期的四个层面6000余名参评代表到目前的九个层面15000余名参评代表，这些代表均从社会评价人员信息库中随机抽样产生，具有广泛的代表性。他们对政府部门工作进行独立的评价，并提出各类意见和建议。杭州综合考评坚持社会公众的主体地位，建立健全了“评价—整改—反馈”的工作机制。评价、整改、反馈三个过程互为前提，往复循环，构成了一个政府绩效持续改进的工作机制。政府与人民之间这种经常的、制度化的、平等的互动，已成为市委市政府、政府各部门及各区、县(市)开展工作和权力运行的基本方式。

3. 建立了运转高效的发现机制和绩效改进机制

一是综合考评具有强大的发现功能。综合考评充分运用资源优势,帮助各地各部门及时发现问题,查找差距,协同相关部门研究解决问题、改进绩效的办法,合力解决社会公众反映多年而又难以解决的突出问题和深层次矛盾。二是建立健全社情民意信息的公开发布制度。2008年,市考评办建立起向社会公开发布年度社会评价意见报告制度,对当年度社会评价意见的主要内容和基本特点做出梳理分析,并提出对策建议,增强综合考评的透明度,促进社会评价意见的整改。三是强化了年度目标绩效改进工作机制。加强过程管理,建立目标管理绩效动态发布制度,以"绩效卡"的形式,及时上报目标完成进展情况及绩效改进信息。建立了"绩效信息库",以绩效改进通知书的形式向责任单位通报有关问题。开展年度工作目标抽查测评工作,形成专项测评报告。建立绩效信息员队伍,编制社情民意与绩效信息周刊。

4. 建立了以体制机制融合、方法手段综合为鲜明特征的考评模式

一是整合原有的市目标办、满意办、效能办"三办"职能,成立市考评办,创新了绩效管理的体制机制。成立杭州市绩效评估中心,专门从事政府绩效评估工作,打造高层次的中国地方政府绩效评估实证研究基地和信息交流平台。二是健全考评体系,增设领导考核,实现了考评主体的多元化,形成了"内外结合"的考评机制。整合组织考核(目标考核、领导考评)与社会评价,较好地解决了"自上而下"考评的信度缺失和"自下而上"评价的效度缺失问题,"内外结合"的考评机制实现了对单一考核结果的纠偏,保证了考评结果的客观公正。三是实行了"先评后考",即先实施社会评价,后开始目标考核,将年度社会评价中征集到各类意见作为单位目标考核时的重要参考依据。

5. 创新了一套注重绩效的考评方法

一是创新年度工作目标检查方式。确立以"发现存在问题,帮助查找差距,推动绩效改进,促进目标完成"为目的的抽查工作制度,形成常规检查与暗访、测评三种方式并用的检查工作机制。二是逐步扩大绩效评估的范围,积极探索第三方评估。对市直单位,将绩效评估逐步扩大到专项目标、职能目标及共性目标的考核;在区、县(市)综合考评中,增加两类目标中的一项作为绩效评估项目。选择公信力较高的专业中介机构,对部分专项目标或部门工作,开展第三方评估。三是尝试开展政策评估。利用政策的相关信息,对政策实施中的价值因素、事实因素、实施效果、社会影响等进行评估。目前已经对农贸市场改造、社区公共服务站建设、农产品溯源管理、外贸出口一条龙服务等政策,进行了绩效评估。四是采用"功效系数法"实施绩效评估。区、县(市)综合考评坚持"把握导向、分类指导"的原则,在发展指标中设置差别指标和差别权重采用功效系数法进行计算,较好地解决了地区差异性问题。

四、杭州综合考评的主要成效

杭州综合考评在十年的发展历程中,在价值导向上始终坚持以人民满意作为评价政府工作的出发点和归属点,在具体做法上始终着眼于实际工作的改进,为推进杭州建设一流政府发挥了积极作用。

1. 杭州综合考评成为转变机关作风的“撒手锏”

通过“满意单位不满意单位”评选和综合考评，引导政府部门“眼睛向下”，更多地倾听百姓的声音，为民服务创新受到鼓励，先进得到表彰，有效地转变了机关作风，提升了机关效能，优化了发展软环境。人民群众对市直单位的平均满意度，连续多年保持在95%以上。

2. 杭州综合考评成为破解民生问题的“指挥棒”

通过对社会评价意见的梳理、分析，2002年，杭州在全国率先提出了破解事关人民群众最关心、最直接、最现实的“七难问题”，形成了“破七难”工作机制；2007年以来，根据社会评价意见，将人民群众关注度较高的食品药品安全、生态环境保护、物价、安全生产监管等问题纳入“七难”，形成“7+X”的“破七难”新框架，实现了“破七难”的与时俱进。

3. 杭州综合考评成为引领创新创优的“方向标”

通过在综合考评中设置创新创优加分项目，并实施绩效考核，鼓励市直单位和区、县（市）解放思想，开拓创新，积极探索新理念、新体制（机制）、新方法，着力解决本地本单位工作中遇到的突出矛盾和深层次问题。创新创优项目绩效考核已经成为市委、市政府推进政府创新的重要平台。

4. 杭州综合考评成为促进科学发展的“助推器”

综合考评把市委、市政府的中心工作和重点工作作为各地各部门目标考核指标设置的重要依据，突出反映了市委、市政府战略导向，强化部门履行职责导向和提升服务的绩效导向。对市委、市政府的中长期发展战略和重大决策，认真进行细化，分解到年度内进行考评，确保了市委、市政府战略目标和中心工作、重点工作落到实处，有效地改进了政府服务和公共治理，优化了发展环境，促进了经济社会又好又快发展。

五、杭州综合考评的前景展望

杭州综合考评走过了十年的历程。一方面，要认真总结考评十年的成功经验，进一步增强做好综合考评工作的使命感和责任感；另一方面，也要面对新形势、新情况、新问题，坚持解放思想、实事求是，积极探索、勇于创新、敢于超越，进一步深化和完善综合考评。

深化完善综合考评需要坚持战略导向原则，正确处理当前和长远、显绩与潜绩的关系；需要坚持公民导向原则，正确处理内部考核与外部评价的关系；需要坚持绩效导向原则，正确处理结果管理与过程管理的关系；需要坚持创新导向原则，正确处理创新与继承的关系；需要坚持分类指导原则，正确处理共性和个性的关系；需要坚持资源整合原则，正确处理单项考评与综合运用的关系。

1. 积极更新考评理念

综合考评要由注重排名和奖惩向以正向激励为主、强化考评导向和发现功能转变；综合考评要“公转”和“自转”相结合，既要围绕中心、服务大局，又要遵循考评的内在规律，注重绩效；要探索与考评对象建立积极的、开放的新型合作关系，在政府绩效管理中更多地扮演好组织者、发现者、推动者、协调者的角色。

2. 改进和完善指标体系

根据稳定性和动态性相结合的原则，围绕当前中心工作，增设“转型升级”“城乡一体化”等方面的考核指标内容；设置跟踪指标和关键绩效指标，注重考核指标的可持续性；处理好共性和个性的关系，增强考评的针对性和有效性。

3. 不断强化绩效管理

加强目标考核的过程管理力度。开展目标管理要素考核，强化绩效信息的动态跟踪。完善社会评价办法，调整充实样本库，适度增加农村居民参评代表比例，变以横向评价为主为纵向评价和横向评价相结合；进一步增强综合考评的反馈功能。

4. 加快“数字考评”建设

按照精细化管理的要求，建立资源共享、实时监控、定量考核、全程管理的“数字考评”系统。一是依托统一的电子政务网络实现综合考评与市直各单位业务管理系统的互联互通、信息共享。二是实现数字化动态跟踪管理，探索推行数字化“绩效卡”管理。三是强化考评网信息发布与交流功能，强化信息公开、公众参与、互动应用、网上处理能力建设。

5. 加大资源整合力度

当前资源整合的力度和深度仍然不够，整合考评资源既要做“加法”，更要做“减法”，不仅在“内容”综合，也要在“形式”综合。要做好各类考核评比活动与综合考评的衔接，统一协调管理各类考核评比，规范考核行为，切实避免重复考核、多头考核的现象。

6. 强化考评结果运用

进一步扩大综合考评的运用范围，将综合考评结果有机地与领导班子配备、干部的选拔任用、公务员考核等结合起来。研究设立“公共服务质量奖”，推动服务质量提升，鼓励政府服务创新。开展部门绩效预算评估，将目标制定、考评结果与财政预算结合起来，发挥综合考评在资源配置方面的作用。

7. 推进综合考评法治化

借鉴国内外政府绩效管理法治化的先进经验，结合杭州实际和综合考评的实践，推动杭州综合考评的法治化建设。

（资料来源：《行政管理改革》杂志 2010 年第 12 期）

第三节

实验要求

一、实验目的

绩效管理案例分析的主要目的在于提高学生解决绩效管理相关问题的能力和判断力，重点在于解决问题的过程。案例分析人员要把自己当作案例中的当事人，来进行分析和决策，提高分析和处理管理问题的技能。

通过对案例分析的学习，可以牢固掌握与案例相关的绩效管理知识点，同时还能促进深入思考，找出自身思维中的盲点，相互启发、借鉴、学习和交流，充实、完善自己，从而达到提高自身的沟通能力以及决策能力的目的。

二、实验步骤

1. 阅读案例,个人分析

主要是审读案例文本,把握案例事实,识别案例情境中的关键(案例)问题,个人先对案例进行分析,初步拟定解决问题的方案。这一阶段要求学生花费大量时间来准备,准备得充分与否直接关系到学习的效果。具体又可划分为以下步骤:

(1) 快速阅读案例材料,熟悉所要讨论的案例及问题;

(2) 再次阅读案例,尝试勾画问题轮廓及可能答案;

(3) 仔细研究案例中的所有附加材料;

(4) 确定(关键)问题之所在;

(5) 分析案例中的数据;

(6) 使用所需要的任何一种分析工具;

(7) 仔细分析相互冲突的观点;

(8) 为个人的分析诊断和观点提供理论支持和证据支持;

(9) 制定恰如其分的行动计划和行动方案。

2. 小组讨论,达成共识

在小组或全班同学面前呈现个人对案例问题的分析,提出解决方案和依据;听取其他小组成员意见,对案例问题和解决方案展开讨论,从不同角度甚至对立中认识问题,以求达成共识。注意是提出观点而不是重复信息;尽量使用以下的表达“我的分析表明……”“该公司应该……,因为……”,而不是“我想……”“我认为……”“我觉得……”。

3. 课堂发言,全班交流

在课堂上以小组为单位陈述案例分析结果。可以选派一名组员代表小组发言,也可以由几人共同完成。表述过程中注意锻炼自己的表达能力,力求做到自然流畅,并能吸引听众的注意力,然后回答班里其他同学的提问。回答最好按照小组准备时的分工来分担问题,当然相互支持也是非常重要的。

4. 教师总结归纳,消化提升

在小组陈述、课堂讨论的基础上,最后由主讲教师或助教做总结。教师指导侧重案例分析的关键点,分析思路,通过该案例可强化、可引导的知识点等方面。

三、实验要求

(1) 将案例阅读两遍。第一遍应该对案例有一个概括性认识,第二遍应该对案例中的种种做法了如指掌,然后仔细地研究每一份参考资料。

(2) 列举本案例中必须面对的各个问题与关键点。

(3) 充分进行数据分析,挖掘案例材料所能说明的各种问题。

(4) 寻找运用各种原理和分析工具的机会。

(5) 对形势的分析要全面深刻。

(6) 所有的观点必须提供经过充分推理和论述的论据,包括数字证据。

（7）绘制图表，以清晰地表达观点。

（8）对个人提出的各种建议进行优先性排序，确保实施框架/步骤及可行性。

（9）重新评价个人所提出的行动计划，检验它是否为所确定的问题和关键点提出了解决方案。

（10）避免提出风险不可控制或不合理的方案。

四、实验成绩

序号	实验要求	分值
1	我国政府绩效评估的定义	20
2	公民参与和群众评议政府绩效的背景	20
3	杭州市政府绩效考核概况及其成果	50
4	字数要求：不少于 3000 字	10

第四节
实验报告

实验报告

院系			专业		
班级		姓名		学号	
实验教师		成绩		日期	
实验名称					

一、实验目的

二、实验原理

三、实验步骤

四、实验数据（如有则填）

五、实验结果

六、讨论分析（完成指定的问题要求）

七、实验总结（如有则填）

备注：

第五节 实验答案

一、我国政府绩效评估研究综述

(一)政府绩效评估的含义

对于政府绩效评估的定义,学者们有着不同的理解。中国行政管理学会联合课题组对政府绩效评估的定义为:运用科学的方法、标准和程序,对政府机关的业绩、成就和实际工作做出尽可能准确的评价,在此基础上对政府绩效进行改善和提高。[①]

彭国甫认为,政府绩效评估的核心是绩效,其基本的评价标准是服务质量和社会公众的需求得到满足的程度。这一观点涵盖了公共责任和顾客至上的管理理念。[②]

李阳认为,政府绩效评估是对政府公共部门的工作效率、管理能力、服务质量、公共责任和公众满意程度等进行的分析与评价,是对政府管理过程中投入和产出所反映的绩效做出的评定和等级划分。[③]

卓越、赵蕾认为,绩效评估是根据预定的管理目标,运用一套力求全面、客观、公平的评估指标,对特定时期公共组织和人员的管理状况进行测评,不仅可以反映管理信息,而且可以通过对管理结果的多维度比较,形成压力,产生激励,提高管理绩效。[④]

(二)政府绩效评估指标体系的构建

政府绩效评估指标在整个绩效评估体系中处于核心地位,要全面正确地衡量政府绩效,就必须选择具有代表性的绩效指标,形成一个完整的政府绩效评估体系。近年来,关于政府绩效评估指标体系构建的研究非常多。部分学者致力于构建一套通用的政府绩效评估指标体系,而另一部分学者则认为,政府绩效评估指标体系应存在差异。

人事部(现人力资源和社会保障部)"中国政府绩效评估研究"课题组提出了一套适用于我国地方政府绩效评估指标体系。该体系共分三层,由职能指标、影响指标和潜力指标3个一级指标,经济、社会、人口与环境、经济调节、市场监察、社会管理、公共服务、国资管理、HR状况、廉洁状况、行政效率构成11个二级指标以及33个三级指标构成,适用于全面系统地评估我国地方各级政府,特别是市县级政府的绩效和业绩状况。[⑤]

---

① 中国行政管理学会联合课题组.关于政府机关工作效率标准的研究报告[J].中国行政管理,2003(3):8-16.

② 彭国甫.对政府绩效评估几个基本问题的反思[J].湘潭大学学报(哲学社会科学版),2004(3):6-11.

③ 李阳.从绩效评估到绩效管理:地方政府管理的转向[J].江苏行政学院学报,2007(5):90-95.

④ 卓越,赵蕾.绩效评估:政府绩效管理系统中的元工具[J].公共管理研究,2008(0):207-217.

⑤ 我国地方政府绩效评估体系浮出水面[J].当代广西,2004(16).

卓越从操作的角度把政府绩效评估的指标体系分为了三个层级架构：一是要素指标，即只适宜定性分析的有关政府对外社会管理方面的职能；二是证据指标，即反映具有导向性、发展性特征，同时又具有不确定性特征的工作业绩内容；三是量化指标，即主要从数量统计的角度反映工作业绩。①

倪星将政府绩效评估体系分为了人力资源、财政资金、政府行政能力、政府廉洁度、政府服务能力、政策制定与执行状况、经济发展水平、人民生活质量、政治民主程度、社会稳定与秩序、生态环境、科教文卫 12 个领域 65 个指标。②

付中秋认为，绩效评估的一般标准及其指标体系，除了 3E（经济指标、效率指标、效益指标）以外，政府绩效管理更注重质量指标、公平指标、回应指标、责任指标、公民满意度指标，等等。③

李阳认为，绩效指标体系的基本要素包括指标本身的提取和指标目标值的设置，它来源于地方政府在一定时期内工作发展的战略目标和规划。绩效指标的设定必须有层次性，从上到下，层层分解到部门、岗位，而被评估的一方，需要根据分解的指标和目标，结合实际情况，提出意见和建议，从而形成上下循环的信息流，通过“沟通”的方式，将管理者的意图和工作人员的操作进行充分的传递。绩效指标要符合“SMART”目标原则，即：Special（工作目标是准确界定的）；Measurable（工作目标是可测量和评价的）；Agreed（工作目标是双方认可的）；Realistic（工作目标是可达到但有挑战性的）；Timed（工作目标是明确规定了最后期限和回顾日期的）。同时，绩效指标的设计要考虑到与发展导向相一致，强调发展目标既可满足社会、组织发展需要，也可为个人、部门或团队赢得利益。④

（三）政府绩效评估的主体的选择

绩效评估主体是评估结果的唯一出处，其认知方式、心理特点和情绪态度等个体特征均会对评估结果产生影响。因此，评估主体的选取直接关系到绩效评估的科学性、公正性和客观性。大多数学者都认为绩效评估主体应该多元化，但对于评估体系中各类主体的构成及比重，看法却不尽相同。

卓越认为，评估主体多元结构是保证公共部门绩效评估有效性的一个基本原则，因为任何一个业已确定的评估主体都有自身特定的评估角度，有不可替代的比较优势，同时，具有特定身份的评估主体亦有自身难以克服的评估局限。公共部门绩效评估主体结构至少应包括综合评估组织、直管领导、行政相对人、评估对象自己以及其他一些相关评估组织等。公民或者公共相对人作为公共部门绩效评估的主体是一个复合体，要讲求科学构成。首先，相对人要有一定的参加数量。其次，相对人成分要有适当的结构。⑤

吴建南认为，评估主体的选择首先应考虑拥有相关信息和知识的主体，其次可以从评

---

① 卓越．政府绩效评估指标设计的类型和方法[J]．中国行政管理，2007(2)．

② 倪星．地方政府绩效评估指标的设计与筛选[J]．武汉大学学报（哲学社会科学版），2007(2)：157-164．

③ 付中秋．构建服务型政府绩效管理系统[J]．郑州航空工业管理学院学报（社会科学版），2007(2)：190-191，194．

④ 李阳．从绩效评估到绩效管理：地方政府管理的转向[J]．江苏行政学院学报，2007(5)：90-95．

⑤ 卓越．公共部门绩效评估的主体建构[J]．中国行政管理，2004(5)：17-20．

估对象涉及的利益相关者中选取(上级、同级、服务对象等),或者从与评估对象不存在利益关系的群体中选取(第三方独立),以及组成多元化的评估主体组合,如人力资源管理广泛采用的360度绩效评估。①

谢吉晨、赵军锋认为,政府绩效评估主体必须具备独立性、权威性、专业性、成熟的政治理性以及评估成本低廉性等方面的特性要求。第三部门应是"最佳的"政府绩效评估主体。②

徐双敏认为,第三方评估作为一种必要而有效的外部制衡机制,弥补了传统的政府自我评估的缺陷,不仅完善了政府绩效评估体系,显著提高了政府绩效评估结果的客观性和公正性,还在改善政府形象、增强政府能力、促进服务型政府建设方面发挥了不可替代的促进作用。目前,"第三方评估"模式主要有高校专家评估模式、专业公司评估模式、社会代表评估模式和民众参与评估模式四种。③

政府绩效评估有利于发现政府工作中的缺陷,引导、制约和规范政府行为,提高政府的服务能力。目前,我国在政府绩效评估研究领域中,几乎所有较为重要的分支领域都有所涉及,但多数文章过于重视全面性和系统性,偏重于介绍已有的研究成果,对特定领域或选题的深入探讨较少,实证研究也较少。在这个应用性强而基础相对薄弱的领域,想要更有效地指导实践工作,必须进一步在研究的细化和专门化上下功夫。

二、公民参与和群众评议政府绩效的背景

(一)公民参与和群众评议政府绩效的背景

1. 新公共管理运动

以市场或顾客为导向,实行绩效管理。形成顾客导向、公众满意导向的绩效评估机制。

2. 政府治理模式的转变

管制型政府向服务型政府转变;政府本位向社会本位的转变。

3. 公民社会的发展、壮大

民主化进程加剧;国家对社会的干预减少;公共权力逐渐向下转移。

(二)杭州市政府绩效评估活动的演变

各个时期的评估方式和评估机构如表8-1所示。

1. 前综合考评期:1992—2000年

第一阶段:1992—1997年。1992年市直属单位推行目标责任制。

做法:年底或次年初,市直机关召开各单位负责人会议,由参会人员根据介绍的情况投票选出先进单位。

① 吴建南.公共部门绩效评估:理论与实践[J].中国科学基金,2009(3):149-154.

② 谢吉晨,赵军锋.论"最佳的"政府绩效评估主体[J].云南行政学院学报,2008(1):103-106.

③ 徐双敏.政府绩效管理中的"第三方"评估模式[J].重庆行政(公共论坛),2010(4):50-52.

第二阶段：1998—2000 年。1998 年提出具有杭州特点的目标管理考核办法，调整考核内容、办法，考核结果与奖惩挂钩。

表 8-1 不同时期的评估方式与评估机构

时期	前综合考评期	初步发展期	深化发展期
评估方式	目标考核	目标考核、社会评价并行	综合考评（社会评价、目标考核、领导考评）
评估机构	各系统的各个单位、市目标办联合系统牵头各单位	市目标办、市满意办、市效能办	杭州市综合考评委员会

2. 初步发展时期：2000—2005 年

2000 年，为适应改进机关作风、转变政府职能、建立服务型政府的职能要求，目标考核和社会评价双轨并行。"满意单位不满意单位"评选、目标责任制和满意单位评选 ，两种考评形式相对独立运行。

3. 深化发展时期：2005 年至今

2005 年，为整合各类考评资源，全面、准确反映和评价市直单位工作，在目标考核和"满意单位不满意单位"评选的基础上增设领导考评。

（三）杭州市政府绩效评估各阶段比较

杭州市政绩评估各阶段比较如表 8-2 所示。

表 8-2 杭州市政绩评估各阶段比较

时期	前综合考评期	初步发展期	深化发展期
评估结果的应用	起初对先进单位只进行精神鼓励，后来把考核结果与奖惩挂钩	将结果与公务员年度考核，与干部奖惩、选拔任用结合	奖优罚劣，连续三年被评为不满意单位，调整其领导班子
评估方向	自上而下	自上而下和自下而上相结合	自上而下和自下而上相结合
被评估单位的数量	部分单位	较多	最多

三、杭州市政府绩效考核概况

（一）"三位一体"的综合考评体系

"三位一体"综合考评体系由社会评价、目标考核和领导考评组成。

考核总分计算方式：社会评价（50 分）＋目标考核（45 分）＋领导考评（5 分）＋创新创

优目标(附加分)=总分

具体考评内容及分值设置如表 8-3 所示。

表 8-3　杭州市直单位综合考核评价内容及分值设置

<table>
<tr><th colspan="2">总体指标</th><th>分项指标</th><th>考核或评价指标内容</th><th>组织单位</th><th>分值</th></tr>
<tr><td rowspan="7">目标考核</td><td rowspan="4">职能工作目标</td><td>一类目标</td><td>市委、市政府确定的年度重点工作任务</td><td rowspan="3">市考评办</td><td rowspan="3">35 分</td></tr>
<tr><td>二类目标</td><td>各单位职责范围内事关全市的重点工作</td></tr>
<tr><td>三类目标</td><td>其他涉及面广的综合性工作任务</td></tr>
<tr><td>四类目标</td><td>创新、创优工作目标</td><td>市考评办</td><td>在总分之外另外赋分</td></tr>
<tr><td rowspan="3">共性工作目标</td><td>领导班子建设</td><td>领导班子年度考核情况</td><td>市委组织部、市直机关工委</td><td>4 分</td></tr>
<tr><td>党风廉政建设</td><td>违纪、违规案件查处情况</td><td>市纪委(监察局)</td><td>3 分</td></tr>
<tr><td>机关效能建设</td><td>“96666”投诉查办和明察暗访情况;信访和“12345”工作情况;行政服务中心窗口服务情况</td><td>市考评办、市信访局(“12345”公开电话受理中心)、市公共资源交易办(市行政服务中心)</td><td>3 分</td></tr>
<tr><td colspan="2" rowspan="3">社会评价</td><td>服务态度和工作效率</td><td>主要评价各单位服务的态度与质量，工作效率等情况</td><td rowspan="3">市考评办</td><td rowspan="3">50 分</td></tr>
<tr><td>办事公正和廉洁自律</td><td>主要评价各单位办事的公正与公平，廉洁守法等情况</td></tr>
<tr><td>工作实效和社会影响</td><td>主要评价各单位工作的业绩与效果，社会反响情况</td></tr>
<tr><td colspan="2">领导考评</td><td>总体工作实绩</td><td>主要评价各单位工作目标和市委、市政府交办任务的完成情况</td><td>市考评办</td><td>5 分</td></tr>
<tr><td colspan="5">合计</td><td>100 分</td></tr>
</table>

(二)评估主体的选择

评估主体的选择如图 8-3 所示。

(三)评估客体的选择

杭州综合考评模式中参与社会评价的单位共 100 个，占总数的 85.47%。

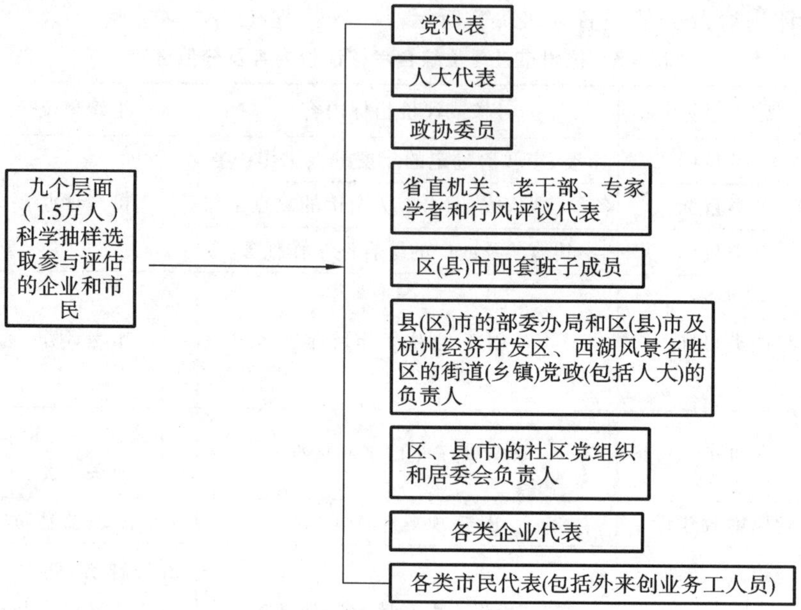

图 8-3　评估主体的选择

（四）评估过程的组织

(1) 组织领导方面：杭州市综合考评委员会办公室（常设办事机构，国内第一家专门负责政府综合考评和绩效管理的部门）独立性、专业性、稳定性。

(2) 组织与监督分离。

(3) 监督方面：公证处、纪检、新闻媒体。

（五）评估结果的运用

(1) 考核评优，行政奖励。

(2) 人事决策，干部选拔任用，公务员考核。

(3) 行政问责，对评价结果为不合格的，纪检监察部门启动行政问责。

(4) “评价—整改—反馈”的工作机制。

四、杭州市政府绩效管理模式取得的成果

(1) “七难”问题得到很大的解决。

(2) 杭州连续 7 年选入《瞭望东方周刊》评选的“最具幸福感城市”。

(3) 杭州连续 6 年被《福布斯》评为“中国大陆最佳商业城市”。

(4) 世界银行《中国城市竞争力报告》显示，“全年企业与政府部门打交道的天数”，中国排名前 10%的城市平均为 36 天，而杭州只有 8.1 天。

五、五种绩效管理模式对比

五种绩效管理模式对比如表 8-4 所示。

表 8-4 五种绩效管理模式对比

模式	评价主体	评价方法	指标体系	结果运用	法规体系
目标管理责任制（青岛模式）	市考核办、专家评估组	指标考核、公众评议	经济、社会、生态、公共服务目标、综合评议和追赶目标	考核评优、行政奖励和问责的重要依据	《加强目标责任制管理的意见》《建立健全促进发展方式转变绩效考核监督体系》
效能监察（深圳模式）	政府领导、政府机构、社会公众	实地调查、专项检查、抽样检查	公共服务、社会管理、经济调节、市场监管	领导决策、财政预算、公务员提拔任用、考核评优、行政奖励和问责依据	《深圳市政府绩效管理办法》
效能建设（福建模式）	政府机构、社会公众	指标考核、公众评议、察访核验	经济建设、生态文明、民生改善、依法治省	抄送省委组织部，实施效能问责，省直单位根据考评结果实行绩效奖励，反馈整改	《福建省机关效能建设工作条例》《政府绩效管理规范》
公民评议（杭州模式）	政府领导、社会公众、专家和第三方专业机构	定量评估、定性主观评价	经济建设、社会管理、公共服务、发展潜力、依法行政、特色创新	作为政策调整、预算管理、编制管理、奖励惩戒、领导人员职务升降任免等依据	《杭州市绩效管理条例》
督查验收（湖南模式）	政府机构、社会公众	指标考核、公众评议、考察核实	经济发展、市场监管、社会管理、公共服务等基本职能	作为改进工作、领导干部和公务员管理依据、编制预算重要依据	《中共湖南省委湖南省人民政府关于开展政府绩效评估工作的意见》

六、杭州市政府绩效评估体系存在的问题及建议

（一）问题

（1）绩效评估指标体系未能建立在准确的政府职能定位基础上；
（2）政府绩效评估体系缺位；
（3）评估方法单一，缺乏科学性；
（4）尚未建立健全的法律保障机制；
（5）信息化及开放程度不高，缺乏有效的监督和沟通。

（二）建议和思考

（1）完善绩效评估指标体系；

（2）构筑更具“广度”和“深度”的社会公众参与平台，实现评估主体多元化；

（3）创新考评方法，坚持定性与定量相结合。

权变理论认为，每个组织的内在要素和外在环境条件各不相同，因而在管理活动中不存在适用于任何情景的原则和方法。即在管理实践中，要根据组织所处的环境和内部条件的发展变化随机应变，没有一成不变、普遍适用的管理方法。

七、总结

通过对杭州市政府绩效评估的研究，我们深刻地意识到，政府绩效评估是很有必要的，只有引入“外部性”压力，才有进步的可能性。将政府绩效评估引入我国行政体制改革过程中来，是很有意义的探索，它必将推动我国地方行政体制改革取得突破性的进展，有助于构建服务型政府、责任型政府、学习型政府、法治型政府。然而，要保证这些地方政府及其部门可持续地进行绩效评估活动，就必须对它们的传统的运行机制进行彻底改革，要注重绩效，以公民为导向。

总体来说，我国目前各地政府绩效评估中的公民参与尚处于“有限参与阶段”，这种参与和绩效评估中的“公民高度参与”相比，还有很大的差距。我们必须认识到达成以公民为导向，推进政府绩效评估中的公民参与是一个不可逆的趋势。

十七届二中全会审议通过的《中共中央关于深化行政管理体制改革的意见》指出：“推行政府绩效管理和行政问责制度。建立科学合理的政府绩效评估指标体系和评估机制，提高政府执行力和公信力。”政府绩效评估是关系到政府治理水平和运作效率的核心问题，该模式的建立有效地推动行政体制的改革，即使其中有诸多不足地方，但基本模式已具备，可加以扩充推广。相信在中国共产党的带领与指引下，中国特色的绩效考核模式将更加完善。

第九章 CHAPTER9

行政伦理案例实验实训

第一节

知识框架

一、行政伦理的含义

伦理有两重含义:其一,是指人们之间的一种社会关系;其二,是指人们的行为应遵循的规范。道德是调整人们之间以及个人和社会之间关系的行为准则、规范的总和。这种准则、规范是依靠社会舆论和人们的观念、习惯、传统和教育的力量来维持的。

行政伦理又称行政道德,它是以"责、权、利"的统一为基础,以协调个人、组织与社会的关系为核心的行政行为准则和规范系统。行政伦理主要是人们关于行政活动对错的判断过程以及判断理由,主要涉及行政主体行为的正当性与合理性,即领导、决策和执行等行政管理活动的合法性问题,它既包括行政人员个体在行政管理实践中的道德观念、道德活动和道德规范,也包括作为群体及组织机构的行政主体在行政活动中所应遵循的价值规范。行政伦理是行政管理领域中的角色伦理,是针对行政行为和政治活动的社会化角色的伦理准则和规范。

二、行政伦理的结构与功能

行政伦理范畴,是指体现社会对公共行政伦理不同层次的要求,并上升为公共行政组织和广大公务人员普遍追求的信念,而对公共行政行为发挥重要影响和制约作用的伦理内容。行政伦理的范畴主要包括以下几个方面。

(一)公务员的个人品德

公务员的个人品德是行政伦理研究的传统关注领域。它是行政伦理在个体层面的体现,规范和制约着公务员的个体行为。一般而言,公务员的个人品德包括两个方面的内容。

1. 公务员的思想态度

公务员的思想态度,是指他们在日常的公务活动中所表现出对公共行政职业价值观的认同,以及相联系的工作态度问题。公共行政是一种职业,更是一项事业,有其崇高的价值追求。对公共行政价值观产生认同,并将它内化为自己的行为目标,是推动公务员个体尽职尽责、努力工作的基础性因素。只有在价值观的层面固化这种认同,才有可能在实际工作中表现出积极进取、勤恳乐观的工作态度。

2. 公务员的思想品德

公务员首先是作为个体存在的公民,他必须遵循社会长久以来形成的道德意识、道德意志和心理习惯等行为规范。公务员思想品德的内容,除了包括日常人们所追求的个人美德,如谦恭、仁慈、诚恳、忠实等,还应该包括行使公共行政职权所必须具备的乐观、勇敢和公正。

(二)行政职业道德

所谓职业道德,即从事一定职业的人们在其特定的工作中或劳动中的行为规范的总和。行政职业道德是指同公共行政职业相联系的,用以调整行政领域中人与人之间关系的道德准则和道德规范,其核心在于处理公共利益和个人利益之间的关系。我国行政职业道德至少包括以下内容。

1. 维护公共利益

公共行政的本质在于其公共性。行政管理活动的根本目的是为了维护公共利益、增进公共利益,因此,公务员在行使公共权力时必须坚持公共利益至上的原则,不得因为一己私利或者地方利益、部门利益而影响公共事务管理的公正性。

2. 遵守法律法规

宪法和法律是公共利益原则的具体体现。遵纪守法是公务员履行义务的保障。作为普通公民,公务员必须像其他人一样遵守宪法和法律;作为国家工作人员,公务员更应当成为遵守法律的榜样,努力做到法律面前人人平等。

3. 忠于国家利益

国家是社会公共利益的化身,对国家忠诚就是对公共利益忠诚。行使公共行政职权的公务员应该忠诚地维护国家利益,服从国家利益的需要,尽心尽力为国家工作。在现实行政工作中,对国家的忠诚主要表现在严守机密和切实贯彻国家方针、政策方面。

4. 勤勉负责

公共行政工作的公共性要求公务员在他们的公务活动中勤恳工作、认真负责,不得懒惰拖沓、玩忽职守。这是一种职业责任心和职业态度在日常工作中的体现。在我们党提出全面建设小康社会战略目标的大背景下,更需要广大公务员勤勉负责地完成国家和人民交给的任务，推动我国早日实现现代化的目标。

（三）行政组织伦理

行政组织伦理主要指与组织制度和组织程序相联系的一系列伦理准则和行为规范。总体来说，行政组织伦理主要表现在以下几个方面。

1. 程序公正

在行政机关履行行政职能、推行政务的过程中所建立的一系列程序、规章、条例、办法等，其目的都应该是为公共权力的授权者服务，而不应成为行政机关或个人牟取私利的手段。因此，行政机关必须摆正与人民群众的关系，制定合理公正的程序规定，以更好、更方便地为公民提供高质量的服务。

2. 组织信任

行政机关是一个在分工基础上进行合作的整体。这种合作不仅需要正式的权力体系，更要构建人与人之间、部门与部门之间和谐的信任关系。与此同时，在行政机关与外部环境的关系上，也要求维持和增进政府与社会之间的信任关系。两方面信任关系的结合，才能最大限度地降低行政活动的运行成本，使行政任务得以顺利完成。

3. 民主责任

行政权力来源于人民的授权，行政机关并没有自己特殊的利益。因而，行政机关对广大的人民群众负有国家制度所赋予的责任，即所谓的公共责任。这种公共责任与民主原则结合起来，要求行政机关的目标、价值偏好必须反映人民的意志，并且在行政工作中自觉接受群众的监督。

4. 制度激励

行政组织内部也存在着伦理问题。这主要体现在激励制度方面，即如何通过建立组织内部合理公正的制度关系来激发组织成员的积极性，进而推进组织活动的顺利开展。一般来说，制度激励所蕴含的伦理问题包括两类：一是组织需要与个人需要之间的关系问题；二是效率与公平的问题。

（四）公共政策伦理

公共政策伦理是制定良好公共政策的前提。就此意义而言，政策伦理比任何单个的政策都更加重要，原因在于所有的政策都依于伦理。公共政策的本质在于对社会利益和价值进行权威性的分配。因而，在资源稀缺的政策情境下，公共政策背后所隐藏的伦理选择就显得十分重要。

如果政府的公共政策选择偏离了公共利益的轨道，后果是不堪设想的。归根结底，公共政策伦理所涉及的是正义价值的选择问题，也就是如何做到社会利益和社会负担的合理分配。这就要求政府部门制定公共政策的时候，必须以公共利益为重，慎重选择政策取向，最大限度地增进公共利益。

三、行政伦理失范

（一）行政伦理失范的含义

伦理从本质上而言是关于人性、人伦关系及结构等问题的基本原则的概括，针对心性结构、人伦秩序进行逻辑上的通融和交合。行政伦理实质上是指国家公务员在管理国家和社会事务的过程中，在公共行政领域所应遵循的伦理道德要求的总称，既包括作为个体的公共行政人员所应遵循的行政伦理要求，也包括作为群体的各级国家行政机关所应遵循的行政伦理要求。

失范，也叫违规、越轨，是指社会群体或个体偏离或违反社会规范的行为，主要是指对社会发展和进步有负面作用的破坏性越轨行为。行政伦理失范就是行政人员在行政权力运行过程中，置行政伦理的规范与原则不顾，把公共权力用来满足私利的情况或现实，从而导致公共利益受损。从本质上说，是行政权力的异化。

（二）行政伦理失范的类型及成因分析

行政伦理失范是和各个领域相互关联的，大体可以分为以下类型。

1. 经济类失范

这类失范包括贪污挪用、行政人员经商和隐匿财产。一般来说，贪污是行政人员利用职权通过欺骗、瞒哄等手段非法占有公共财产的行为。具体表现为：集体私分、挪用公款、非法集资、涂改票据、做假账、伪造证据、侵吞公款甚至为了个人私利以权压法，不按法定权限、程序履行职责，有法不依、执法不严、违法不究、徇私枉法甚至执法犯法。

2. 政治类失范

这主要是官僚主义。官僚主义一般指公务人员脱离实际，不关心公众利益，官气十足，铺张浪费，贪图个人安逸和享受，导致工作效率低下的工作作风和领导作风。其具体表现为：有的干部沉湎于文山会海，应酬接待；有的干部对待上级布置的任务是有决定而无落实，有布置而无督查，以文件落实文件，以会议落实会议。

3. 组织人事类失范

由于干部管理体制存在的弊端，长期以来任用干部只有“选拔”而没有“选举”，人事权掌握在少数领导人手里，其具体表现为：卖官鬻爵、公款行贿、跑官要官。用人问题上的腐败，后果最为严重，它使官场变成了市场，从而使行政伦理失范愈演愈烈。

4. 失职类失范

在公务活动中，行政官员的失职、渎职是行政伦理失范的又一种典型表现。失职、渎职有的造成重大经济损失、巨额国有资产流失。例如：有的造成桥梁垮塌、煤矿安全等恶性事故，给国家财产带来巨大损失，给人民群众的生命安全造成严重威胁进而破坏社会稳定。

（三）行政伦理失范的成因分析

行政伦理失范并不是我国现阶段所特有的，它在任何国家的任何时期都不同程度地存在着。在我国新旧体制转轨的社会转型时期，一定程度的行政伦理失范在社会历史发展进程中是难以避免的。归结起来，造成行政伦理失范主要有以下原因。

1. 价值多元化的冲击

社会转型时期面临着文化价值方面的复杂局面：一方面，我国是有着悠久历史传统的国家；另一方面，我国又是一个急剧现代化的国家，不仅利益、地位分化会产生价值观念与生活观念的分化，而且各种来自异域的新思想和新观念也会随着国家的开放纷至沓来。这些新情况新变化将会持续且深刻地影响中国社会，也会给国家的行政伦理带来挑战，使人们的价值取向向多元化方向转化。旧的道德规范被冲破后，新的道德规范尚未完全确立，人们的价值观、道德观被严重扭曲，如果行政主体不能正确认识基本的行政伦理准则和规范，那么，在履行行政职责时就难免会出现偏差，行政伦理失范也就难以避免。

2. 行政体制的弊端

我国行政体制改革相对滞后，极易出现行政伦理失范。一是行政权力"公权私化"。尤其是行政领导职务的刚性，即一旦获得了行政职务，在规定的退休年龄之前，只要无过错或有过错而不被追究，他就只能上不能下，即便退休，其身份、级别、待遇也不改变。这就必然造成官员的过剩和滞留，进而形成错综复杂的行政伦理关系。二是"官僚泛化"现象普遍存在。由于种种原因，我国的行政机构臃肿，行政权力全面介入社会生活，行政人员可以凭借自己的特殊身份地位合法占有各种稀缺资源。谁一旦获得行政权力，谁就有了进行权力"寻租"的大量机会，就可以充分利用手中的行政权力，实现自身利益最大化。特别是在建立社会主义市场经济体制的过程中，这种现象更为普遍。

3. 行政监督机制不健全

孟德斯鸠说："一切有权力的人都容易滥用权力，这是万古不易的一条经验。有权力的人们使用权力一直到遇到有界限的地方才休止。"行政伦理建设有两种基本方式：一是内部控制，即行政伦理道德建设。这种方式主要通过训练和职业社会过程来培养、强化行政人员的职业价值观和职业水平。二是外部控制，即行政伦理制度建设。这种方式强调组织结构的合理安排或是立法、制定组织规则、设立严格的监督机构等。邓小平指出：我们过去发生的各种错误，固然与某些领导人的思想、作风有关，但是组织制度、工作制度方面的问题更重要。这些方面的制度好可以使坏人无法任意横行，制度不好可能使好人无法做好事，甚至会走向反面。缺乏强有力的监督和制约机制是行政伦理失范的客观条件。处于转型期的中国，社会主义民主与法治建设不够完善，监督机制不健全，在一定程度上也加剧了行政伦理失范的程度。

4. 行政人员是追求个人利益(效用)最大化的"经济人"

这一判断使行政伦理失范的经济根源展现出来。公共选择理论在探寻市场经济条件下"政府失灵"的原因和对策中，把"经济人"的假定推广到政治领域，提出政府官员也是"经济人"的观点。因为"当个人由市场中的买者或者卖者转变为政治过程的投票者、纳税人、受益者、政治家或官员时，他们的品性不会变化"，他们都会按照成本-收益原则追求最大化效用或利益。作为选民，他们总是趋向选择那些预计能给自己带来更大利益的政治家或政治选择方案。同样，作为政治家或官员，他们在政治市场上追求自己最大的效用，即权力、地位、待遇、名誉等，而把公共利益放在次要地位。这样，行政伦理失范就有可能发生。

5. 行政伦理建设滞后于社会发展的现实

我国在社会主义制度确立后，一直非常重视公务员行政伦理道德建设，从新中国成立初期的全心全意为人民服务到在新的历史条件下，强调立党为公、执政为民，在公务员行政伦理道德建设上始终严格要求，与时代同步。但是在传统体制下，由政治力量所支持的社会舆论不次于法律的约束性。由于缺乏法治环境，缺乏相应的机制和制度，随着领袖崇拜和政治人格化的神圣性的消解，公务员行政伦理道德失去了往日的政治约束力。特别是随着传统计划体制各种弊端的暴露，与党政不分、政企不分、机构重叠臃肿、职责不清相伴随的是人浮于事、官僚主义、责任意识淡漠、缺乏进取心等严重违背行政伦理道德的现象。

6. 行政人员双重身份的角色冲突

行政人员具有双重身份，这种身份的双重性来源于他进入公职系统之前的“原身”是公民。当他经过法律程序进入公共行政部门后，就形成了新的身份和行政职务关系，公共领域的特殊性要求公务员的公共角色定位。社会利益的实现是以国家权力的公共性使用为前提的，为了保证公务员能够公正地行使公共权力，为公众谋取公共利益，必须要求公务员在执行公务时能够“大公无私”，不掺杂任何个人感情色彩，即韦伯在官僚组织模式中设定的“公共人”。我国学者张康之指出：“作为社会的公民角色的公务员，得到行使公共权力的前提恰恰是个人对其权利的转让，即让个人权利服从公共权利的要求。”而一旦优先发展个人权利，就难以保证其公共权利使用的公共性。尤其是我国当前市场经济体制还不完善，缺乏对公务员角色扮演的严格规范，在原有社会分工体系中居于较高地位，而待遇相对较差的行政人员为了获得与此相适应的经济收入，便很容易想到利用手中的公共权力来为自己谋取利益，有令不行、有禁不止、以权谋私等行政伦理失范行为的发生就不可避免。

四、行政伦理制度化

（一）行政伦理制度化的含义

所谓行政伦理，主要是人们关于行政活动对错的判断过程以及判断的理由，这主要涉及行政主体行为的正当性与合理性，亦即领导、决策和执行等行政管理活动的合法性问题。它既包括公共行政人员个体在行政管理实践中的道德观念、道德活动与道德规范，也包括行政主体作为群体及组织机构在行政活动中所应遵循的价值规范。而行政伦理制度化是行政伦理建设的一条外控和他律的路径，就是确定行政伦理准则，实行行政伦理法制化，形成行政伦理的外部监督机制和评价机制。

行政伦理制度化，是现代法治国家行政伦理建设的基本趋势，它既表现为行政伦理立法的制度化，也表现在行政伦理执法的制度化和行政伦理依法监督和纠错的制度化，换句话说，也是法律制度道德化的过程。它包括四个层次：一是公共政策伦理的制度化，这可以有效制约公共政策制定中的伦理失范行为，保证公共政策体现公平公正的价值取向。二是行政制度伦理的制度化，这可以有效地维持行政伦理的稳定性，并使创新有可遵循的伦理路径。制度伦理建设包含制度伦理化和伦理制度化两个方面。制度伦理化是指制度的合伦理性、合道德性，表现为对制度的伦理评价，将道德准则和规范融入制度之中，使制度的实施发挥伦理价值导向和伦理规范作用，而伦理制度化是将一定的伦理准则提升、规定为制度，实现伦理的制度化、法律化。三是行政组织伦理的制度化，通过设立行政伦理管理机构，可以有效地构建行政组织关系，保持组织良性运行。四是公共行政人员个人道德的制度化，通过奖惩制度、回避制度、引咎辞职制度、个人财产申报制度、绩效评估制度等的建立，能够保障公共行政人员认真履行职责。

（二）行政伦理法制化建设的构想

(1) 行政伦理制度化的保障：行政伦理立法。行政伦理立法是把伦理行为借助于立法程序，以法律的、国家意志的形式表现出来并使之规范化、制度化。我国在行政伦理法制化建设方面也做了不少工作，颁布了一系列公务员行为规范，如《国家公务员暂行条例》《中华人民共和国公务员法》等。但与国外相比，这还只是停留在伦理法规的层次，这些有关行政伦理规范的内容、条款和要求，还不够集中、系统、明确和具体。

(2) 行政伦理制度化的核心：建立监督行政伦理规范执行的专门机构。要防止行政越权和行政权力的滥用，使政府真正做到依法行政，必须在行政伦理立法的基础上，对行政人员的行政行为进行有效的监督，包括公职人员管理公开化、政务公开以及对违反伦理规范行为的惩处。其中，对于违反行政伦理规范的公务员予以严肃惩处，是使公务员遵守行政伦理规范的重要保证，因此，必须加强行政伦理规范的执法监督。

(3) 行政伦理制度化的基础：完善公务员行政伦理教育、培训制度。对公务员进行行政伦理教育、培训是行政伦理法制化建设不可缺少的一个环节。我国公务员教育、培训制度已比较规范化，如《国家公务员培训暂行规定》对我国公务员培训的原则、机构、分类等做了专门规定，但也存在方法单一、缺乏长期计划性等缺陷，还应努力完善。

(4) 行政伦理制度化的有效促进手段：完善行政道德激励机制。在社会的现实生活中，一个人所处的社会环境的道德状况，决定着行为者实施道德行为之后的收益大小。行政领域中，个人同样为追求最大化的个人利益而做出不同的道德选择。一个有公序良俗的社会，不但要有以行政伦理法律为主的政策措施，也要有行政道德激励措施。这就需要给予做出善德选择的公共行政人员以一定的有价（物质）或无价（精神）的补偿，使得在履行道德义务、遵循道德规范、塑造良好品行的过程中支出一定的道德成本，付出一定的代价，牺牲一定的自身利益的行政人员的劳动得到承认和尊重，从而给社会带来好的道德收益，减少社会付出的道德成本，最终促进形成良好的社会道德环境。

五、行政伦理的发展趋势

行政伦理在行政实践中逐步发展，呈现出新的迹象及发展态势。

1. 从控制导向转化为服务导向

公共行政从控制导向向服务导向转化，实际上是在科学化、技术化的基础上转向伦理化，服务导向注定的"关系"格局是这种转变最强有力和直接的动力。

2. 从效率导向转化为公正导向

管理行政基本上是效率导向的行政。从19世纪80年代管理行政开始成为公共行政的主流以来，效率的问题渐渐掩盖了公正的问题。公正导向的提出促使公共机构和公职人员担负公正责任。

3. 在工具研究中引入价值视角

公共行政的作用对象是由人构成的社会，公共行政的主体是理性与情感兼具的行政人员，他们的思想观念、认识能力、个人处境与道德素质等，都是在公共行政实践中发挥不同作用的重要影响因素。只有致力于在公共行政研究中引入价值视角，才足以保证工具理性与价值理性的健全视角，也才是真正保证公共行政研究的合理化方向。

4. 确立合作与信任的新型整合机制

公共行政的基本功能在于实现对社会资源的优化整合，一方面，它要实现对自身体系的优化整合；另一方面，通过自身的优化整合而实现对整个社会的有效整合。统治行政和管理行政基本上都是通过控制的方式来整合社会的，但公共行政完全可以拥有另一种自身整合以及整合社会的方式，那就是以合作建立行政机构、行政人员与社会各种机构、人士的关系结构，以信任建立起合作者之间的牢固互动结构。

5. 在治理变革上谋求德治与法治的结合

从20世纪后半期开始，工业社会向后工业社会转型，囿于法治的公共行政自身的不足，它需要得到德治的补充。德治作为法治的有效补充，将公共机构与行政人员主动履行公共责任放在重要位置，将外部的制度约束与内在的工作动机贯通起来，从而将公共机构及其人员履行公共职能变成高强度化的自觉诉求。

六、行政伦理的责任：主观责任与客观责任

1. 客观责任的具体形式是与职责相关且应尽的义务

所有客观责任都包括对某人或某组织负责，也包括对某一任务、下属人员人事管理和实现某一工作目标负责。客观责任可概括为以下三个层次。

(1) 公共行政人员最为直接的责任对他们组织的上级负责，贯彻上级指示，同时也要为他们下属的行为负责。

(2) 公共行政人员要对法律、公共政策负责，行政人员必须能说明其行为与法律的意图和公共政策的意图相一致。

拓展练习 9-1 **思考题**

(3) 公共行政人员要对公民负责，洞察、理解和权衡公民的喜好、要求和其他利益。

法律政策责任是基础、上下级责任是杠杆、公众责任是社会体现，三者相互关联构成了公务员客观责任不可分割的有机整体。

2. 主观责任是根植于公务员自己对忠诚、良知、认同而产生的伦理信念

它与那些自己认为应为之负责的事务相关。主观责任也可以概括为以下三个层面：

(1) 政治意识形态抉择居于主观责任的核心地位。

(2) 价值观层面。政治价值观一般指的是行政人员对政治问题的基本看法，包括他们看待、评价某种政治系统及其活动的标准，以及由此形成的政治主体的价值观念和行为模式的选择标准。

(3) 心理层面。行政心理是行政伦理中的深层因素，主要是指行政人员在日常工作中对具体的行政组织、行政人员以及行政事务等的具体看法和态度。

第二节 实验案例

深圳公务员上街为市民免费擦鞋

2012 年 5 月 15 日，深圳市 25 家市直机关的公务员走上街头，开展便民利民志愿服务活动。在深圳华强北商业街上，公务员免费擦鞋服务人气很旺，还有两名老外过来享受免费擦鞋服务。一名公务员称擦鞋服务可以方便和市民交流，更贴心。

一只手打着电话，一只手提着公文包，正在广东深圳华强北街头办事的黄先生看到街边擦鞋的招牌，一屁股坐了下来，指指自己的鞋说："擦鞋。"身穿蓝马甲的宁虎马上动作娴熟地摆好小凳，拿出毛巾、鞋油，开始为皮鞋去灰。宁虎擦得正起劲，黄先生举着电话的手突然停住了，眼睛盯着蓝马甲上的"公务员志愿者"几个字说："你们是公务员？"宁虎擦了擦头上的汗说："对呀，免费啊。""啊？那怎么好意思啊，让你给我擦鞋。"说着，黄先生就要把脚往回抽。"哎呀，别动，马上就好了，你这个鞋擦了会很亮。"宁虎一边抱住鞋不让抽回去，一边开始上油、抛光。看到周围有市民拿出相机拍照，黄先生也用手机拍下了这个画面："拿回去给我家里人看看，公务员也为我擦鞋了。"

记者在现场看到，人流如织的华强北商业街上，数百米长的帐篷展示区一字排开，擦鞋、理发、红酒鉴别、珠宝鉴定、食品安全鉴定、修理家电手机数码产品、免费照相及打印等服务应有尽有。

擦鞋成了志愿服务展中人气很旺的项目。擦鞋摊位还没有摆好，就有人在一旁开始等。不到两小时，第一批打开的十几管鞋油用完了，备用品紧跟而上。光宁虎一人就擦了 8 双鞋，"还有两个来擦鞋的是老外"。

每个月，深圳市审计局团支部都会讨论志愿服务内容。得知此次确定是擦鞋服务后，很多公务员开始有点惊讶。"擦鞋和到公交车站台维持秩序、清扫路面这些活动都是一样的，而且擦鞋可以和市民交流，更贴心。"审计局的郑丹江主动报名后发现，跟他想法相同的人还挺多。

审计局五星级义工胡重辉说，每个月的公务员志愿者日前一天，他们都会在内网上发出召集令，“这次，我本来以为可能没几个人报名，但没想到后来竟然来了十几个”。

为了聚人气，他们特地制作了一个醒目的招牌。一根杆子上，一面写着很大的“擦”字的旗帘迎风招展，上面还用黑体字写着：“我们为您擦鞋。”

活动前，他们特地先进行了一次培训，每个人都先把自己的鞋擦了一遍。刚开始坐在小凳上拉开架势，公务员们都有些不好意思，但来擦鞋的人越来越多，公务员们很快就进入了状态。有人路过，他们会主动打招呼：“来来来！擦一下鞋嘛！免费的！”

一口气擦了 19 双鞋的谭大姐伸伸胳膊，才发现口干舌燥，肩膀很疼。整整一下午，他们都顾不上喝水，每个人里面的衣服都被汗水打湿了。公务员一边擦鞋，一边和市民交流。

有市民擦完鞋后，看到焕然一新的皮鞋很满意，借用淘宝里常用的行话来了一句：“我给你来个好评吧！”还有人说：“你们不要钱，那我能不能捐点钱呢？”

一位接受擦鞋服务的老外来自巴基斯坦。当记者告诉他这是深圳市公务员为市民提供的一项服务时，他伸出大拇指连连说：“Very good！”

身穿蓝马甲的深圳市直机关工委书记刘恩告诉记者，当天有 8000 多名公务员志愿者走上街头，利用工余时间为市民服务。深圳的公务员志愿者们就是这样，用一件件好事、一点一滴的行动来影响社会，用行动引领文明、用真情服务百姓，让城市更美好，让社会更和谐。

第三节 实验要求

一、实验目的

行政伦理案例分析的主要目的在于提高学生解决行政伦理管理相关问题的能力和判断力，重点在于解决问题的过程。案例分析人员要把自己当作案例中的当事人，来进行分析和决策，提高分析和处理管理问题的技能。

通过对案例分析的学习，可以牢固掌握与案例相关的行政伦理知识点，同时还能促进深入思考，找出自身思维中的盲点，相互启发、借鉴、学习和交流，充实、完善自己，从而达到提高自身的沟通能力以及决策能力的目的。

二、实验步骤

1. 阅读案例，个人分析

主要是审读案例文本，把握案例事实，识别案例情境中的关键（案例）问题，个人先对案例进行分析，初步拟定解决问题的方案。这一阶段要求学生花费大量时间来准备，准备得充分与否直接关系到学习的效果。具体又可划分为以下步骤：

(1) 快速阅读案例材料，熟悉所要讨论的案例及问题；

(2) 再次阅读案例，尝试勾画问题轮廓及可能答案；

(3) 仔细研究案例中的所有附加材料；

(4) 确定(关键)问题之所在；

(5) 分析案例中的数据；

(6) 使用所需要的任何一种分析工具；

(7) 仔细分析相互冲突的观点；

(8) 为个人的分析诊断和观点提供理论支持和证据支持；

(9) 制定恰如其分的行动计划和行动方案。

2. 小组讨论，达成共识

在小组或全班同学面前呈现个人对案例问题的分析，提出解决方案和依据；听取其他小组成员意见，对案例问题和解决方案展开讨论，从不同角度甚至对立中认识问题，以求达成共识。注意是提出观点而不是重复信息；尽量使用以下的表达"我的分析表明……""该公司应该……，因为……"，而不是"我想……""我认为……""我觉得……"。

3. 课堂发言，全班交流

在课堂上以小组为单位陈述案例分析结果。可以选派一名组员代表小组发言，也可以由几人共同完成。表述过程中注意锻炼自己的表达能力，力求做到自然流畅，并能吸引听众的注意力，然后回答班里其他同学的提问。回答最好按照小组准备时的分工来分担问题，当然配合和相互支持也是非常重要的。

4. 教师总结归纳，消化提升

在小组陈述、课堂讨论的基础上，最后由主讲教师或助教做总结。教师指导侧重案例分析的关键点，分析思路，通过该案例可强化、可引导的知识点等方面。

三、实验要求

(1) 将案例阅读两遍。第一遍应该对案例有一个概括性认识，第二遍应该对案例中的种种做法了如指掌，然后仔细地研究每一份参考资料。

(2) 列举本案例中必须面对的各个问题与关键点。

(3) 充分进行数据分析，挖掘案例材料所能说明的各种问题。

(4) 寻找运用各种原理和分析工具的机会。

(5) 对形势的分析要全面深刻。

(6) 所有的观点必须提供经过充分推理和论述的论据，包括数字证据。

(7) 绘制图表，以清晰地表达观点。

(8) 对个人提出的各种建议进行优先性排序，确保实施框架/步骤及可行性。

(9) 重新评价个人所提出的行动计划，检验它是否为所确定的问题和关键点提出了解决方案。

(10) 避免提出风险不可控制或不合理的方案。

四、实验成绩

序号	实验要求	分值
1	分析公务员上街为市民免费擦鞋是否值得提倡	40
2	公务员上街为市民免费擦鞋说明了什么	20
3	公务员应该怎样履行好自己的职责，怎样提高公众的满意度	30
4	字数要求：不少于2000字	10

第四节
实验报告

实验报告

院系			专业		
班级		姓名		学号	
实验教师		成绩		日期	
实验名称					

一、实验目的

二、实验原理

三、实验步骤

四、实验数据(如有则填)

五、实验结果

六、讨论分析(完成指定的问题要求)

七、实验总结(如有则填)

备注：

第五节
实验答案

关于“深圳公务员上街为市民免费擦鞋”的行政伦理案例，我们将从事件概述，问题引入，解决对策等方面加以分析。

一、案例回顾

2012 年 5 月 15 日，深圳市 25 家市直机关的公务员走上街头，开展便民利民志愿服务活动。在深圳华强北商业街上，公务员免费擦鞋服务人气很旺，还有两名老外过来享受免费擦鞋服务。一名公务员称擦鞋服务可以方便和市民交流，更贴心。身穿蓝马甲的深圳市直机关工委书记刘恩告诉记者，当天有 8000 多名公务员志愿者走上街头，利用工余时间为市民服务。深圳的公务员志愿者们就是这样，用一件件好事、一点一滴的行动来影响社会，用行动引领文明、用真情服务百姓，让城市更美好，让社会更和谐。此事一出，火了，在网上引起了很大的争议。近 80%的网友认为是作秀。

针对这些争议，来看官方是怎么回应的，首先擦鞋服务是作秀吗？官方的回复是：都是服务，不分高低贵贱。为市民擦鞋的想法起初是由几个青年公务员提出来的。根据要求，深圳市公务员志愿服务项目均由各单位自行申报。在深圳市审计局团支部讨论志愿服务内容时，这一“新点子”得到很多同事的支持，大家的想法是通过擦鞋体验一下“劳动的艰辛”。深圳市直机关工委宣传部的工作人员称，“其实无论是擦鞋、送药，还是搬行李、指挥交通，都是在为人民服务，没有高低贵贱之分”。由于这次活动是在深圳华强北举行，行人来去匆匆，因而选择了擦鞋、送糖水这些可以满足路人需求的服务项目。

争议：工作日上街便民？回应：下班时间不误本职工作。

由于活动日 2012 年 5 月 15 日是星期二，有网友质疑，公务员在非双休日上街擦鞋，会不会影响本职工作？深圳市直机关工委书记刘恩表示，“根本不存在上班时间做志愿者的情况，2011 年 1 月 8 日开始，全市公务员开展公务员志愿行动，全部都是在周末及下班时间”。2012 年 5 月 15 日下午 4 点至 6 点半做志愿者的公务员是利用五四青年节的调休假。深圳市直机关工委宣传部工作人员表示，活动系自愿报名，对公务员本职工作没有影响。

追问：擦鞋服务是否会继续？回应：市民反响好就会继续。

此次擦鞋服务备受争议，以后还会不会继续？对此，深圳市直机关工委宣传部相关工作人员表示，所有志愿活动都要以市民反响为评判标准，“若市民反响好，擦鞋可能会继续，任何市民反响好的活动我们都会继续开展”。但深圳市人大常委会内务司法工委委员吴立民却对“擦鞋”的创意不予认同，他认为，公务员的本职工作应该是做好决策。“至于擦鞋，公务员可能还擦不好。”不过，他也表示，目前深圳的义工活动做得比较好，已经成为了深圳的一个品牌，而作为公务员志愿者活动的“蓝马甲”活动，能够保持下来实属不易，这也是非常值得赞扬的。

二、由此案例引入的三个问题

（1）分析公务员上街为市民免费擦鞋是否值得提倡。

（2）公务员上街为市民免费擦鞋说明了什么？

（3）公务员应该怎样履行好自己的职责，怎样提高公众的满意度？

首先回答第一个问题：公务员上街为市民免费擦鞋是否值得提倡？笔者认为，公务员志愿服务的层次应该更高一点。志愿服务不应做一些锦上添花的事情，而应该做一些雪中送炭的事。对公务员来说，志愿服务如果仍限于擦鞋、理发等便民服务，除了舆论效应被放大之外，对志愿服务精神的提倡和弘扬并不能起到太多积极作用，反而有哗众取宠“作秀”之嫌。因此，公务员的志愿服务应该结合时代要求，站位更高。比如，目前各地频频出现“血荒”现象，公务员应该积极主动走上街头义务献血；转型期社会矛盾凸显多发，公务员可以深入社区，积极化解社会矛盾，推进社会管理创新；老龄社会来袭，大量“空巢”老人需要关爱，公务员可以结对子进行服务；底层弱势群体生活困难，主动捐款，做慈善；等等。这样，公务员的志愿活动，才能够真正起到践行、维护和引领社会道德与文明风尚的作用。

志愿服务从根本上讲是一种社会自治和自助行为。社会志愿服务的组织者应该是政府之外的社会公益组织，参与者应该是没有任何身份之别的社会各界民众。政府应当支持和倡导志愿服务，但它的表现方式是购买、表彰等，而不是组织一支“公务员队”来参加比赛。官方组织的志愿活动，很容易把服务异化为展示政绩的亲民秀。真正的志愿服务向来不以身份为招牌，不以声势为追求，而是努力去寻找公共服务的痛点之所在，默默无闻地完成补缺融合的工作。权力部门若真正要体现亲民，应该找准民疾民怨之所在，回应以制度化解决方案。公务员若真有爱民亲民之愿，在克己奉公之余，不妨加入公益组织，做一个无须强调身份的真正志愿者。

关于第二个问题，笔者认为深圳25家市直机关公务员率先垂范走上街头，开展便民服务，从另一个侧面说明，我们的公务员一方面是要树立自己的形象，改变自己的风貌；另一方面也是出于想打破公务员队伍远离社会百姓、高高在上的被动姿态，主动放下身段，来赢得社会的认可和百姓的肯定。

在当前的社会环境里，贫富差距不断扩大，更多的人被功利心所驱使，人与人之间变得越发冷漠，而某些机关公务员因为长期的官僚主义，高傲冷漠，与老百姓的矛盾对立更是十分明显。要消除这种矛盾对立，促进社会的和谐，缓和各阶层之间的紧张状态，需要国家公务员们主动身体力行，改变自己的行为方式，走到群众中去。

从表面上来看，深圳公务员的做法值得叫好，实际上也确实应该为他们鼓掌。但是，我们也要从中进行反思和追问，这样的服务能坚持多久，是真的发自内心，还是一时的想法使然。其实，机关的公务员们走不走上街头给人们提供这些服务都是次要的，最主要的是，只要他们踏踏实实地做好本职工作，在具体生活中，不要让老百姓找他们办事时，觉得脸难看、事难办、门难进就是最好的服务，就是最佳的人性化。

那么，公务员应该怎样履行好自己的职责，怎样提高公众的满意度？

一是树立法治观念，提高依法行政的能力。依法行政是公务员履行公共服务职责的基本前提，也是建设法治机关的根本要求，因此，公务员必须加强法律法规的学习，增强法治观念，坚持依法办事、依法行政，认真履行法律赋予的职责，严格按照法定权限和程序，管理经济社会事务及其他行政事务，做到既不缺位、也不越位，保证公共服务的科学性和合法性。

二是维护社会公正，提高透明行政的能力。服务型政府机关职能的确定，要求提高政府机关行为的透明度。要提高透明行政的能力，就要按照公开、公平、公正的原则，在指导思想上实现由“官本位”到“民本位”的转变，在行政方法上实现由“暗箱操作”到“阳光操作”的转变。此外，在贯彻公正精神、秉公办事的基础上，还要充分运用行政等手段，让公众直接参与行政过程，通过提高行政的公开程度，提高人民群众对公共服务的满意程度。

三是强化效率思想，提高高效行政的能力。公共服务的效率和质量，是公务员公共服务能力的重要标志。为此，公务员要增强公共服务的效能意识，用有限的资源提供更优的公共服务。要实现服务的优质高效，首先要明确公共服务的目标、标准和质量要求，严格按照服务规程办事；其次是要熟练掌握相关业务知识和操作技能，提高工作效率，降低工作成本；最后对公众对公共服务的意见和要求，及时填补漏洞，提供更为便捷的服务。

四是提高公务员的个人素质。公务员个人素质的高低，决定了公共服务能力和水平的高低。公务员是人民的公仆，必须有服务意识、服务知识和服务技能。提高个人素质的关键在于加强学习。要认真学习国家的法律法规，对自身从事的行业相关业务规章制度也要了然于心。不仅要透彻理解政策，还要能正确运用政策，具有较强的业务能力和协调能力。要保持良好的心态，掌握服务的技能，针对问题较多的服务对象，面对棘手的问题，也要认真耐心处理。牢记群众利益无小事，做到群众反映的事情件件有着落，事事有回音。公务员素质的高低，其实就在这样重复的工作中得到体现。

第十章 CHAPTER10

行政文化案例实验实训

第一节 知识框架

一、行政文化的概念

行政文化是指在行政实践活动基础上所形成的，直接反映行政活动与行政关系的各种心理现象、道德现象和精神活动状态，其核心为行政价值取向。

文化作为一种复杂的社会现象，在不同的社会生活领域具有不同的内容和表现形式，在行政活动领域即表现为行政文化。行政文化是与行政相关的文化，它包含人们行政行为的态度、信仰、感情和价值观，以及人们所遵循的行政方式和行政习惯等，具体来说包括人们的行政观念、行政意识、行政思想、行政理想、行政道德、行政心理、行政原则、行政价值、行政传统等。行政文化是一种多层次的、复合的文化，它的形成受到多方面因素的影响，如历史条件、地理环境、社会制度、民族特性、文化心理、文化背景、传统习惯等。行政文化是在社会文化的基础上，在具体的行政活动中形成的，不同的社会文化背景、不同的行政活动培育出不同的行政文化，行政文化的形成是一个长期而缓慢的过程，一旦形成则具有相对稳定的特性。

二、行政文化的内容

（1）主观性行政文化，是指对行政主体的态度、情感、评价等主观层面产生影响的行政信仰、行政价值、行政意识、行政思想、行政道德所构成的复合体。

（2）规范性行政文化，是指对行政主体的具体行政行为与观念产生规范性影响的行政文化,包括行政原则、行政传统和行政习惯等因素。

三、行政文化的功能

(1) 导向功能,是使人们在潜移默化中接受认同的价值、行为取向,使成员目标与整体目标趋于一致。

(2) 聚合功能,通过共同创造的精神文化,在组织成员中达成共识,形成强大的向心力、凝聚力。

(3) 调节控制功能,通过约定俗成的规范或共同价值准则规范约束成员的行为、思想,调节矛盾、冲突等不和谐因素。

(4) 改造更新功能,新的先进的治理理念通过行政文化灌输到成员的思想中,促进成员思想观念的更新,从而推进行政组织更新变革。

四、行政文化的特点

1. 历史性

行政文化是一种历史现象。首先,行政文化的出现需要一定的社会条件,行政文化的形成是人类社会发展到一定历史时期的产物。就人类历史而言,行政文化的出现以国家行政活动为前提,是社会私有制、阶级、国家等历史现象的伴随物。其次,行政文化随社会行政实践的发展而发展,不同历史时期的行政实践,都有与其相适应的行政文化,相同时期的不同历史条件,亦会造成行政文化的相应变化。

2. 阶级性

行政文化在有阶级的社会中,具有鲜明的阶级性。行政文化的阶级性质并不在于行政文化的问世以第一个阶级社会为历史条件,而在于行政文化在阶级社会中总是一定阶级意志的表现,总是为一定的阶级利益服务的。不同阶级的行政文化,其阶级性既有相互对立、对抗的一面,又有相互统一、转化的一面,但前者更为直接,是阶级性的主导性构成。行政文化的阶级性,不仅是现实阶级关系的反映,而且是以往的阶级关系的体现,但前者为基本属性,具有不断增强的趋势,后者为次要属性,处于逐渐消减的过程。

3. 民族性

行政文化的民族性,主要表现在特定行政文化的具体形式上,以及特定行政文化在其形成、发展过程中所形成的具体途径和模式上。行政文化通过民族特性和民族形式的不断发展,逐渐积淀成行政文化传统,构成行政文化特色。由于任何行政管理,其对象无非由人与社会活动所构成,因此民族特性在行政文化乃至行政实践中,都具有十分重要的作用。在现代社会,国际交往的频繁和复杂,保持行政文化的民族性,已成为国际社会普遍关注的课题。

4. 变动性

行政文化处于不断变化和发展之中,其间新的文化不断出现,并注入行政文化的历史长河中,使其具有更为生动的内容与形式。同时,旧的文化构成或因时代变迁而消失,或因条件变化而演变。行政文化此消彼长、一生一灭、时显时隐、或强或弱的变动,实质上是社会实践及其历史条件变化的体现。行政文化的变动作为对社会变化的体现,可能是滞后的，也可能是前瞻的。滞后性的变动，往往是被动的，有的由于难以及时适应社会变革而成为历史进步的阻碍。前瞻性的变动，是对社会变化的主动意识和自觉适应，不仅体现着社会变化，而且对行政改革以及其他相关的社会变化起着积极引导和促进作用，成为历史进步的动力。

5. 连续性

行政文化的连续性有两重含义：一是指任何具体的行政文化，都是以往存在的行政文化的某种延续、继承或扬弃，同时又都具有时间与空间上的推移性，具有向其他类型行政文化渗透、转移和演变的可能。二是指作为人类社会整体的行政文化的连续性。这种整体性的文化连续性，从量上看，只要存在行政活动，其延续便是无限的，其发展是不可间断的。从质上看，这种历史连续，主要体现在对优秀的行政文化遗产的继承与发扬等方面。行政文化的连续性，其基础归根结底是社会物质生产发展的历史连续性，起直接作用的是社会行政实践的历史连续性。

五、行政文化的影响

（一）行政行为影响

任何特定的行政活动无不受到行政文化的制约，无论是行政决策还是行政执行都是如此。行政文化通过人们行政心理、行政意识、行政思想、行政习惯对行政行为发生作用。行政文化对行政行为的影响是全面的、直接的，不仅影响行政决策是否果断、科学、可行，而且影响行政执行是否快捷、完整、灵活。具有自觉行政意识和进取行政思想的人，能够成为当机立断、独立思考的决策者和坚定、灵活的执行者；反之，则成为优柔寡断、故步自封的决策者和僵化、拖拉的执行者。开放型的行政文化氛围，会使决策者的行为具有开放、民主、高效倾向；相反，封闭型的行政文化氛围则会使决策者因循守旧，唯书唯上，思想僵化。民主型的行政文化氛围会使决策者的决策具有创造性、灵活性和综合性；相反，专制型的行政文化氛围会使决策者专横武断，刚愎自用。晦暗型的行政文化氛围会使决策者心胸狭隘，玩弄权术，争功诿过，造成行政风气腐败；相反，明朗型的行政文化氛围则会使决策者胸襟开阔，宽宏大度，公平正直，坚持原则，从而形成廉正健康的行政风气。当然，由于文化背景的不同，人们判断决策者和执行者的标准是不同的，但无论评价标准如何，行政文化对人们行政行为的影响是巨大的。

（二）行政观念影响

行政文化对人们行政观念的影响是长远的、深层的。行政文化作用于行政活动往往是通过行政人员的观念、信仰、习惯来实现的，行政人员是行政活动的主体，在行政活动过程中，行政文化环境对行政人员的观念起着直接的决定作用，社会成员进入行政活动领域后，不可避免地带有原有行政文化影响下各种积极或消极的因素，并在一定的行政体系内和具体的行政活动中形成特定的思想观念。如官僚主义，高高在上，遇事推诿，不求有功、但求无过，为政不廉，任人唯亲等行政观念很大程度上与封建的等级制度、价值观念、思维方式、伦理道德等行政文化氛围有关。

（三）行政体制影响

行政文化从多方面影响行政体制，这种影响和作用是潜在的、复杂的，通过历史条件、地理环境、民族特性、文化心理、文化传统、社会制度、政治状况、经济水平等对行政体制发生作用。封闭的地理环境，落后的社会制度，较低经济水平下形成的崇尚权威，注重人治，讲求等级制的行政文化会产生专制主义中央集权的行政体制；相反，开放的地理环境，先进的社会制度，较高经济水平下形成的崇尚民主，注重法治，讲求平等的行政文化会产生民主色彩地方分权的行政体制。守旧、惰性、注重形式的行政文化会产生低效率的行政体制；相反，进取、勤奋、讲求实效的行政文化会产生高效率的行政体制。

拓展阅读 10-1
我国对公务员的约束

总之，行政文化对行政管理的影响是广泛的、深远的，以至于有人称之为“行政的非正式组织”，行政文化通过行政行为、行政观念、行政体制对任何特定的社会行政活动产生影响，这种影响不是直观的、简单的过程，而是一个复杂的、多样的、潜在的过程。

第二节
实验案例

我国对公务员的纪律约束

自改革开放以来，经济发展迅速，人们生活水平逐渐提高，但由于法律有漏洞，一些政府官员为谋求利益而有不正当收入，并愈演愈烈，政府内部廉政建设迫在眉睫。习近平总书记上任后严抓贪污腐败，力求推进政府的廉政建设，自 2013 年以来，中央先后已出台 15 个文件通知（即 15 道禁令），以“严禁”“严查”的口吻砍除公务员的“灰色利益”。

据统计，15 道禁令所砍除的“灰色利益”包括豪华超规格办公楼、党政机关文艺晚会、一般公务用车、会员卡、公款旅游、公款宴请吃喝、公款发放赠送月饼年货等节礼、公款印刷赠送贺年卡、公务接待使用鱼翅燕窝或香烟高档酒水、赠发土特产、领导干部在企业兼职等，其中大部分与普通公务员日常工作和生活直接相关。具体规定如下。

（1）《关于在干部教育培训中进一步加强学员管理的规定》：学员之间、教员和学员之间不得用公款相互宴请。公款互相宴请，不得集体聚餐吃请，不收受纪念品土特产。

（2）《关于在全国纪检监察系统开展会员卡专项清退活动的通知》：纪检系统会员卡清退，做到“零持有、零报告”。

（3）《关于党政机关停止新建楼堂馆所和清理办公用房的通知》：停止新建、扩建楼堂馆所。严禁豪华装修。办公用房面积超标准配置的，应予以清理并腾退。

(4) 中宣部、财政部、文化部、审计署、国家新闻出版广电总局联合发出通知：制止豪华铺张，提倡节俭办晚会；严格控制党政机关举办文艺晚会。

(5)《关于落实中央八项规定精神坚决刹住中秋国庆期间公款送礼等不正之风的通知》：节日期间，严禁用公款送月饼送节礼；严禁用公款大吃大喝或安排与公务无关的宴请；严禁用公款安排旅游、健身和高消费娱乐活动；严禁以各种名义突击花钱和滥发津贴、补贴、奖金、实物。

(6)《中央和国家机关会议费管理办法》：各单位召开会议应当坚持厉行节约、反对浪费、规范简朴、务实高效的原则，严格控制会议数量和规模，规范会议费管理。

(7)《关于严禁公款购买印制寄送贺年卡等物品的通知》：严禁用公款购买、印制、邮寄、赠送贺年卡、明信片、年历等物品。

(8)《党政机关厉行节约反对浪费条例》：坚持社会化、市场化方向，改革公务用车制度。适度发放公务交通补贴，不得以车改补贴的名义变相发放福利。

(9)《关于进一步规范党政领导干部在企业兼职（任职）问题的意见》：现职和不担任现职但未办理退（离）休手续的党政领导干部不得在企业兼职（任职）。凡按规定经批准在企业兼职的党政领导干部，不得在企业领取薪酬、奖金、津贴等报酬，不得获取股权和其他额外利益。凡按规定经批准到企业任职的党政领导干部，应当及时将行政、工资等关系转入企业，不再保留公务员身份，不再保留党政机关的各种待遇。

(10)《关于严禁元旦春节期间公款购买赠送烟花爆竹等年货节礼的通知》：严禁用公款购买赠送烟花爆竹、烟酒、花卉、食品等年货节礼。

(11)《关于严格规范党报党刊发行工作严禁报刊违规发行的通知》：严禁以党报党刊名义搭车发行或利用行政权力摊派发行其他报刊。

(12)《党政机关国内公务接待管理规定》：工作餐应当供应家常菜，不得提供鱼翅、燕窝等高档菜肴和用野生保护动物制作的菜肴，不得提供香烟和高档酒水，不得使用私人会所、高消费餐饮场所。接待单位不得超标准接待，不得组织旅游和与公务活动无关的参观，不得组织到营业性娱乐、健身场所活动，不得安排专场文艺演出，不得以任何名义赠送礼金、有价证券、纪念品和土特产品等。

(13)《关于党员干部带头推动殡葬改革的意见》：严禁党员、干部特别是领导干部在丧事活动中大操大办、铺张浪费，严禁借机收敛钱财。

(14)《关于领导干部带头在公共场所禁烟有关事项的通知》：要严格监督管理，严禁使用或变相使用公款支付烟草消费开支。

(15)《中国共产党第十八届中央纪律检查委员会第三次全体会议公报》：坚决落实党政机关厉行节约反对浪费条例，严禁用公款互相宴请、赠送节礼、违规消费。严肃查处党员领导干部到私人会所活动、变相公款旅游问题。重点纠正领导干部利用各种名义收受下属以及有利害关系单位和个人的礼金行为。

第三节
实验要求

一、实验目的

行政文化案例分析的主要目的在于提高学生解决行政文化管理相关问题的能力和判断力，重点在于解决问题的过程。案例分析人员要把自己当作案例中的当事人，来进行分析和决策，提高分析和处理管理问题的技能。

通过对案例分析的学习，可以牢固掌握与案例相关的行政文化知识点，同时还能促进深入思考，找出自身思维中的盲点，相互启发、借鉴、学习和交流，充实、完善自己，从而达到提高自身的沟通能力以及决策能力的目的。

二、实验步骤

1. 阅读案例，个人分析

主要是审读案例文本，把握案例事实，识别案例情境中的关键（案例）问题，个人先对案例进行分析，初步拟定解决问题的方案。这一阶段要求同学花费大量时间来准备，准备得充分与否直接关系到学习的效果。具体又可划分为以下步骤：

(1) 快速阅读案例材料，熟悉所要讨论的案例及问题；

(2) 再次阅读案例，尝试勾画问题轮廓及可能答案；

(3) 仔细研究案例中的所有附加材料；

(4) 确定（关键）问题之所在；

(5) 分析案例中的数据；

(6) 使用所需要的任何一种分析工具；

(7) 仔细分析相互冲突的观点；

(8) 为个人的分析诊断和观点提供理论支持和证据支持；

(9) 制定恰如其分的行动计划和行动方案。

2. 小组讨论，达成共识

在小组或全班同学面前呈现个人对案例问题的分析，提出解决方案和依据；听取其他小组成员意见，对案例问题和解决方案展开讨论，从不同角度甚至对立中认识问题，以求达成共识。注意是提出观点而不是重复信息；尽量使用以下的表达"我的分析表明……""该公司应该……，因为……"，而不是"我想……""我认为……""我觉得……"。

3. 课堂发言，全班交流

在课堂上以小组为单位陈述案例分析结果。可以选派一名组员代表小组发言，也可以由几人共同完成。表述过程中注意锻炼自己的表达能力，力求做到自然流畅，并能吸引

听众的注意力，然后回答班里其他同学的提问。回答最好按照小组准备时的分工来分担问题，当然相互支持也是非常重要的。

4. 教师总结归纳，消化提升

在小组陈述、课堂讨论的基础上，最后由主讲教师或助教做总结。教师指导侧重案例分析的关键点，分析思路，通过该案例可强化、可引导的知识点等方面。

三、实验要求

（1）将案例阅读两遍。第一遍应该对案例有一个概括性认识，第二遍应该对案例中的种种做法了如指掌，然后仔细地研究每一份参考资料。

（2）列举本案例中必须面对的各个问题与关键点。

（3）充分进行数据分析，挖掘案例材料所能说明的各种问题。

（4）寻找运用各种原理和分析工具的机会。

（5）对形势的分析要全面深刻。

（6）所有的观点必须提供经过充分推理和论述的论据，包括数字证据。

（7）绘制图表，以清晰地表达观点。

（8）对个人提出的各种建议进行优先性排序，确保实施框架/步骤及可行性。

（9）重新评价个人所提出的行动计划，检验它是否为所确定的问题和关键点提出了解决方案。

（10）避免提出风险不可控制或不合理的方案。

四、实验成绩

序号	实验要求	分值
1	中央出台对公务员的约束文件或政策的原因	40
2	中央对公务员进行约束的效果如何	30
3	评价中央出台对公务员的约束的利弊	20
4	字数要求：不少于 3000 字	10

第四节
实验报告

实验报告

院系			专业		
班级		姓名		学号	
实验教师		成绩		日期	
实验名称					

一、实验目的

二、实验原理

三、实验步骤

四、实验数据（如有则填）

五、实验结果

六、讨论分析（完成指定的问题要求）

七、实验总结（如有则填）

备注：

第五节 实验答案

一、行政文化

1. 行政文化的含义

行政文化即政府公共行政的意识、精神和观念，其核心为行政价值取向。行政文化是一种多层次的、复合的文化，它的形成受到多方面因素的影响，如历史条件、地理环境、社会制度、民族特性、文化心理、文化背景、传统习惯等。行政文化的形成是一个长期而缓慢的过程，一旦形成则具有相对稳定的特性。

2. 行政文化的内容

行政文化的内容共有两点：第一点，主观性行政文化——对行政主体的态度、情感、评价等主观层面产生影响的行政信仰、行政价值、行政意识、行政思想、行政道德所组成的复合体；第二点，规范性行政文化——对行政主体的具体行政行为与观念产生规范性影响的行政文化，包括行政原则、行政传统和行政习惯等因素。

3. 政府现行行政文化

廉洁、问责制、压力与绩效、有限政府效率、好干部、基层导向。

二、中央对公务员的约束文件

自改革开放以来，经济发展迅速，人们生活水平逐渐提高，但由于法律有漏洞，一些政府官员为谋求利益而有不正当收入，并愈演愈烈，政府内部廉政建设迫在眉睫。习近平总书记上任后严抓贪污腐败，力求推进政府的廉政建设，自 2013 年以来，中央先后已出台 15 个文件通知(即 15 道禁令)，以“严禁”“严查”的口吻砍除公务员的“灰色利益”。

据统计，15 道禁令所砍除的“灰色利益”包括豪华超规格办公楼、党政机关文艺晚会、一般公务用车、会员卡、公款旅游、公款宴请吃喝、公款发放赠送月饼年货等节礼、公款印刷赠送贺年卡、公务接待使用鱼翅燕窝或香烟高档酒水、赠发土特产、领导干部在企业兼职等，其中大部分与普通公务员日常工作和生活直接相关。

三、出台文件的原因

(一)行政历史文化领域的传统制约

我国传统社会属于典型的伦理型社会，以儒家为主导的伦理思想根植于国民的心性之中，使得包括行政文化在内的整个社会文化都呈现出浓厚的伦理色彩，其影响一直延续至今（重义理轻法治，人情关系，中庸心理）。

《中庸》里说，“过犹不及”。这是传统文化中根深蒂固的信条，本身具有积极的意义。但放在行政领域之中，却逐步异化成为“无为而治”的立身之道、“无过即功”的错误观念。

（二）行政价值文化领域的混乱缺位

1. 行政规范制度的非现实性

规范公务员行为的制度前提过于理想，公共选择的理论家在分析了政治市场上人的行为与经济市场上人的行为后指出，在经济市场上把人看成是利己主义者，即人是按个人利益最大化原则行为的；而在政治市场上却把人看成利他主义者，一个人似乎拥有了官员的身份人性就变得至善至美了。我们规范公务员行为的制度前提是建立在过分完美的人性假设基础上的，因此，不可避免地出现约束无效的现象。

2. 行政规范制度的非预防性

规范公务员行为的制度安排的非预防性，由于对公务员觉悟做了过于理想的判断，我们规范公务员行为的制度就缺乏预防性安排。既没有预先估计公务员行为失范的可能范围，也没有对公务员进行预警教育的具体措施。这理所当然地助长了无视公务员行为规范的普遍心理，使各种行为准则成为一纸空文。大量公务员行为失范得不到纠正，又必然会以更大规模的行为失范作为回应。在发展市场经济的条件下，腐败现象几乎是在一夜之间泛滥成灾，就是这种回应的必然结果。

3. 行政规范制度的非自修性

管理公务员行为的制度缺乏自动净化机制，要正确规范公务员行为，除了建立预先防范体系之外，还应该有事中和事后控制的措施。根据一些成熟的市场经济国家的经验，这些控制措施主要包括：公务员的竞争淘汰机制；对公务员严密监督约束的机制；威慑力极大的违规惩戒办法等。主要由这些措施形成的周密体系，就成为了能够促进公务员行为自动净化的机制。然而，我国规范公务员行为的制度却缺乏这么一套机制，甚至从某种意义上说是一种逆净化机制。

（三）行政技术文化领域的相对滞后

受传统观念、体制以及科技发展水平的影响，我国在行政领域的科技化、信息化水平还相对较低，行政决策、实施等环节存在不少漏洞和弊端，从而有行政行为失范的重要隐患。公务员队伍规模庞大，人员素质和知识结构参差不齐。受传统行政观念和习惯的制约，部分公务员特别是年龄相对较大的公务员存在观念的保守性，仍然习惯于低效的政务环境，不愿意主动接受信息技术在行政行为中的应用，导致电子政务建设推进成效没有达到预期，和其他领域相比存在明显的滞后性，行政行为拖沓问题始终难以解决，“让数据多跑路、群众少跑路”更多地停留在理想层面。另一方面，缺乏对行政技术的全局性研究和规律性把握，已采用的技术手段、已建成的技术平台之间无法互通有无、共享资源，不能承担在行政主体和行政对象之间的“中间人”角色，效用发挥非常有限，也容易引起人民群众的反感。同时，伴随着信息流和透明度增加，政府提取、处理信息的压力大增，原有的信息优势地位和话语权不断下降，也是需要引起高度关注的问题。

四、文件出台后的效果

（一）收礼现象大幅减少

2014 年，新京报就“中央禁令对公务员影响”，在中国东部、中部、西部三个地区的北京、黑龙江、江苏、福建、陕西等地随机抽取了 100 位公务员进行问卷调查。调查结果显示，全部受访者均表示中央禁令对其影响很大，主要表现在之前可以收到一些购物卡、烟酒之类的礼品。2013 年后没有收到任何礼品的受访者占到了 79%。和 2012 年相比，称 2013 年收到的礼品在数量上没有减少的受访者仅 8 人，这是因为他们当年刚入职，即碰到了“禁令年”。

个案：中秋遇“禁令”月饼不敢收。

小许 2009 年大学毕业后考上了某省直机关公务员，主要负责一些单位的考核。工作勤勉、肯干，如今已是副科级干部。因为工作关系，也成为一些单位的公关“目标”，小许说，没有单位想落后，因此在考核时，他成为被突破的对象。“请客吃饭比较正常，然后是购物卡和一些烟。”小许说在 2013 年之前，他的主要业余时间就是应酬，而收的购物卡数额一般在 300～500 元，每年大约有 10 张，烟则是软中华。“看到好多公务员受到处分，中央是动真格的了。”小许说，他很快就推掉了一切应酬，送烟和购物卡的也几乎没有了，偶尔还有人送，也坚决不收。

（二）受“禁令”影响，不分职务地域

在受访者中，科级及以上的公务员占据近五成，统计结果显示，禁令之下，这些身处“官位”的公务员，其收入与福利也和普通公务员一样受到了很大影响。

在受访的 18 名处级公务员中，有两个人在 2013 年收了月饼和 1000 元购物卡的礼品，其余均表示没有任何礼品收入。此外，原本单位在过年过节会发的一些生活日用品福利，2013 年也全部取消。

记者分析数据还发现，选取的东部、中部、西部三个不同地区，禁令在执行上并未有地域之分，三个不同地区的公务员生活一致受到影响。数据显示，96%的受访公务员觉得禁令“真的严了”。不过一个值得关注的现象是，受访者中有 64 名公务员觉得“油水多的部门收入也少了，自己也平衡了”。此外，调查发现，在东部发达地区，同样在没有其他收入之后，公务员工资待遇仍好于中西部地区，这和经济发展水平一致。

（三）履职过程中公务员心态多样化

心态一：牢骚满腹，抱怨“福利减少了”“工资太低”。

点评：倘若怀着“千里来做官，只为吃和穿”的信条，放不下“领导就得骑马坐轿”的“优

越感”，走不出办事就得吃拿卡要的潜规则，那么放眼看去，大到党纪国法，小到条条禁令，都是与自己为难作对，处处寸步难行。整天长吁短叹“为官不易”，实则是心里难以割舍特权所带来的权力福利，这与公务员的人民公仆身份定位偏离太远。

心态二：敷衍了事，变相应付“躲风头”。

“原来以为只是一阵风，现在相信动真格了”，这是不少干部群众的切身感受，因为一餐饭、一顿酒、一次公车私用，受处分甚至丢了“乌纱帽”的案例隔三岔五出现。然而，冰冻三尺非一日之寒，“四风”问题积习甚深，在某些官员那里甚至成了一种深入骨髓的习惯。即使在一条条严格的禁令之下，一些官员仍抱有敷衍了事、变相应付的心态，对于那些被查处的案例则称之为“倒霉”“撞枪口上了”。一些官员自认为级别高了，便戴上了“护身符”；一些官员认为暗箱操作不易察觉；一些官员甚至认为逢年过节登门走访送礼合情合理、无可厚非。同时，一些官员违反中央八项规定的行为和方式也更加隐蔽，招数更加多样。

“车”招——公车玩起了“借用”“租用”，私用现象屡见不鲜。一些单位负责人抱着“不在意”的态度，对违规配备超标公车“睁一只眼闭一只眼”，而且开公车外出吃喝、接送孩子上学等。

“吃”招——吃喝地点更隐蔽了，一些单位将吃喝地点转移到“五星级”食堂、定点饭店或高档会所；食材的配备也更加隐蔽精良，茅台、五粮液等高档名酒被灌入各种饮料瓶；而且在报销时动了歪脑筋，要么在发票上写上办公用品，要么就化整为零、分批次报销，让人难以抓到把柄。

点评：一年多来，在各项规章的制定和执行中，“原则上”少了，“一律”多了；在中央纪委国家监委网站上，对顶风违纪者称“某某”少了，点名道姓的多了；各种制度的篱笆越扎越紧了，纪律的“高压线”也开始带电了，严格监督，严厉问责让不少人止于禁令，心存敬畏。然而，总有一些人割舍不下特权带来的诱惑，挖空心思去钻制度的空子，甚至顶风违纪。对此，一方面，要在制度上下功夫，堵塞制度的漏洞，将禁令规定得再细点；另一方面，对那些敢于搞变通者、顶风违纪者予以严惩。

心态三：逃还是不逃，两难的抉择。

《上海观察》曾刊发的一篇《80 后公务员自述：我为什么辞职》引起了社会的广泛热议。这位公务员自称，机关工作 7 年，渐渐从最初父母的荣耀、自我的荣光，变成平庸与麻木，再到自我质疑与反省。7 年收入没涨，职级没变，能力是“听话加写报告”，社会关系是“领导加同事。人生却已步入而立之年，深深感觉到自己是 loser。”

年轻公职人员的迷茫与反思，未必全是矫情，也反映了一定的现实。中央在干部作风建设上步步为营，越抓越紧、越管越细，“为官不易”已成共识，离职转型也不再是新闻，有关公务员下海的消息也不断传来。

点评：几个公务员的说法并不能够得出公务员就成了明日黄花的结论，只不过，当官不易确实应该成为一种共识。公务员作为维持国家正常运转的操作员，应该吸引大批优秀人才的加入，更应该成为令人尊敬的职业。但是与其他国家相比，我国公务员总体上收入和待遇在整个金字塔中不高，特别是基层公务员群体。因此，对于公务员队伍来说，一方面应该对其严格要求，坚持反“四风”，反贪腐，纯洁队伍；另一方面也应适当对公务员的生活予以保障和改善，这既是廉政建设的需要，也是保证公务员职业吸引力的需要。

心态四：负担小了，应酬少了，双手欢迎八项规定。

文山会海，空话套话一大堆；吃饭应酬，喝坏了党风喝坏了胃……近年来，一些干部的负面“标签”饱受诟病，而不少基层公职人员也对这些问题颇为不满，视为负担。中央禁令实施之后，一些干部从各种应酬中脱身出来，有了更多的自主时间，或学习，或健身，或下基层，或陪陪家人，称“工作和生活的幸福感与日俱增”。

点评：中央的规定、禁令、要求等，不是让当官越来越难，而是让当官越来越容易了。因为这些规定、禁令、要求，都非常明确、具体、详细，按照要求和规定做就行了，用不着想什么办法去变通，挖空心思去钻营。对干部来说，觥筹交错的宴请少了，迎来送往的风气淡了，不仅有利于身体健康，更可以腾出更多的时间和精力抓学习、搞调研、问民情，全身心地投入工作事业之中；对群众而言，严治懒散庸拖，严责政绩工程，办事办证就会顺畅得多，民生民利就会有更多保障。

五、评价

中央禁令的力度大、措施实，取得了非常好的效果，受到广大百姓一致好评。

（一）让权力回归本色

按照《公务员法》的定义，公务员，是指依法履行公职、纳入国家行政编制、由国家财政负担工资福利的工作人员。全心全意为人民服务，接受人民监督，清正廉洁，公道正派是公务员必须履行的义务。拿纳税人的钱，为人民服务，接受人民的监督，这是政治文明的应有之义。党的几代领导集体反复强调，作为执政党，我们的一切权力都是人民赋予的，正因为是人民赋予的，所以权力只有为人民谋利益，才能得到人民群众的支持和拥护。这也是权力的本色。

让权力回归本色，重要的是要理清公与私的关系。习近平在第十八届中央纪委第三次全会上讲得清晰明了：公款姓公，一分一厘都不能乱花；公权为民，一丝一毫都不能私用。领导干部必须时刻谨记这一点，做到公私分明、克己奉公、严格自律。权力只有回到它的本色，我们的梦想才有希望。

（二）公务员“不好当”有利于改革推进

从社会整体而言，公务员队伍是一个既得利益群体。由于既得利益的驱使，在各种利益深度调整的情况下，他们当中可能会有相当一部分人成为改革的阻力。而许多改革方案的制定，都是由公务员来谋划、设计的，因此公务员“不好当”的感觉，将有利于他们自身的改进和提高，有利于改革方案的设计与制定，有利于减少改革的阻力和压力，进而有利于改革的深入推进。

（三）公务员因“禁令”考虑离职是件好事

公务员身处社会管理层，廉洁从政既是职业要求，也是民众希冀，更是引领倡导社会公平法治风尚的必需。只有政府和公务员主动过紧日子，民众才会有望过上好日子。同时，遵规守矩是公务员的本分，也是各行各业的入门底线。公务员是人民的公仆和勤务员，不堪“禁令”勿当公务员。公务员队伍需要吐故纳新，经不住“禁令”考验者尽可走人。多年来，人们一直诟病公务员职业的“铁饭碗”，呼吁打破一池死水、疏通人员出口。部分公务员主动表示“离职”，无疑为公务员正常退出机制的建立做出了“贡献”，也间接对非正常的“公考热”产生降温效应。对他们的选择，社会要多些理解、少些讥讽，毕竟人各有志。期待反腐“禁令”能够持续发挥试金石作用，以净化公务员心灵，纯洁公务员队伍。

（四）存在一刀切问题

15 道禁令实施之后，虽然在不同地区各个方面都取得了不同程度的成效，但存在一刀切的问题。禁令的实施不仅仅针对那些违法违规发放的财物，有些单位部分正常福利也受到影响，在一定程度上不利于公务员工作的积极性。因此，禁令应该更精细、切合实际，对于身居要职的官员则要严格限制，对于基层普通公务员，应提高福利待遇，“官员收入高、福利待遇也好，要适当调配，多考虑基层普通公务员”。

CHAPTER11

第十一章 行政环境案例实验实训

第一节 知识框架

一、行政环境的含义

行政环境是指直接或间接影响，作用于行政系统的各种因素的总和。它是围绕行政管理主体并直接或间接地作用于行政管理活动的客观因素的总和。行政环境是行政活动的生存、发展空间，同时也是行政活动施加影响的对象。影响行政系统运行的因素包括两大部分，一是行政系统之外的环境，如政治、经济、社会、法律、文化、教育、科技、人口、资源、自然环境等；二是行政系统内部环境，如行政体制、职能、领导者、人际氛围等。在此，我们着重阐明行政系统与外部环境间的相互影响关系。随着行政学研究的深入发展，对行政环境与行政系统相互作用的研究已发展成为一门学科——行政生态学。它把行政系统视为生物有机体，把行政环境看作生态环境，借助生态学的有关理论来研究行政问题，给人们提供了许多重要启示。

二、行政环境的主要特点

1. 多样性与复杂性

行政环境是一个复杂的系统，其中有物质的，也有精神的；有社会的，也有自然的；有有形的，也有无形的；有国内的，也有国际的。如此众多的因素构成了行政环境的不同门类、不同层级，它们从不同角度对行政活动产生程度不同的影响。

2. 差异性

行政环境在国家间、地区间存在明显的差异。国家间在自然环境、社会环境方面存在众多差异。一国内部的不同行政区域之间，往往也存在着自然环境和人文环境的差异。环境的差异决定了行政风格与模式的不同，行政特色随之产生。

3. 变异性

环境因素，尤其是人文环境因素一直处于变化之中，只不过变化程度是否显著而已。环境的重大变化往往对行政系统产生重大影响，这时行政系统常常要进行改革或重大调整，以适应变化了的环境。一般而言，伴随社会环境重大变化而来的往往是行政改革的进行。

4. 关联性

环境因素，尤其是社会环境因素往往不是孤立存在的，相互间存在着连带关系。其中，某一因素的变化会引起连锁反应，使众多环境因素发生相应变化。环境的这一特征要求行政系统对环境进行综合把握，同时，对环境施加影响必须慎重，必须考虑到由此而来的系列变化。

三、行政环境的主要分类

行政环境是一个非常复杂的体系，按不同的标准，可以进行不同的分类。根据各种因素性质上的差异，行政环境可区分为自然环境与社会环境。

（一）自然环境

行政的自然环境是指行政生存空间所包括的各种自然存在物，具体指一个国家或行政部门所处的地理位置以及存在于这一地理位置上，对行政产生直接或间接影响的物质世界。对行政活动产生影响的自然环境主要包括各种自然资源，如空气、水、土地、矿产资源，以及由各种微生物、动植物构成的生态系统。

自然环境是构成人类从事经济活动的基本物质条件。自然条件对经济发展所起的基础作用决定了经济与地区发展特色，行政管理必须顺应这一点。同时，行政工作必须考虑自然条件的维护或有效利用，否则，人类的生存条件将恶化，行政的生存空间也将受到制约。

（二）社会环境

行政组织的社会环境可分为三类：一是对一切行政组织均发生影响的一般社会环境；二是对某种组织有直接影响的特定社会环境；三是行政组织外的团体社会环境。

1. 一般社会环境

一般社会环境对行政组织内部的功能结构与运行均产生影响，主要包括文化——历史背景、价值观、意识形态、行为规范等；政治——国体、政体、国家机构、政党制度、政治风气与政治气候、公民政治参与程度等；经济——经济结构、经济体制、经济制度、资源开发、经济发展布局与水平等；社会——社会结构、社会制度、社会阶层、社会团体、社会控制、贫富差距、社会变迁与社会管理水平等；法律——宪法的功能与效应、法治的性质与程度、政府机关的权力分配关系等；科学技术——科学技术的社会功能、科技发展水平、科技应用开发的广度与深度等；教育——教育制度、教育法令、国家教育的能力、国民教育的一般水平等；人口——人口数量、人口增长率、人口素质、人力资源开发利用状况、人口区域分布等。

2. 特定社会环境

对具体行政组织而言，一般社会环境并不总是对其产生直接影响，只有那些与行政组织在功能上有直接关系者才对它产生直接影响与作用。这种直接对行政组织活动产生影响的因素构成了特定社会环境因素。特定社会环境与一般社会环境从表现形式上看并无差异，二者的区别主要在于前者对政府组织的影响更直接，力度更大。

3. 团体社会环境

现代社会的发展导致众多利益团体的出现，利益团体旨在谋求团体成员的利益，利益团体的行为必然对政府行为产生影响，同时，政府行为又决定了团体的利益能否得以实现。因此，现代政府与各种利益团体间存在着互相依赖与利用的关系，政府既要考虑满足团体的利益需要并借助团体力量实现行政目标，又必须从社会整体利益出发平衡各团体间以及团体与一般民众间的利益关系以确保政府行为的公平、合理、有效。

四、行政环境的理论依据

(一)环境的改变和人的活动在实践基础上的一致

行政系统和行政环境的关系也可得出如下结论：

(1) 行政环境是行政系统赖以存在和发展的基础。行政系统必须并只能在一定行政环境中运行和发挥作用。行政环境改变了，行政系统的存在和活动方式也随之改变。

(2) 行政环境是行政系统施加影响的对象，行政环境的改变是行政系统功能有效发挥的结果。

(3) 行政系统的活动和行政环境的改变，只能在实践中取得一致。行政系统活动主要是执行国家意志，是制定方针、政策、法规、命令，只有通过实践，才能把这些变成改造环境的物质力量。而行政环境也只有通过实践才能得到改造。离开实践，行政系统的运作就陷于空谈而不能产生实际成果，行政环境也得不到自觉改造。

(二)经济基础对政治上层建筑的制约作用

行政管理制度属政治上层建筑。作为社会的总代表，它具有凌驾于社会之上的权力，但不能脱离经济基础而起作用，不能不受以经济基础为核心的经济环境的支配和制约。主要表现为：①经济环境决定行政系统的产生和存在；②经济环境决定行政系统的性质、目的和历史使命；③经济环境决定行政系统的变化和发展方向等。

(三)上层建筑其他方面对行政系统的作用

上层建筑是一个复杂的体系，包括政治制度、法律制度，包括军队、法院、监狱等物质设施，还包括政治、法律、宗教、艺术、哲学等各种观念形态。它们以经济制度为基础，为经济基础服务,但又互相影响、互相作用。

五、行政环境的相关背景

(一)行政环境问题的提出

行政环境问题是行政生态理论的重要内容,是运用生态学的理论和方法研究行政管理学提出的新课题。

(二)行政生态学的兴起

生态学形成于19世纪末和20世纪初。20世纪50年代后,由于人口剧增、环境污染、食物短缺、能源紧张和资源破坏等环境危机的加深,唤起人们对生态环境问题的普遍关注和高度重视。拯救环境的强烈呼声促进生态学的更大发展。行政生态学正是在这一背景下兴起和发展的。1947年,美国学者约翰·高斯发表《政府生态学》一文,提出了行政生态问题。1957年和1961年,弗雷德·里格斯分别发表了《比较公共行政模式》及在此基础上写成的《公共行政生态学》,其后又连续发表了相关论著。在这些论著中,他把行政现象和行政行为与行政的社会背景、文化背景、意识形态背景等联系起来考察,并从行政的经济环境方面将行政管理区分为三种模式:①融合型即农业社会的行政模式;②棱柱型即过渡社会的行政模式;③衍射型即工业社会的行政模式。里格斯的论著确立了行政生态学的基本思想,开创了行政管理学研究的一个新途径,被认为是行政生态学的代表作。此后,行政环境研究就受到行政学界和行政活动家越来越广泛的关注。从20世纪80年代开始,我国行政学界也以极高的热情研究这一问题,并结合我国实际出版了一批有影响的论著。

(三)与行政管理的相互作用

1. 行政管理与行政环境的平衡

(1)行政管理与行政环境平衡的必要性。

平衡是矛盾统一的表现,是事物存在的必要条件。平衡是相对的、暂时的,而不平衡是绝对的、永恒的。矛盾双方的对立和斗争,破坏了原有的平衡,形成新的平衡;新的平衡又包含新的不平衡,从而开始另一个矛盾过程。不平衡和平衡,循环往复,以至无穷,这是事物发展的普遍规律,也是行政管理与行政环境相互关系的必然过程。

(2)行政管理和行政环境平衡的主要特点有综合平衡,宏观平衡,暂时平衡。

2. 行政管理与行政环境相互作用的基本内容

行政管理和行政环境之间虽有自然形态的物质、能量和信息的交流,但主要表现为行政环境的需要和行政管理对这种需要的满足。行政环境的需要是确定行政管理基本任务的客观依据。

3. 行政管理对行政环境的利用和改造

行政管理必须适应行政环境,但在适应的同时,又积极地利用和改造行政环境。行政管理存在和发展的全部价值就在于它在适应行政环境的基础上,积极地促进其所赖以建立的经济基础和国家政权的巩固和发展；在于它对行政环境的能动的改造。

（四）与现代行政管理的联系

行政管理在一定行政环境的影响下存在和发展，与行政环境发生一定的联系。古代如此，现代也是这样。但从历史发展过程看，行政管理与行政环境的联系却有逐步加强和日益紧密的趋势。

1. 一般行政环境与公共行政

一般行政环境，是指公共行政的宏观环境，不仅指一个国家的公共行政所赖以生存和发展的自然地理环境、政治、经济、文化环境，也包括国际环境。

(1)自然地理环境与公共行政。

自然地理环境，是指一个国家所处的地理位置和自然状况。自然地理环境不仅对民族的形成和对政府的塑造有重要影响，而且能为公共行政管理提供物质资源，对确立公共行政目标和进行行政决策有很大的影响，有时甚至有决定性的影响。自然地理条件和资源决定并限制了政府的决策和行政目标的选择。同时，公共行政也可能会破坏自然环境。另一方面，各国政府也可以制定恢复和保护生态环境的政策。

(2) 社会环境与公共行政。

①政治环境与公共行政。一个国家的政治制度、政党制度、阶级状况、法律制度等构成了这个国家公共行政的政治环境。政治环境决定并制约公共行政。政治体制决定行政体制，决定政治与行政两者的关系，决定权力的制衡关系，决定行政权力的划分与运行方式。

②经济环境与公共行政。经济环境是由社会生产力和生产关系的状况构成的。经济环境对公共行政有决定性的影响。经济基础决定上层建筑，作为上层建筑重要组成部分的政府必然由经济基础决定，从而决定了公共行政的性质、目标、原则、行为和方法。公共行政不可能超越经济环境所提出的要求和所提供的各种条件，尤其是政府职能的确定和行政目标的选择，更是如此。

在公共行政与经济环境的关系上，经济环境的决定作用是最根本的，是首要的。但是，公共行政对经济的反作用也很大。一旦行政体制适应经济体制，就能够强有力地推动经济发展。

③文化环境与公共行政。文化环境是由意识形态、道德伦理、价值观念、社会心理、教育、科学、文学艺术等要素的总和。文化因素渗透到社会系统的各个领域，对行政体制、政府职能、行政行为、行政心理等影响不仅是广泛的，而且是深远的。文化环境为公共行政提供智力支持和精神动力，提供行政价值观和行为规范。可以说，有什么样的文化环境就塑造出什么样的公共行政。适应文化环境的公共行政能够反过来改善文化环境。以科学民主为核心的现代文化是现代公共行政文化的重要内容。应当特别指出的是，意识形态对公共行政有指导作用和强制性的作用。

④国际环境与公共行政。国际环境，是指一个国家同世界各国、各地区之间的政治、经济、文化和自然地理等方面的关系。公共行政向地区化和全球化方向发展，所以，国家关系对公共行政就显得更为重要。国家环境对公共行政的影响有时也是决定性的。

2. 具体环境与公共行政

（1）具体环境的概念与内容。

具体环境也叫组织环境，是指具体而直接地影响和作用于公共组织、行政行为和组织凝聚力的公共组织的内部与外部环境的总和。它包括组织文化、组织结构、组织的规章制度、组织的凝聚力、管理对象等。

组织环境一般是比较稳定并且比较确定的。公共组织的机构、职权、职能、人员、规章制度和组织文化等一旦形成，处于比较稳定状态，不仅不会轻易改变，而且要改变也是十分困难的。这些管理要素的稳定性保证了公共行政的有序性。组织环境的影响和作用涉及组织的效率和工作人员的士气。组织环境虽然受一般环境的影响，但是一旦组织环境形成自身的特点以后，就能够抵御一般环境的压力，保持组织环境的特性。组织环境是一种约束力量和整合力量。组织环境是一种没有形成规章制度的规章制度，是一种没有制度化的制度。它是一种无形的组织规则和组织压力。

（2）组织文化。

①组织文化的含义。组织文化是指组织在一定的环境中，逐步形成的全体公共组织成员所共同信奉和遵守的价值观，并支配他们的思维方式和行为准则。组织文化在政府也可称之为公共行政组织文化，在企业则称之为企业文化。组织文化包括组织观念、法律意识、道德感情和价值观等。

价值观是组织文化的核心。以价值观为核心的组织文化是形成组织规范、工作准则、思维方式、行为方式和人际关系准则的源泉。公共组织的组织文化来源于统治阶级的意识形态和传统文化。在中国，为人民服务是公共组织文化的核心价值观，这是由马列主义的意识形态决定的。同时，中国传统上也有“君为轻，民为本，社稷次之”民本传统。当然，传统文化有其局限性，必须对它进行去粗取精、去伪存真、推陈出新。但是，组织文化是领导者营造的，尤其是组织的创造者和以后的继任者们，他们的倾向性和主导思想起着决定性作用。还有组织的第一批成员在组织活动和交往中所体验和领悟的东西而逐步演变为组织的各种规范和准则，并且作为一种组织文化保留下来。

②组织文化的作用。组织文化具有价值导向作用；是管理的基础，管理的灵魂；是组织的个性；为组织和组织成员提供精神动力；具有稳定性。

（3）组织文化的特征。

对组织文化的评价还不可能有一种可以量化的标准，而仅能通过一个组织所具有的如下特征予以识别：组织成员的同一性程度、团队精神、对人的关心程度、组织的一体化程度、风险承受程度、民主程度、报酬标准、重视结果、控制程度。

六、经济环境和政治环境对行政系统的影响

（一）经济环境

1. 经济力量

一方面，由于特定社会的经济力量直接决定着该社会的社会生产力发展水平，从而也决定着其社会经济发展阶段。另一方面，经济力量还包括或者说决定着特定社会的国民

财富总量，这也就意味着，它还决定着行政系统可能获得的财政收入总量与支出总量，决定着该系统可能的职能与组织规模。

2. 社会经济结构

首先，社会经济结构实质上体现了一个社会的社会生产关系构成，即生产资料归谁所有、不同人群在生产过程中的地位以及产品如何分配等问题。其次，社会经济结构还直接影响着行政职能结构、经济管理方式及管理手段的选择。最后，社会经济结构还包含有社会分工与专业化发展程度这一重要社会经济结构性因素。

3. 经济体制

一方面，有些国家特定经济体制的确立往往是有意识地选择某种行政体制的结果，或者说是通过特定行政体制予以实现的；另一方面，当今各国无论何种经济体制，都要依赖于一定的行政机制才能有效运行。

4. 科技发展水平

首先，行政系统运转的协调，行政效率的提高，不仅需要良好的组织功能、结构、运行程序与规则等制度化保障，也离不开高效技术系统的支持。其次，科学技术的不断进步，也会对行政系统结构产生巨大冲击。最后，这些结构变量的改变又会对行政权力的配置、行使方式产生重要影响，产生相适应的以及分权化为取向的变革。

（二）政治环境

1. 国家政权组织形式与实际运行状况及其对行政管理的影响

国家政权组织形式，是国家权力的排列组合方式。具体而言，就是国家权力在政府横向各部门及纵向各层级政府间具体划分方式、互相关系及其制度体现。政权组织形式这个因素既包含了制度规定层面（宪政制度对国家公共权力配置方式的制度规定与体现），也包含了制度实际运行层面（实际的权力布局及权力主体间真实互动关系）的内容。当然，制度的运行层面是与所在社会法律制度的发达程度密切相关的，即具有健全的立法、执法与法律监督体系，法治化程度较高，基本实现了依法治国。在具有高度发达的法律制度的国家或地区，宪政体制一般都能确保依法行政的实现，行政系统的实际运行状况与法律制度所规定的基本一致。相反，在法律制度不健全的社会里，即使存在各种现代宪政制度的形式规定，也很难得到有效的贯彻落实，行政系统往往很少受到正式制度规定的限制，并在大多数情况下成为社会最有权势的公共部门。

总之，行政管理活动是国家公共权力活动之一，行政系统的存在、运行与发展总是围绕公共行政权力的行使展开的。作为国家权力配置方式及其制度体现的国家政权组织形式，直接决定着行政系统在整个国家公共权力体系中的地位。它在根本上从宪政制度层面决定着行政系统的基本结构、功能、运行程序及规则，以及它与其他公共权力主体间的互动关系。政权组织形式不同的国家，行政系统的权力来源、行使方式及其在整个国家政治生活中的地位存在着很大的差异。

2. 政党制度及其对行政管理的影响

尽管政党制度千差万别，当今世界各国基本上都存在政党，这些政党在不同程度上参与国家政治生活，行使政治权力，成为现代政治生活中的一个基本组成部分。具体来说，政党组织主要通过三种途径对行政系统施加影响。其一，是通过自身的利益表达（动员人们发现新问题）与利益综合功能（形成人们对问题的某种倾向性），为行政系统提供有关社会民众的政治要求等方面较为专业、系统的信息，为行政系统的决策与管理活动提供依据。其二，是运用自身所具有的政治社会化功能，及时把行政系统的有关政策信息反馈给政策制定者与政策对象，在政府与社会之间建立起一座桥梁，这日益成为当代行政系统得以有效运行、改善政民关系的重要保证。其三，就是政党的执政功能，也就是通过成为执政党，从而能够组阁政府运用行政权力来实现自身的政治主张。

3. 社会团体与公民政治参与程度及其对行政管理的影响

在现代社会，社会团体对行政系统的影响作用主要表现在：第一，社会团体构成行政系统与社会公众之间强有力的“媒介”。将社会公众的许多特殊利益要求、愿望有效地传递给政府，而政府的政策措施也往往通过社会团体得到社会公众的支持和有效实施。第二，社会团体不仅扩大了行政系统的效能，而且也塑造、影响着行政系统的运行与发展，决定着行政运行程序与规则。如20世纪70年代中后期从英美等国兴起到席卷全球的新公共管理运动就包含一项相当普遍的内容，就是公共权力（主要是公共行政权力）的社会化，即还权于社会，实质上是还权于各种社会团体组织。这与这些国家社会团体的发达是分不开的。而在一些发展中国家，社会团体可能被禁止或很难获得影响行政系统的合法渠道，因而也不能或难以真正有效地影响行政系统的运行与决策过程。

七、文化、民族和宗教环境对行政系统的影响

（一）文化环境对行政系统的影响

（1）关于行政系统一般行为的期望对行政系统的影响：①不同的国家对行政系统的管理范围有不同的期望；②不同的国家对行政系统的输入、输出有不同的期望；③对行政系统的认同程度决定群众参与行政输入方式的差异。

（2）关于行政系统首脑权力观念对行政系统的影响：①血统论的行政文化认为，行政首脑的权力来自世袭；②唯意志论的行政文化认为，行政首脑权力来自超人意志；③法治论的行政文化认为，行政首脑权力来自人民委托，并通过体现民意的法律形式予以确认。

（3）关于行政系统运行方式的观念对行政系统的影响：①行政系统运行方式的人治观念认为，行政系统内外治理的好坏，关键在人，而不在制度；②行政系统运行方式的法治观念，又分为专制主义和民主主义的法治观念。前者主张集权于行政首脑，后者主张将公民和政府的权利与义务用法律的形式加以调整。

（4）关于行政系统内部人际关系的观念对行政系统的影响：一般情况下，有特殊的人际关系观念与普遍的人际关系观念两种。

（5）关于行政道德的观念对行政系统的影响：①行政道德指导着行政系统成员的政治方向；②行政道德制约着行政系统成员个人利益的实现程度；③行政道德影响着行政系统成员的社会地位。

（二）民族环境对行政系统的影响

我国现在各民族之间基本上是团结的，这为我国行政系统的政策稳定和功能发挥创造了良好的民族环境。

（1）民族环境影响政府的民族政策及相应的行政机构设置。

（2）民族环境影响着行政系统的体制。

（3）民族环境制约行政系统权力的行使。

（4）民族环境关系着行政系统的凝聚力大小。

（三）宗教环境对行政系统的影响

（1）宗教制约行政系统的机构设置和职权行使。

（2）宗教推动或阻碍行政系统的管理活动。

八、自然环境和国际社会环境对行政系统的影响

（一）自然环境对行政系统的影响

（1）地球环境影响人类文明的形成与发展，制约行政系统的发展模式。

（2）自然资源和国土面积影响各国综合国力的强弱，从而制约其行政系统的财力基础和功能发挥。

（3）自然资源环境影响各国经济发展的方向与结构，从而制约着其行政系统的部门设置与功能体系。

（4）地理形状影响国家的民族团结、国家统一与行政系统稳定状况。

（5）地理环境制约着政府的国际战略及其相应的功能组织。

（二）国际社会环境对行政系统的影响

（1）国家间的密切交往，影响各国行政系统的职能、政策及机构。

（2）重大国际事件的发生，促使各国设立处理这些事件的临时机构。

（3）国际社会的共同问题，使各国相应设置了解决问题的职能机构。

（4）国际组织的出现，使各国政府产生了与之对应的职能及机构。

（5）国家行政系统的活动还要受到国际社会所公认的行为准则的约束和调整，受到国家间相互关系的、具有法律约束力的国际法的制约。

拓展练习 11-1
思考题

第二节 实验案例

谷歌退出中国市场看企业与政府的关系

Google是世界第一搜索引擎网站，1998年7月成立于加利福尼亚山景城。2005年7月19日，Google宣布在中国设立研发中心，并任李开复为Google大中华区总裁。2009年6月，谷歌中国被中国中央电视台曝光搜索结果含有色情信息；2009年9月4日，时任谷歌全球副总裁、大中华区总裁李开复正式辞职。

北京时间2010年3月23日凌晨3时零3分，谷歌公司高级副总裁、首席法律顾问大卫·德拉蒙德公开发表声明，再次借黑客攻击问题指责中国，宣布停止对谷歌中国搜索服务的“过滤审查”，并将搜索服务由中国内地转至中国香港。

第三节 实验要求

一、实验目的

行政环境案例分析的主要目的在于提高学生解决行政环境管理相关问题的能力和判断力，重点在于解决问题的过程。案例分析人员要把自己当作案例中的当事人，来进行分析和决策，提高分析和处理管理问题的技能。

通过对案例分析的学习，可以牢固掌握与案例相关的行政环境知识点，同时还能促进深入思考，找出自身思维中的盲点，相互启发、借鉴、学习和交流，充实、完善自己，从而达到提高自身的沟通能力以及决策能力的目的。

二、实验步骤

1. 阅读案例，个人分析

主要是审读案例文本，把握案例事实，识别案例情境中的关键（案例）问题，个人先对案例进行分析，初步拟定解决问题的方案。这一阶段要求学生花费大量时间来准备，准备得充分与否直接关系到学习的效果。具体又可划分为以下步骤：

(1) 快速阅读案例材料，熟悉所要讨论的案例及问题；

(2) 再次阅读案例,尝试勾画问题轮廓及可能答案;

(3) 仔细研究案例中的所有附加材料;

(4) 确定(关键)问题之所在;

(5) 分析案例中的数据;

(6) 使用所需要的任何一种分析工具;

(7) 仔细分析相互冲突的观点;

(8) 为个人的分析诊断和观点提供理论支持和证据支持;

(9) 制定恰如其分的行动计划和行动方案。

2. 小组讨论,达成共识

在小组或全班同学面前呈现个人对案例问题的分析,提出解决方案和依据;听取其他小组成员意见,对案例问题和解决方案展开讨论,从不同角度甚至对立中认识问题,以求达成共识。注意是提出观点而不是重复信息;尽量使用以下的表达"我的分析表明……""该公司应该……,因为……",而不是"我想……""我认为……""我觉得……"。

3. 课堂发言,全班交流

在课堂上以小组为单位陈述案例分析结果。可以选派一名组员代表小组发言,也可以由几人共同完成。表述过程中注意锻炼自己的表达能力,力求做到自然流畅,并能吸引听众的注意力,然后回答班里其他同学的提问。回答最好按照小组准备时的分工来分担问题,当然相互支持也是非常重要的。

4. 教师总结归纳,消化提升

在小组陈述、课堂讨论的基础上,最后由主讲教师或助教做总结。教师指导侧重案例分析的关键点,分析思路,通过该案例可强化、可引导的知识点等方面。

三、实验要求

(1) 将案例阅读两遍。第一遍应该对案例有一个概括性认识,第二遍应该对案例中的种种做法了如指掌,然后仔细地研究每一份参考资料。

(2) 列举本案例中必须面对的各个问题与关键点。

(3) 充分进行数据分析,挖掘案例材料所能说明的各种问题。

(4) 寻找运用各种原理和分析工具的机会。

(5) 对形势的分析要全面深刻。

(6) 所有的观点必须提供经过充分推理和论述的论据,包括数字证据。

(7) 绘制图表,以清晰地表达你的观点。

(8) 对个人提出的各种建议进行优先性排序,确保实施框架/步骤及可行性。

(9) 重新评价个人所提出的行动计划,检验它是否为所确定的问题和关键点提出了解决方案。

(10) 避免提出风险不可控制或不合理的方案。

四、实验成绩

序号	实验要求	分值
1	谷歌为什么退出中国市场	20
2	政府具有哪些职能	30
3	政府应当怎样引导市场	40
4	字数要求：不少于 3000 字	10

第四节
实验报告

实验报告

院系			专业		
班级		姓名		学号	
实验教师		成绩		日期	
实验名称					

一、实验目的

二、实验原理

三、实验步骤

四、实验数据(如有则填)

五、实验结果

六、讨论分析(完成指定的问题要求)

七、实验总结(如有则填)

备注：

第五节 实验答案

本节主要分析了谷歌退出中国市场与政府的关系,其中包括了退出的原因阐释,政府起到的作用,以及提出政府应当怎么引导市场。

一、谷歌案例回顾

Google(谷歌)是世界第一搜索引擎网站,1998 年 7 月成立于加利福尼亚山景城。2005 年 7 月 19 日,Google 宣布在中国设立研发中心,并任李开复为 Google 大中华区总裁。2009 年 6 月,谷歌中国被中国中央电视台曝光搜索结果含有色情信息;2009 年 9 月 4 日,时任谷歌全球副总裁、大中华区总裁李开复正式辞职。

北京时间 2010 年 3 月 23 日凌晨 3 时 3 分,谷歌公司高级副总裁、首席法律顾问大卫·德拉蒙德公开发表声明,再次借黑客攻击问题指责中国,宣布停止对谷歌中国搜索服务的"过滤审查",并将搜索服务由中国内地转至中国香港。

二、为何退出中国市场

1. 违法

从谷歌宣布退出后,中国官方回应就可看出"外国公司在中国经营必须遵守中国法律。谷歌公司违背进入中国市场时做出的书面承诺"。官方要求对搜索服务进行过滤、审查,而谷歌坚持所谓的西方价值观,没有配合官方行为。

2. 企业危机

百度创始人李彦宏利用他的硅谷从业经验,回国设计制作搜索引擎产品——百度。在这一过程中,他和他的团队始终坚持不懈的本土化优化。

谷歌在中国市场上受到中国本土企业百度的有力竞争,加上受自身产品发展阻滞等一系列问题的影响,它最擅长的搜索在国内占有率也不过 30%左右。退出之前,中国在清理色情网站时,也曾牵涉到谷歌的某些业务,谷歌被央视曝光涉黄,谷歌图书馆计划又因遭遇版权危机被起诉,并且政府相关部门也出面指责谷歌。这件事的根本原因还是谷歌不愿意进行过滤审查,妄想与中国的法律相抗衡,但是中国政府并不退让。

用户在态度上和使用习惯上的这些根本性差异,理应促使谷歌公司针对中国用户的特定需求调整产品。但是源于对中国本土的轻视,产品本土化形式滞后,公司对于中国市场的发展现状一直没有及时地做出调整。李开复在文章中写道:谷歌的硅谷总部不了解中国用户的搜索习惯,也不愿意为产品的本地化做出战略调整。谷歌中国是全球最著名互联网企业的分公司,具有很大的品牌优势。但是在调整产品形态以适应中国用户这方面,我们和硅谷总部的从属关系成了绊脚石。

3. 李开复的离开

李开复表示，总部一直拒绝过多代码“分支”，我们发展每一项新功能，都要与总部打一场硬仗，这让我们动作迟缓，也让我们精疲力竭。许多谷歌中国的员工厌倦了和总公司的斗争，沮丧地离开了。

谷歌一时难找到合适的领军者，使谷歌雪上加霜。

4. 谷歌挑战了我国主权

(1) 经济主权：2007 年，北京地税局稽查分局对谷歌中国公司进行了调查，发现其营业税、个人所得税、期税等存在问题，偷税 500 万元。2011 年，谷歌在华企业又被查出偷税 4000 多万元，并把矛头指向了中国网络监查制度。谷歌公司以退出中国市场作为威胁中国的筹码，希望获得不进行过滤审查的特权。谷歌公司的退出并不会给中国造成多大的经济损失，谷歌的退出只会使得百度、搜狗等搜索引擎被用户更加广泛地使用。

(2) 政治主权：谷歌公司挑战中国权威违反了进入中国市场条约，这件事情背后展示出来的是谷歌公司背后支持者的野心。时任美国国务卿希拉里·克林顿曾与四大网络门户公司总裁共进午餐，赞扬美国网络公司在实现美国对外政策中的积极作用。在谷歌退出中国后，希拉里便发表了关于互联网自由的演讲，运用舆论来干涉中国内政，体现了美国的信息霸权主义，对我国政治价值观有所冲击，妄图使中国内政问题国际化，从而制衡中国的发展。

(3) 文化主权：谷歌提倡我搜索、我自由的核心理念，并声称中国不民主、经济不自由、没有人权等等。

三、政府的作用

一个国家的政治制度、政党制度、阶级状况、法律制度、政治文化等构成了这个国家公共行政的政治环境。中国是独立自主的社会主义国家。谷歌的做法严重危害了中国的主权，政治上挑战了中国的内政，质疑了中国的制度。谷歌在经济上偷税漏税，并把问题指向网络检查管理制度，这严重侵犯了经济主权，版权门事件侵犯了中国的知识版权。

1. 政府职能

政治职能，亦称统治职能，是指政府为维护国家统治阶级的利益，对外保护国家安全，对内维持社会秩序的职能。我国政府主要有四大政治职能：

(1) 军事保卫职能。即维护国家独立和主权完整、保卫国防安全、防御外来侵略的职能。

(2) 外交职能。即通过政府的外交活动，促进本国与世界其他各国正常的政治、经济往来，建立睦邻友好关系，促进国与国之间互惠互利，反对强权政治，维护世界和平等方面的职能。

(3) 治安职能。即维持国家内部社会秩序、镇压叛国和危害社会安全的活动、保障人民的政治权利和生命财产安全、维护宪法和法律尊严的职能。

(4) 民主政治建设职能。即通过政府活动，推进国家政权完善和民主政治发展的职能。

2. 经济职能

经济职能是指政府为国家经济的发展，对社会经济生活进行管理的职能。随着我国计划经济体制向社会主义市场经济体制的转变，我国政府主要有三大经济职能：

(1) 宏观调控职能。即政府通过制定和运用财政税收政策和货币政策，对整个国民经济运行进行间接的、宏观的调控。

(2) 提供公共产品和服务职能。政府通过政府管理、制定产业政策、计划指导、就业规划等方式对整个国民经济实行间接控制；同时，还要发挥社会中介组织和企业的力量，与政府一道共同承担提供公共产品的任务。

(3) 市场监管职能。即政府为确保市场运行畅通、保证公平竞争和公平交易、维护企业合法权益而对企业和市场所进行的管理和监督。

3. 文化职能

文化职能是指政府为满足人民日益增长的文化生活的需要，依法对文化事业所实施的管理。它是加强社会主义精神文明，促进经济与社会协调发展的重要保证。我国政府的文化职能主要有以下四种：

(1) 发展科学技术的职能。即政府通过制定科学技术发展战略，加强对重大科技工作的宏观调控，做好科技规划和预测等工作，重视基础性、高技术及其产业化研究。一般的科技工作主要依靠市场机制来推动。

(2) 发展教育的职能。即政府通过制定社会教育发展战略，优化教育结构，加快教育体制改革，逐步形成政府办学与社会办学相结合的新体制。

(3) 发展文化事业的职能。即政府通过制定各种方针、政策、法规等，引导整个社会文学艺术、广播影视、新闻出版和哲学社会科学研究等各项事业健康繁荣发展。

(4) 发展卫生体育的职能。即政府制定各种方针、政策、法规等，引导全社会卫生体育事业的发展。

4. 社会公共服务职能

社会公共服务职能，即指除政治、经济、文化职能以外政府必须承担的其他职能。政府的社会职能主要有：

(1) 调节社会分配和组织社会保障的职能。即政府为保证社会公平、缩小地区发展差距和个人收入差距，运用各种手段来调节社会分配、组织社会保障，以提高社会整体福利水平，最终实现共同富裕。

(2) 保护生态环境和自然资源的职能。即政府通过各种手段，对因经济发展、人口膨胀等因素所造成的环境恶化、自然资源破坏等进行恢复、治理、监督、控制，从而促进经济的可持续发展。

(3) 促进社会化服务体系建立的职能。即政府通过制定法律法规、政策扶持等措施，促进社会自我管理能力的不断提高。

(4) 提高人口质量，实行计划生育的职能。计划生育，是我国的一项基本国策，也是关系到国家长远发展的一件大事，因此我国政府必须加强对计划生育工作的管理，包括计划生育的法制建设，方针、政策的制定，规划组织计划生育科学研究，加强计划生育的宣传、咨询和技术服务工作。

四、政府应当怎样引导市场

政府在微观方面的管理职能要弱化，进一步放权给市场，转变政府职能，打造服务型政府。十八大代表、三亚市委书记姜斯宪说："政府的主要职能是搞公共服务，提供公共产品，为市场经济发展创造环境，而不是管制。"高尚全表示，凡是市场主体有能力做好的事情都要交给市场主体去做，回到市场经济下政府发挥作用的应有边界，将市场应该发挥作用的领域交给市场，减少政府对微观市场主体和经济活动的干预，用政府权力的减法换取市场活力的乘法。

全面推进依法行政。要按照合法行政、合理行政、程序正当、高效便民、诚实守信、权责统一的要求，继续推进依法行政；全面建立政府问责制度，切实做到有权必有责、用权受监督、侵权须赔偿、违法要追究。

履行好经济调节、市场监管、社会管理和公共服务职能。为此，要继续推进政企、政资、政事、政府与市场中介组织分开，杜绝对企业生产经营的直接干预，切实把工作重点真正转移到为市场主体服务和创造良好发展环境上来，积极营造良好的经济社会发展环境。发挥政府的职能和作用，必须解决以往存在的政府职能错位、越位和缺位现象，在坚持市场化过程中加强职能转变，努力建设服务型政府，维护和健全市场秩序，加大社会管理和服务，为市场经济发展营造良好环境。

树立正确的政绩观，建立体现科学发展观与构建和谐社会要求的经济社会发展综合评价体系，将正确的政绩导向、用人导向加以规范化、制度化。

政府要加强统筹引导，充分运用市场化手段推进经济和产业发展。在强调市场作用的同时，必须看到决定性作用不等于全部作用，市场在资源配置方面有着固有的缺陷，不能解决信息不对等、公共产品生产等问题，尤其是对发展相对滞后的区域来说，单靠市场难以吸引优质资源进驻，还可能由于盲目发展而出现布局散乱、层次不高、污染严重的现象。

第十二章 CHAPTER 12 公共政策案例实验实训

第一节 知识框架

一、公共政策的含义

公共政策,是目前世界上公共管理研究的主要范畴。传统的公共政策研究派生于政治学和行政学,意在从规范意义上探讨国家、社会和公民之间的利益制衡,通过政治学和行政学的原理及模型分析对国家、地方和团体层面的政策制定、执行与评估进行研究,为高质量的公共政策提供咨询。公共政策是公共权力机关经由政治过程所选择和制定的为解决公共问题、达成公共目标、以实现公共利益的方案,其作用是规范和指导有关机构、团体或个人的行动,其表达形式包括法律法规、行政规定或命令、国家领导人口头或书面的指示、政府规划等。

广义的公共政策包括法律、行政法规、地方政府的规章,也包括地方政府所制定的决议、决定、政策,命令、指示、规定等,这都属于广义的公共政策。列宁说过:"法律是一种整治措施,是一种政策。"法律与公共政策一样,都是公共权威为解决公共问题、协调各利益主体间的关系,都是为了解决公共利益,不是解决私人利益,公共政策的核心是利益关系。

公共政策是决定、决策的一种特殊形态,它具有决定、决策的一般特征;是公共权力机关的基本的活动方式或活动过程,是公共权力机关的权力意志的表现;是经由政治过程而进行方案的初拟、优化和择定的结果,主导这一过程的基轴是公共权力机关与公民的关系。公共问题、公共目标和公共利益是公共政策的三大要素。公共政策是一种权威性的价值分配方案。公共政策在形式上可以是积极的,也可以是消极的。

公共政策作为对社会利益的权威性分配，集中反映了社会利益，从而决定了公共政策必须反映大多数人的利益才能使其具有合法性。因而，许多学者都将公共政策的目标导向定位于公共利益的实现，认为公共利益是公共政策的价值取向和逻辑起点，是公共政策的本质与归属、出发点和最终目的。对于公共政策应该与公共利益还是私人利益保持一致这个问题，绝大多数人将选择公共利益。

二、公共政策的功能

（一）常态社会中公共政策活动的基本功能：引导功能、调控功能、分配功能

（1）公共政策的引导功能：①公共政策的规范导向功能主要是通过两种途径表现出来：一是借助于目标要素，规范人们的行为方式；二是借助于价值要素，规范人们的行为方向。②公共政策发挥的规范作用可以分为直接导向和间接导向，在一定条件下，两者可以相互转化。③公共政策的导向功能，从作用的结果来衡量，可以有正向的导向，也可以有负向的导向。

（2）公共政策的调控功能：①公共政策调控功能的基础包括两方面，一是这种调控的必要性，社会之所以需要运用公共政策进行调控，是因为现实社会中存在着各种不同的利益群体，它们之间不可避免地会有摩擦、冲突甚至对抗，政府必须运用公共政策这一有效的工具来对各种利益群体的矛盾进行调控；二是这种调控的可能性，社会之所以能够运用公共政策进行调控，是因为现代社会的运行不是一个自发的、无序的过程，而是一个依据客观规律的、有序的、按比例的过程。②公共政策的调控活动也有直接与间接两大类型，公共政策还可以分为平衡调控和非平衡调控两种方式。就调控结果来说，则有积极调控与消极调控两类。

（3）公共政策的分配功能：①一般来说，政府的公共政策所体现的分配原则主要有三种，一是为追求效率而鼓励扩大差别的原则，二是为消灭差别而牺牲效率的原则（计划经济体制下），三是效率与公平相统一的原则（市场经济体制下）。②能从政府的公共政策中获益的社会公众通常有以下几类：一是与政府的主观偏好相一致的公众；二是能代表社会发展方向的公众；三是在社会中成为大多数的公众。

（二）转型社会中公共政策活动特殊功能

1. 社会均衡稳定功能

公共政策的作用在于：当矛盾还没有加剧和激化时，协调社会不同群体的利益，化解这些矛盾；当某些矛盾激化，引发社会动荡时，缓解社会冲突，防止社会混乱，使社会有良好的秩序，保持稳定，促进社会转型和体制转型。

2. 社会公平正义功能

在转型社会中，效率和公平是需要经常注意和处理的一对矛盾。公共政策的作用在于通过各种协调、补偿措施，尽量实现个体之间、社会集团之间、社会层次之间、代与代之间在机会方面的公平、平等、公正。

3. 促进社会变革求新的功能

在社会转型时期，重要任务是破除无效率的、已经同社会发展要求不相适应的旧体制，这需要解放思想、大胆变革、向外开放，但是旧的体制是不会轻易消失的。公共政策的作用就在于，通过基于新的利益追求和新的行为规则设计的公共政策创新，来突破旧的机构设置和旧的制度安排，逐步形成新的组织机构、新的制度安排，保证在新的利益结构出现后，能够促使其成长、壮大，并推动新的组织、制度安排的出现，以促进社会的变革、发展。

三、公共政策体系

(一)公共政策体系的特点

公共政策体系，是指不同政策单元之间和同一政策内部不同要素之间的关联性及其与社会环境相互作用而形成的系统。公共政策体系具有以下四个特点。

(1) 整体性。公共政策体系是一个有机的整体，这是政策体系首要的特点。

(2) 相关性。即政策系统内部以及系统与环境之间的相互依存性质。

(3) 层次性。从纵向结构看，政策体系从高层到低层分为若干等级，高层级政策是低层级政策的基础，低层级政策是对高层级政策的具体化。从横向结构看，政策体系内部分为不同类别的子系统，它们之间相互补充、配合、协调，使政策体系得以保持自身的有机整体性。

(4) 有序开放性。这是政策运行状态的特征之一。有序性体现了政策体系的结构和运动按照一定秩序有规则进行。开放性体现了政策体系与社会环境之间的关系。

(二)公共政策体系的结构

从时间和空间两个向度来划分，公共政策体系的结构可以分为纵向结构和横向结构。

1. 纵向结构

(1) 总政策。这是政策主体在一定历史阶段为实现一定任务而规定指导全局的总原则，其构成要素主要包括总目标、总任务和总路线。内容具有高度的概括性、综合性、长期性和全局性，是一种战略政策。

(2) 基本政策。这是政策主体用以指导某一领域或方面工作的指导原则、基本方针。它是总政策在某一领域或方面的具体化。它具有区域性和阶段性两个特征。

(3) 具体政策。这是不同层次的政策主体针对某一具体问题而制定的具体措施、准则、界限性规定。它是基本政策的具体化和分解，它有具体性、可操作性、时效短、变动快等特点。

2. 横向结构

(1) 政治政策。它是以争取政权或维护政权为中心目标，以全面协调社会各阶级、阶层、党派、集团、公民的政治权利和义务关系为基本内容的政策。它在政策体系横向结构中处于首要地位。

(2) 经济政策。这是以调节人们的经济利益关系为主要内容，以促进经济发展为根本目标的政策。它在政策体系横向结构中处于基础地位和决定作用。

(3) 文化政策。这是以指导人们精神生活为主要内容，以建设精神文明为根本目标的政策。

(4) 社会政策。它是以协调人类群体和社会环境关系为主要内容，以保证社会有机体良性运行为根本目标的政策。它要解决的是人类社会存在的最基本的环境条件，其他政策不能解决的问题，最后都要由社会政策来加以解决。

(5) 对外政策。它是以协调国与国之间关系为主要内容，以创造良好的外部国际环境为根本目标的政策。

政策体系横向结构中的各个构成要素，各有不同的调控对象，功能各异，它们之间存在着相互补充的关系，因此在实际运行中应彼此协调、相互配合，从而促进整体社会的协调有序发展。

四、公共政策的主体与客体

(一)公共政策的主体

1. 政策主体

政策的主体一般可以界定为直接或者间接地参与政策的制定、执行、评估和监控的个人或组织。政策主体的构成因素一般都包括立法机关、行政机关、司法机关、政党、利益团体、思想库、大众传媒等。

西方很多教材把主体分为官方主体与非官方主体。①官方主体。政治体制内的、行使公共权力的政策过程的参与者，一般包括国家机构、执政党、政治家、官员等。②非官方主体。政治体制外的、不直接行使公共权力的政策过程的参与者，主要包括利益集团、大众传媒、公民个体以及民间思想库等。

2. 公共政策主体

公共政策主体是政策系统的核心成分，是指参与和影响公共政策决定、执行、监督等过程的组织、团体和个人。公共政策作为政策的一部分，公共政策的主体就是政策主体所包含的所有个人或者组织，主要有国家机构、政党、利益团体、思想库、大众传媒、公民个体等。公共政策的主体是公共政策制定和实施的主要推动者，是公共政策能够发挥效能的关键变量。在客观现实中，公共政策主体变得越来越复杂和多样化，几乎所有的社会力量都可以纳入主体范畴。这一趋势反映了现代社会公共政策社会化的普遍性。

(二)公共政策的客体

公共政策的客体是指公共政策实施中将要解决的现实问题和会受到影响的目标群体。绝大多数公共政策都肩负着如何解决特定的公共问题这一使命，它所制定的方案、准备调配的资源和确立的目标都是围绕着特定的目标而产生的。和问题相关的是特定的目标群体，所有绝大多数政策也必然包含着特定的目标群体，他们在政策规定中将会受到利益的减损或增加。

1. 公共问题是指现实的状况和理想预期的标准之间存在的差距

这种差距往往会导致社会的紧张状态，它超越了个人稳定的环境范畴，牵涉到较为广泛的社会关系。其包括客观性、主观性、价值相关性、社会性、过程性、系统相关性。

2. 目标群体

政策所发生作用的对象是社会成员，这些受规范、制约的社会成员被称为目标群体，公共政策是对社会价值进行权威性的配置。社会价值的配置并不是一个价值无限增大的过程，在绝大多数情况下，它就像分蛋糕一样，总存在一些人多些，而另一些人少一些的结果，甚至会出现将一些人的利益减损而用来补充另一些人利益的情况。这种因公共政策实施而利益受到影响的个体或者组织就是目标群体。

五、公共政策过程

一般认为，公共政策过程主要包括政策制定、政策执行、政策评估、政策终结、政策监督五个方面。

1. 政策制定

政策制定又被称为政策形成或政策规划，它是公共政策过程的第一阶段。我们一般认为，政策过程包括政策问题的界定、构建政策议程、政策方案规划、政策合法化等阶段。①政策问题的界定，其主要包括思考问题、勾勒问题边界、寻求事实依据、列举目的和目标、明确政策范围、显示潜在损益、重新审视问题表述等七个方面。②构建政策议程，其主要途径主要有：政治领导人、公共组织（包括立法机构、司法机构、行政机构和其他履行公共管理职能的组织）、利益集团、大众传媒、公共突发事件、技术创新和变革、政治运动、专家学者、社会公众等九大途径。③政策方案规划，主要指决策者为处理政策问题为制定相应的解决方案、对策和措施的过程，具体涉及确定目标、拟订方案、预测方案结果、确定方案的目的。④政策合法化，主要包括法治工作机构的审查、领导决策会议的讨论决定、行政首长签署发布政策，其过程主要包括提出政策议案、审议政策议案、表决和通过政策议案、公布政策。

2. 政策执行

政策执行是指在政策制定完成之后，将政策由理论变为现实的过程。其形成过程主要包括以下六点：①设置政策执行机构；②政策执行资源配置；③政策宣传；④政策分解；⑤政策试验；⑥政策实施。影响政策执行的因素主要包括政策问题的特性、政策本身因素、政策之外因素三方面。政策执行手段包括政治手段、法律手段、经济手段等，使用时应多样化、交叉化，结合实际情况运用相应手段。

3. 政策评估

政策评估是公共政策运行的重要阶段，加强公共政策评估，对于检验公共政策效果，决定公共政策的存废都具有十分重要的意义。一般认为，政策评估是指依据一定的标准、程序和方法，对公共政策的效率、效益和价值进行测量、评价的过程，它旨在获取公共政策实施的相关信息，以作为政策维持、调整、终结、创新的依据。

4. 政策终结

政策终结是指公共决策者在慎重的政策评估之后，采取必要措施，终止那些过时、多余、无效或失败的公共政策的过程。

5. 政策监督

政策监督，是公共政策过程的重要组成部分，是提高公共政策运行质量和效益的有力保证，是指监督主体依照法定的权限和程序对公共政策运行过程进行监察和督促，以衡量并纠正公共政策偏差，实现公共政策目标。其具备主体广泛性、客体特定性、法治性三个特点。

六、公共政策制定

（一）公共政策制定的含义

所谓公共政策制定，是指针对某个政策问题提出、论证并抉择解决方案的整个过程，一般包括目标确立、方案设计、方案评估和论证、方案抉择这样几个相互关联的环节。

（二）公共政策制定的原则

1. 民主化原则

决策的民主化是现代公共政策制定中的一个重要的价值取向，公共政策要体现公共利益，每一个利益主体都能够参与进去，让自己的利益需求得到体现，这样制定的政策才能符合绝大多数的利益，它追求社会公正，强调公民参与。

2. 规范化原则

制定一个公共政策必须具有严格的规范，不是随意的，也不是任意的。规范化是现代公共政策制定的另一个基本原则。社会中利益主体的多元化和公共政策制定过程的复杂性，都要求遵循规范化原则，不是拍脑袋决定的。公共政策是对全社会的价值进行权威性的分配，涉及社会生活的方方面面，影响到社会秩序、社会稳定和社会发展。因此，公共政策的制定必须是一项非常重要的规范性行为，必须有严格的规范化的制定程序。

3. 合法化原则

公共政策的制定必须符合宪法、法律和相关的法规。公共政策的制定不能违反国家的根本大法，在公共政策的制定之前我们一定要分析是否符合宪法，符合相关的法规。这里所指的法规既有国务院的行政法规，也有地方性的法规，我们在法律效力层次上一定要强调这一点，宪法效力最高，其次是法律，然后是法规。公共政策应该在次一级的地位上。在法学理论和实践上都有一个原则：下位法不得与上位法相抵触，那就是公共政策不得和法规相抵触，法规不得和法律相抵触，法律不得和宪法相抵触。因此，我们制定公共政策的时候就不能仅仅关注利益，利益有正当和不正当之分，有合法和非法之分。我们在制定公共政策的时候要坚持合法化原则，要坚持把正当的利益、合法的利益贯彻到公共政策的制定的过程中。

4. 公开化原则

公开化原则要求我们在公共政策的制定过程中，要透明、公开。这也是民主化的具体要求。听证会既是民主又是公开，在我国的个人收入调节税法律修改的过程中，就召开了听证会。我们在社区要制定公共政策的时候也应该事前公告，告诉大家我们要制定一个公共政策，可以进行民意调查，要制定一个初步的意见，请大家参与，一步步地制定草案，制定的规范化内在地要求公共政策制定过程的公开化，要建立有效的监督机制，避免“黑箱”操作。

（三）公共政策的制定程序

1. 政策目标的确定

政策目标是政策制定者期望通过政策实施所要达到的解决问题的社会效果或所要避免的消极社会影响。政策目标可以确立政策制定的方向，可以为备选方案的设计和筛选提供依据，可以为政策执行和政策评估提供基本依据。政策目标的有效性取决于两个主要环节：一是政策目标的设计正确，这是决策者的主要职责；二是不同的参与者对政策目标的认同，这涉及民主参与问题。

2. 备选方案的设计

备选方案的设计是指围绕政策目标采取的，以实现政策目标为目的而进行的设计、谋划、拟定解决方案的活动过程，是寻求解决政策问题的方法与途径。为了达到预定的目标，下级给上级提出的策略（行动方案）必须至少有两个以上，而且必须说明各自的优劣和得失，供上级考虑和选择。只能提出一个方案的下级是不称职的，必须坚决撤换。备选方案设计包括实践主体，行动的方法、手段，时空环境。设计备选方案也是一个动态过程，可以分为设想、分析、初选、评定、淘汰等若干环节。备选方案应该尽可能地把所有方案包含进去，备选方案彼此之间应该是相互排斥的，设计备选方案必须依据实际，适当超前。

3. 备选方案的筛选

备选方案的筛选就是在对备选方案进行全面评估的基础上择优的过程。评估的基本内容包括：方案价值、方案可行性、方案效果、对方案风险进行论证评估。对备选方案的筛选要遵循以下三条标准：第一，政治价值标准。科学合理的政治价值标准要体现出社会大多数人的利益。第二，成本-效益的标准。能够以最小的成本换取最大预期的社会整体效益的政策方案才是高质量的政策方案。第三，伦理道德标准。良好的政策方案要符合社会普遍认同的道德规范和伦理准则。

4. 备选方案的最终抉择与合法化

在经过备选方案的筛选之后，将进入到政策方案的最终抉择阶段。这一阶段就是在评估、论证各种备选方案的基础上进行比较，最后选择出最佳政策方案的过程。备选方案的筛选是确定最终政策方案的前提，最终政策方案的抉择是筛选备选方案的结果。由于当今世界上大多数国家并非独裁的政治体制，因此在确定最终政策方案的时候基本是通过集体选择来确定的。常见的集体选择规则有：第一，一致同意规则。这是指参与选择的全体成员必须一致同意选择某个政策方案才能通过。第二，多数抉择原则。即少数服从多数原则，以多数票来决定最终政策的出台。第三，赞成投票原则。由群体成员对所有他认为可以接受的方案投赞成票，得票最多的备选方案即可胜出。方案在被决策时必须由权力机关按照一定的法定程序予以审议和批准，才能转化为正式的政策而具有合法性，才能得到社会的认可与遵循。取得了合法性的方案具备了强制力，可以交付执行机关去贯彻落实。

（四）公共政策制定的模式

1. 传统理性决策模式

传统理性决策模式起源于传统经济学理论。决策者采用科学实证的量化分析技术和严格的逻辑程序，对确定的公共政策问题做出最优的公共政策方案设计和政策决定的思维模式。它的前提是：决策者具有绝对的理性，决策者在决策过程中具备统一的价值偏好，决策目标单一而且明确。它的基本内容包括：决策者知道所有与具体问题有关的目标，决策者能够辨别所有的选择，决策者能有意义的评估这些选择，所有问题的信息都是可以获得的。由于现实生活中不存在纯粹的理性，传统理性决策模式被认为是一种理想的追求。

2. 有限理性决策模式

有限理性决策模式是由美国学者西蒙提出的。在他看来，知识的不完备性、预见未来的困难性以及被选行为范围的有限性，决定了完全理性在实际行动中是不存在的，他提出了相对满意的决策准则。在决策时决定一套标准，用来说明什么是令人满意的最低限度的备选方案，如果拟采用的备选方案满足或超过了所有这些标准，那么这个方案就是令人满意的。

3. 渐进决策模式

美国学者查尔斯·林德布洛姆在批判传统理性模式的基础上提出了渐进决策模式。他认为政策制定的过程实际上是政策制定者对以往政策行为不断补充和修正的过程。决策者要考虑不断变化的环境需要，对政策不断进行调适。渐进的过程是一个不断学习、试验、反馈和调整的过程。渐进决策方法将决策的运行看成是一个前后衔接的不间断过程，主张通过不间断的修正，达到最终改进政策的目的。

4. 混合扫描决策模式

美国社会学家阿米泰·埃奇奥尼在对传统决策模式和渐进决策模式的批判基础上提出混合扫描决策模式。这种模式是指在政策选择和执行过程中对信息的不断寻找、收集、加工、评价和权衡。他把决策分为战略性决策和操作性决策两个层次。战略性决策在高层次上做出全面性、根本性的考虑，这一层次虽然强调理性，但不要求像理性决策模式那样做出精细的分析和择优，只要求留下一个或几个需要重点考虑的方案。操作性决策过程中，会将整个过程分解为几个具体的小决策或者小步骤，选择容易的限制性，把较难的放在后面执行。战略性决策比较接近传统理性决策模式，操作性决策更接近渐进决策模式。

七、公共政策执行

（一）公共政策执行的实质

公共政策执行是指公共政策方案被采纳后，把政策内容转变为现实的过程，也就是政策目标得以实现的过程。公共政策执行是一定的机构或人员，为了实现既定的政策目标而采取的各种行动，如发布命令、拨付款项、订立契约、收集资料、传递信息、委派人员、创设机构等。在诸多活动中，最重要的是组织政策执行人员，向社会解释政策方案，采取具体的行动措施实现政策目标三项内容；公共政策执行又是一定的组织行为，即政策执行人员的行为都是按照明确的组织结构和组织原则，依据一定的权力和职责分配关系，遵循系统的运行程序和方式进行的，而政策执行中，政策执行主体与社会之间的联系也都体现为整体互动；公共政策执行的组织结构与行动功能是相互联系、不可分割的整体。

（二）公共政策执行的手段

（1）行政手段是依靠行政组织的权威，采用行政命令、指示、规定及规章制度等方式，按照行政系统、行政层次和行政区划来实施政策的方法。其特点为：权威性、强制性、直接性、无偿性、时效性。

（2）经济手段是指根据客观经济规律和物质利益原则，利用各种经济杠杆，调节政策执行过程中的各种不同经济利益之间的关系，以促进政策顺利实施的方法。其特点为：间接性、有偿性、关联性。

（3）法律手段是指通过各种法律、法令、法规、司法、仲裁工作，特别是通过行政立法和司法方式来调整政策执行活动中的各种关系的方法。其特点为：权威性、强制性、稳定性、规范性。

（4）思想教育手段是通过制造舆论、说服教育、协商对话、批评表扬等引导人们贯彻政策的方法。其特点为：引导性、人本性。

（三）公共政策执行的影响因素

（1）公共政策本身的影响因素包括：政策的连贯性，政策的合理性，政策的具体性等。

（2）公共政策执行机构的影响因素包括：执行机构的组织结构合理与否；执行机构的功能充分发挥与否等。

（3）公共政策执行相关人员的因素包括：政策执行者的能力、素质和觉悟，政策目标群体的行为状况等。

（4）公共政策环境的影响因素包括：经济因素，政治因素，文化因素，社会因素等。

（四）公共政策执行的原则

1. 原则性与灵活性相结合

原则性要求忠实地执行政策的精神实质，保证政策的统一性、严肃性和权威性。灵活性是指在不违背政策原则的前提下，根据所处的环境和实际情况灵活执行政策。

2. 执行的有序性

政策执行应该保持一定的阶段性顺序和过程的连续性。这是政策执行程序的核心要求。这也是保持执行工作稳定开展的基础要素。

3. 执行的时限性

时限性是指政策执行中每一个环节都有时间上的要求，执行的时限性克服和防止了政策执行主体行为的随意性和随机性，同时，为政策执行者提供了统一的时间标准。

4. 执行的协调性

政策执行是各种政策要素在空间上的分配、重组、展开和运动的过程。任何一个要素的发展变化以及各要素的分配方式、比例、组合结构等变化都会直接影响到政策执行的进程。

（五）公共政策执行的过程

1. 政策宣传

政策宣传是政策执行过程的起始环节。政策执行活动是由许多人员一起协作完成的。要使政策得到有效执行，必须首先统一人们的思想认识。政策宣传就是统一人们思想认识的一种有效手段。执行者只有在对政策意图和政策实施的具体措施有了明确认识和充分了解的情况下，才有可能积极主动地执行政策。因此，各级政策执行机构要努力运用各种手段宣传政策的意义、目标，宣传实施政策的具体方案和步骤，为正确有效地执行政策打下坚实的思想基础。

2. 政策分解

政策分解是政策实施初期的另一项功能活动。一般说来，一项政策只是指出实现政策目标的基本方向。要使政策执行顺利进行，就必须在这些基本原则指导下，对总体目标进行分解，编制出政策执行活动的“线路图”，明确工作任务指向，使执行活动有条不紊地进行。政策分解应遵循以下原则：①客观性原则。编制计划要切实可行，积极可靠，排除主观臆断。②适应性原则。编制的计划要有适应环境变化的弹性机制，特别是要有适应意外情况发生的防范机制。③全面性原则。编制计划要统筹方方面面，理顺各种关系，切忌顾此失彼。④一致性原则。要求政策执行机构内部各职能部门的工作目标和政策目标保持一致、上下级的政策目标保持一致，以增强组织上的统一性和方向上的一致性。

3. 投入资源

政策执行资源一方面指组织机构设置和机构运转的物质因素，另一方面指实现政策目标所需的方案预算和规划要求中的物质因素。资源投入是政策执行的物质保障，主要包括资金、设备。

4. 设置组织机构与配备执行人员

（1）确定政策执行机构。常规性、例行性政策的执行，如属原机构的任务，则应由原执行机构继续承担，不必另建机构，但有时也可用提高原机构地位或者改组机构的方式来保证政策顺利进行。如果遇到非常规的或者牵涉面较广的政策，则可组建临时办公机构，以确保政策的有效执行。

（2）选人用人。这是组织准备工作中的一项重要内容，因为人是组织中最能动、最活跃的因素，是组织行为的主体，德才兼备、“四化”标准是选人用人的基本原则。

（3）制定必要的规章制度。这可以明确政策推行的准则和依据，保证政策执行有一个正常的秩序。这些规章制度主要有：目标责任制、检查监督制度、奖励惩罚制度。三者是一个有机整体，其中，目标责任制是核心，检查监督制度是手段，奖励惩罚制度是杠杆，共同形成推动政策全面、有效实施的一套完整制度。

5. 政策实验

政策实验是政策实施过程中的重要步骤。政策实验既可以验证政策，发现偏差，及时反馈信息，修改和完善政策，又可以从中获得带有普遍指导意义的东西，如实施的方法、步骤、注意事项等，为政策的全面实施积累经验。政策实验一定要按照科学方法来进行，政策实验步骤大致包括选择实验对象、设计实验方案和总结实验结果这三个阶段。要善于从失败的教训中得到启迪，为下一步政策实验扫清障碍。成功的经验能回答我们应该怎么做，失败的教训能告诉我们不应当怎样做。只有将成功的经验和失败的教训结合起来，我们才能知道怎样做。

6. 全面实施

政策的全面实施是政策实施过程中操作性、程序性最强，涉及面最具体、最广泛的一个环节。全面实施政策要求严格遵循政策执行的基本原则，充分发挥政策执行的功能要素，以保证政策目标的顺利实现。

7. 协调与监控政策

协调与监控贯穿于实施全过程。协调工作做好了，才能使执行人员及其他有关人员做到思想观念上的统一和行动上的一致，才能保证执行活动的同步与和谐。监控是政策实施过程的保障环节，使政策执行活动不偏离政策目标，取得预期的政策效果。

八、公共政策评价

(一)公共政策评价的含义及作用

一个完整的公共政策过程，除了科学合理的政策和有效的执行外，还需要对政策实施以后的效果进行判断，以确定政策的价值，并及时反馈。这种活动就是公共政策评价。它由四个方面的基本内容所组成：①规范，即确定公共政策评价得以进行的标准。②信息，即收集有关评价对象的各种信息。③分析，即评价者运用所收集到的各种信息和定性、定量分析方法，对政策的价值做出判断，得出结论。分析是公共政策评价最基本的活动。④建议，即对未来的公共政策实践提出建议，以决定现有的公共政策是否继续实施、修改或是终结，是否要采取新的公共政策。

关于公共政策评价的含义，基本上有三种观点：公共政策评价主要是对公共政策方案的评价；对公共政策全过程的评价；对公共政策效果的评价。我们认为，公共政策评价的着眼点应是政策效果，即“政策评价就是对政策的效果进行的研究”。由此，可以把公共政策评价定义为：依据一定的标准和程序，对公共政策的效益、效率、效果及价值进行判断的一种政治行为，目的在于取得有关这些方面的信息，作为决定政策变化、政策改进和制定新政策的依据。

公共政策评价在公共政策运行中发挥着不可忽视的重要作用：①公共政策评价可以检验公共政策实施的效果、效率和效益；②公共政策评价有利于政策的科学化和民主化；③公共政策评价有利于监督政策资源的有效配置；④公共政策评价能够在公共部门内部形成浓厚的竞争意识，提高公共部门的服务质量和工作效率；⑤公共政策评价结论决定公共政策的生命周期。

(二)公共政策评价的类型

1. 正式评价和非正式评价

非正式评价是指对评价者、评价形式、评价内容没有严格规定，对评价的最后结论也不作严格要求，人们根据自己掌握的情况对公共政策做出评价。平时大量的评价都属于此类。正式评价是指事先制定完整的评价方案，并严格按规定的程序和内容执行，并由确定的评价者进行的评价。它在公共政策评价中占据主导地位，其结论是政府部门考察公共政策的主要依据。

2. 内部评价和外部评价

内部评价是由政策机构内部的评价者所完成的评价。它可分为由操作人员自己实施的评价和由专职评价人员实施的评价。外部评价是由政策机构外的评价者所完成的评价。它可以是由政策机构委托营利性或非营利性的研究机构、学术团体、专业性的咨询公司，乃至大专院校的专家学者进行的，也可以是由投资或立法机构组织的，或由报纸、电视、民间团体等其他各种外部评价者自己组织的。此外，由公共政策目标群体进行的评价也属于外部评价。

3. 事前评价、执行评价和事后评价

事前评价是在公共政策实施之前进行的一种带有预测性质的评价。事前评价的内容大致包括三个方面：①对公共政策实施对象发展趋势的预测；②对公共政策可行性的评价；③对公共政策效果进行预评价。

执行评价就是对执行过程中的公共政策实施情况的评价。某种意义上说，公共政策执行评价和公共政策执行是同步的。

事后评价是公共政策执行完成后对公共政策效果的评价，也叫效果评价，这是对一项政策的最终评价。它在公共政策执行完成以后发生，是最主要的一种评价方式。

其实，在实践中，事前评价与事后评价常常是结合起来使用，这就产生了另一种评价类型——整合的公共政策评价。它将实践者对事前信息的产生和转变的关心，与对事后信息的产生和转变的关心结合起来。

（三）公共政策评价的标准

对公共政策的全面评价不仅会对公共政策做出准确、恰如其分的评判，为调整公共政策提供依据，而且可以依此去统一人们的认识。公共政策评价是指根据特定的标准，对公共政策进行衡量、检查、评价和估计，以利于判断其优劣的活动。但评价标准的设定十分困难，具体原因主要有：第一，公共政策目标的影响；第二，法规制度的限制；第三，因为公共政策效果有预期和非预期、正面功能与负面功能之分，因此在设定标准的同时要兼顾不同方面的要求是困难的；第四，评价标准本身应力求数量化、具体化、客观化，但公共政策效果和影响有些往往是认知、态度、心理等主观层面的问题，而对这些问题的评价是不容易量化和客观评价的。

公共政策的评价从本质上看是一种价值判断，要坚持价值与事实有机结合，坚持客观、公正、全面的评价标准。综合国内外学者的看法，公共政策评价标准大致有：

1. 投入工作量

在公共政策执行过程中所投入的各种资源的质与量以及分配状况。

2. 绩效

依据具体明确的目标，分析公共政策对客观事物与公共政策环境所造成的实际影响。

绩效既包括公共政策推动的结果，又含有民众心目中认定的满意程度。

3. 效率

即投入工作量与绩效之间的一种比例关系，通常表现为政策投入与政策效果的比率。

4. 充分性

满足人们需要、价值或机会的有效程度，反映了绩效的高低。

5. 公平性

公共政策所投入的工作量，以及产生的绩效在社会不同群体间公平分配的程度。公共政策的类型不一样，所反映的公平性的角度与观点也不一样。

6. 适当性

公共政策目标和所表现出的价值偏好，以及所依据的假设是否合适。具体地说，公共政策追求的目标是否是社会期望的，公共政策的成本与利益分配是否公平、公正。

7. 执行力

探究影响公共政策成败的原因，进而构建出因果模型。

8. 社会发展总指标

对社会状态与发展的数量进行描述与分析，既反映过去的动向，又可作为社会现状的说明，其特征是以描述性指针为主。

（四）公共政策评价的基本程序

（1）评价准备阶段：主要任务包括确立评价对象；明确评价目的；选择评价标准和规定评价手段。

（2）评价实施阶段：实施评价是整个公共政策评价活动中最重要的阶段，其主要任务是利用各种调查手段全面收集公共政策制定、执行、影响、效益等方面的信息，并在此基础上进行系统的整理分类、统计和分析，运用相应的评价方法，对公共政策进行评价，并给出评价结论。

（3）评价总结阶段：主要有两个内容——写出评价报告和总结评价工作。

（五）推进中国公共政策评价的途径

（1）提高对评价工作意义的认识。

（2）公共政策评价制度化。其主要内容有：①建立评价工作制度；②建立公共政策评价基金；③重视评价结论，消化、吸收评价成果，更好地为政策服务，只有将公共政策评价制度化，公共政策评价才能走上正常发展的轨道，从而逐渐地消除公共政策过程的盲目状况和主观随意性。

（3）建立独立的评价组织。

（4）明确公共政策目标、精选评价对象。选择评价对象一般要遵循两个原则，即可行性和有效性。

（5）建立公共政策评价信息系统。

九、公共政策的调整和终结

(一)公共政策调整

1. 公共政策调整的含义和特点

所谓政策调整,是在政策评估和监控所获得的有关政策系统运行的反馈信息的基础上,对原有政策中不适应政策对象和政策环境变化的部分,采取渐进的方式,进行增删、修正和更新,以便达成预期政策效果的一种政策行为。

政策调整具有以下三个特点:

(1) 渐进性。政策调整是随着政策的实施而不断进行的,它是对原有政策的修正和发展,其目的是为了保证政策的稳定性和延续性。

(2) 局部性。政策调整的内容一般是政策系统当中的某个部分,可以是目标,也可以是方案;可以是主体,也可以是客体。

(3) 动态性。政策调整是政策系统对内外部环境的变化所做的主动或被动的适应。

2. 公共政策调整的形式

(1) 政策的修正。这是对正在实施和正在试行的政策的具体内容、作用范围所做的修改与订正。主要有两种方式:一是政策修改。即在保持原政策基本框架不变的情况下,对其部分内容、适用范围及有关实施的手段、技术做出的改动。二是政策修订。即在保持原政策的基本框架不变的前提下,对其主要内容、功能范围所进行的修改订正。这两种调整方式的目的都是为了使具体政策更为精准、完善。

(2) 政策的增删。这是对执行中政策的内容、作用范围和适用时间所做的扩充与缩减。主要有两种方式:一是政策补充。它是在保持实施中的政策的基本框架不变的前提下,或者对其内容加以扩充,或者对其适用范围加以扩大,或者对其适用时间加以延长,其目的是为了拓展现行政策的功能。二是政策删减。它是在继续执行现行政策的条件下,减少其部分内容,缩小其作用范围,缩短其作用时间,其目的是要缩减现行政策的功能。

(3) 政策的更新。这是对实施中的现行政策所做的变革。虽然原先的政策保留了下来,但主要的政策内容、政策目标、政策适用范围、政策执行主体、政策目标团体都不同程度地发生了变化。与之前的政策相比,旧框架已为新框架所取代。政策更新通常是在一个国家的政治、经济生活出现重大变革的时期发生的政策调整形式。

(4) 政策的撤换。这是对实施中的已经失去了合理性和科学性的政策所采取的调整形式。当社会政治、经济生活出现重大改革,原有的体制和社会评价标准正在为新的体制和新的评价标准所取代的情况下,将原先实施的政策从整体上加以撤销,并代之以全新内容、目标、效能的政策。

3. 公共政策调整的作用

(1) 纠正偏差,预防失误。

一项公共政策不管其制定程序多么严谨、论证多么充分,由于其实施和制定的环境不断地改变以及制定和执行主体的主观认识偏差,其在制定和执行过程还是容易出现偏差。

如果这些超范围偏差没有得到及时的纠正，可能使政策问题扩大化或者严重化，从而危及政策系统的稳定性，导致整个政策的失效，甚至影响整个社会的发展。因此，政策的及时调整有利于及时纠正偏差，并针对具体的情况进行调查和研究，及时发现政策隐患，从而有效减少政策的失误。

(2) 协调矛盾，制止混乱。

在政策体系中，并不是所有的政策都是由同一个制定主体制定的，许多具体的政策往往是由不同的部门共同制定的。如果一些部门和制定主体从本部门、本地区的利益出发，制定一些目无全局、缺乏战略目标的政策，必然会在政策实施过程中产生一些矛盾，这些矛盾的存在，客观上要求各政策主体之间进行沟通，针对具体的矛盾相互协调，对政策进行调整。否则就会出现"各自为政，政出多门"的混乱局面，不仅扰乱了良好的政策实施环境，而且损害了人民群众的切身利益。因此，由于各政策之间的关联性，必须对各部门制定的政策不断进行必要的调整，以便协调好各政策之间的冲突，促使政策内外各方面、各个环节相互衔接、协调一致，发挥好政策的整体功能。

(3) 发展完善，促进优化。

任何一项政策都是政策主体在既定的环境下就具体的政策问题而制定和实施的。虽然一项政策颁布实施后，其内容已经基本固定下来，但用发展的眼光来看，公共政策是动态发展的。在政策的实施过程中，由于政策实施后的影响或者客观环境的变化，可能引起政策问题的一些变化，伴随着新的问题、新的矛盾的出现。为了避免政策的滞后性使政策问题变成危机，有必要对政策的某些环节或内容相应地进行调整，使政策方案或者实施流程得以发展、完善和优化。另外，政策也是在一定政策主体的认识水平的基础上形成和运行的。人们的认识也是随着实践的深入而不断深化，而公共政策的制定是一种基于现成认识的模拟假设和预测，很难达到完全准确无误。因而政策的制定和实施并非一劳永逸，需要不断地进行调整和修正，最终不仅是促进政策本身不断完善、优化，而且促进其功能优化，科学有效地解决政策问题。

(4) 促进稳定，提高绩效。

公共政策的调整不是胡乱的调整，也不是朝令夕改，而是稳中有变，变中求稳。因为公共政策的稳定在某种程度上牵涉到一个国家政局的稳定。事实上，要提高政策的实际效果，必须使其在一定的时间和空间内保持相对的稳定，避免由于政策的大幅度变动而引起社会的震荡。但是，保持政策的稳定性不是绝对的不变。政策制定主体根据环境和政策活动反馈的信息对政策不断地修改、补充和完善，使政策与客观环境的变动、政策资源的变化协调发展，是保持政策稳定的一种有效的方法。其实，政策一个最本质的目标就是在多元的社会环境下，政策必须能够保证和维持社会的稳定，获得广泛的社会支持。只有在这个基础上，对政策进行局部的调整，才能提高政策的效率、效能和效果。

(二)公共政策终结

所谓政策终结，就是公共政策的决策者通过对政策进行评估后，采取必要的措施，以终止那些错误的、过时的、多余的、无效的或引发了重大不良后果采取必要措施予以终止的行为。

1. 公共政策终结的对象

一般说来，政策终结的对象有四种类型：

（1）权力与责任。

政策执行首先表现为权力的履行和责任的承担，而政策的终结则预示着相应权力的丧失和相关责任的放弃。就政策的执行机构而言，那些与政策有着切身利益关系的人，对自有权力的丧失会产生强烈的心理抵触。这个问题处理不好，政策终结就会遇到很大的障碍。

（2）政策功能（服务与管制）。

所谓政策功能的终结，就是终止由政策执行而带来的某种或某些服务。政策功能主要表现为政策执行机构所提供的服务或管制，政策终结则预示着相应服务的停止或相关管制的撤销。从撤销管制角度而言，说明政府在给社会松绑，当然会有良性的社会心理反应。政府丢弃一些“紧箍咒”，老百姓当然举双手赞成。但从停止服务角度而言，势必会使目标群体的一些既得利益遭受损失，因此可能遇到一定程度的社会心理抵抗。

（3）相关组织。

毫无疑问，政策执行活动是组织活动，必须通过一定的组织机构完成，而政策终结通常会伴随相关组织的缩减或撤销。有些组织机构是为执行某项政策专门设立的，伴随政策的终结，这类组织机构没有继续存在下去的必要。而另一些组织，由于同时承担多种政策的执行职能，某项政策的终结并不足以导致组织的撤销，往往只是对其规模、经费等方面构成影响。然而，不论是哪种形式的组织终结，都会遇到一定的障碍，受到不同程度的抵制，因为它直接影响到组织内部人员的切身利益。任何一项政策活动都是通过组织来推动的，因此，政策的终结通常也伴随着组织的缩减或撤销，这就是组织的终结。此外，某项政策的功能很多时候并不是由一个机构单独承担的，而是由许多不同的机构共同承担的，所以，政策终结还必须重视组织协调工作。

（4）计划的终结。

计划的终结，也称项目的终结，是指执行政策的具体手段的终结。在所有终结的对象中，计划的终结是最常见，也是最容易达成的。

2. 公共政策终结的方式

政策的终结应当由公共权力机关通过合法的程序做出决定，并以文件、公告等形式向社会宣布终结的指令。一般说来，政策终结的方式有五种：政策废止、政策替代、政策分解、政策合并、政策缩减。总而言之，政策终结是一项重大的政策行动，不是件容易的事情。无论是权力和责任的终结，还是功能和机构的终结，往往会导致一些现状的改变，自然会涉及利益的重新分配。因此，政策终结不可避免地会遇到来自方方面面的阻碍。

3. 公共政策终结的作用

（1）政策终结有利于节省政策资源。

公共政策终结对政策的变迁和发展具有重要作用。政策的运行必须支付一定的成本，即要耗费政策资源。如果一项政策已经失效或一开始就无效，却仍旧让它存在并处于运行状态，这时支付出去的资源非但不能取得效益，而且还会给社会带来危害，这实际上就是资源的浪费。及时地终止失效的或无效的政策，就可以将人力、物力和财力组织配备到新的政策实施上去，让有限的政策资源发挥出更大的作用。

（2）政策终结有利于促进政策优化。

一个国家的公共管理部门，在一定时期必须选择和配置最优化的一系列政策构成政策系统来解决相互关联的社会公共问题。当一些无效的政策或过去曾经有效而现在效用已经逐步丧失的政策，仍旧在政策系统中占据位置，整个政策系统就得不到更新，政策系统的结构与组合就不是最佳的。只有将无效的、过时的政策废止、合并、分解、缩短，才能使政策系统不断地优化，从而更能与环境相适应，更加符合社会发展需要。

（3）政策终结有利于提高政策绩效。

公共管理部门要对社会公共领域实施最有效的管理，使公众的利益得到最公正的调节，不可能指望通过一两项政策的实施就能实现这一目的。它必须运用政策运行的周期性特征，不断地将绩效变得低下的旧政策适时地淘汰、更换、废止，让新的政策发挥出效能。政策的这种周期性的循环，可以保持较高的政策绩效。

4. 公共政策终结的障碍

（1）心理上的抵制。政策制定者不愿意承认政策的缺陷或失败：一方面，他们认为现有的政策是通过周密考虑精心制定出来的；另一方面，他们感到若承认政策失败则等于承认他们工作中的失误，因而有心理上的包袱。政策执行者也同样不愿承认政策的失败，因为在政策活动中凝聚着他们的智慧和劳动。尤其是当政策能使他们获得某些既得利益时，这种心理上的抵制就更为强烈。

（2）组织的持久性。组织机构的持久生命力表现在以下几个方面：组织机构的功能性；组织机构的保守性；组织机构的适应性。

（3）反对势力的联合。在政策终结前，反对终结的势力往往会自觉或不自觉地联合起来以抵制终结。那些反对政策终结的力量一旦“结成一个共同体，就能极为有效地威胁政策终结行为”，妨碍政策终结的顺利实施。

（4）法律上的障碍。任何政策的确定和组织的组建，都是通过一定的法律程序进行的，同样，政策的终止和组织的撤销，也必须经过一套法定的程序。这一过程不仅耗时费力，而且操作起来也比较复杂，有时常会延误终结的时机。

（5）终结的高昂代价。代价包括两方面的内容，一是沉淀成本，二是终结行为本身要付出代价。沉淀成本是指已经投入并且无法收回的成本。另外，进行终结本身也需要付出高昂的代价，不仅要筹措终结所需的各项费用，以制定和执行新的政策，组建新的机构，而且还要冒着得罪某些有势力的反对力量的风险。政策决策者很有可能在这些高昂代价的重压之下，改变初衷，放弃终结。

拓展练习 12-1
思考题

第二节 实验案例

共享单车现象的制度分析

在移动互联网时代和供给侧改革背景下，共享经济正渗透到老百姓生活的方方面面，共享单车就是一个典型例证。2014 年，北京大学（以下简称“北大”）毕业生戴威、薛鼎等 4 名合伙人共同创立 ofo，致力于解决大学校园的出行问题。2015 年 5 月，超过 2000 辆共享单车出现在北大校园。不仅如此，ofo 也走出北大，在其他 7 所首都高校成功推广。共享单车在校园的成功，让主创们在获得投资后将其推广到了社会。在出行领域，共享单车的创业项目，以其模式的创新性在社会上掀起了单车出行热。规模扩张快、灵活性大、资本效率高、进入门槛低是共享经济模式的特点。共享单车以市场的力量解决了城市公共出行“最后一公里”的问题，对缓解城市交通拥堵提供了新生力量和破解路径。

第三节 实验要求

一、实验目的

公共政策案例分析的主要目的在于提高学生解决公共政策管理相关问题的能力和判断力，重点在于解决问题的过程。案例分析人员要把自己当作案例中的当事人，来进行分析和决策，提高分析和处理管理问题的技能。

通过对案例分析的学习，可以牢固掌握与案例相关的公共政策知识点，同时还能促进深入思考，找出自身思维中的盲点，相互启发、借鉴、学习和交流，充实、完善自己，从而达到提高自身的沟通能力以及决策能力的目的。

二、实验步骤

1. 阅读案例，个人分析

主要是审读案例文本，把握案例事实，识别案例情境中的关键（案例）问题，个人先对案例进行分析，初步拟定解决问题的方案。这一阶段要求同学花费大量时间来准备，准备得充分与否直接关系到学习的效果。具体又可划分为以下步骤：

(1) 快速阅读案例材料,熟悉所要讨论的案例及问题;
(2) 再次阅读案例,尝试勾画问题轮廓及可能答案;
(3) 仔细研究案例中的所有附加材料;
(4) 确定(关键)问题之所在;
(5) 分析案例中的数据;
(6) 使用所需要的任何一种分析工具;
(7) 仔细分析相互冲突的观点;
(8) 为个人的分析诊断和观点提供理论支持和证据支持;
(9) 制定恰如其分的行动计划和行动方案。

2. 小组讨论,达成共识

在小组或全班同学面前呈现个人对案例问题的分析,提出解决方案和依据;听取其他小组成员意见,对案例问题和解决方案展开讨论,从不同角度甚至对立中认识问题,以求达成共识。注意是提出观点而不是重复信息;尽量使用以下的表达"我的分析表明……""该公司应该……,因为……",而不是"我想……""我认为……""我觉得……"。

3. 课堂发言,全班交流

在课堂上以小组为单位陈述案例分析结果。可以选派一名组员代表小组发言,也可以由几人共同完成。表述过程中注意锻炼自己的表达能力,力求做到自然流畅,并能操控听众的注意力,然后回答班里其他同学的提问。回答最好按照小组准备时的分工来分担问题,当然相互支持也是非常重要的。

4. 教师总结归纳,消化提升

在小组陈述、课堂讨论的基础上,最后由主讲教师或助教做总结。教师指导侧重案例分析的关键点,分析思路,通过该案例可强化、可引导的知识点等方面。

三、实验要求

(1) 将案例阅读两遍。第一遍应该对案例有一个概括性认识,第二遍应该对案例中的种种做法了如指掌,然后仔细地研究每一份参考资料。

(2) 列举本案例中必须面对的各个问题与关键点。

(3) 充分进行数据分析,挖掘案例材料所能说明的各种问题。

(4) 寻找运用各种原理和分析工具的机会。

(5) 对形势的分析要全面深刻。

(6) 所有的观点必须提供经过充分推理和论述的论据,包括数字证据。

(7) 绘制图表,以清晰地表达观点。

(8) 对个人提出的各种建议进行优先性排序,确保实施框架/步骤及可行性。

(9) 重新评价个人所提出的行动计划,检验它是否为所确定的问题和关键点提出了解决方案。

(10) 避免提出风险不可控制或不合理的方案。

四、实验成绩

序号	实验要求	分值
1	共享单车的不完全契约分析	40
2	政府在共享经济中应该发挥什么样的作用	20
3	“共享经济”企业的发展对策有哪些	30
4	字数要求：不少于3000字	10

第四节

实验报告

实验报告

院系			专业		
班级		姓名		学号	
实验教师		成绩		日期	
实验名称					

一、实验目的

二、实验原理

三、实验步骤

四、实验数据(如有则填)

五、实验结果

六、讨论分析(完成指定的问题要求)

七、实验总结(如有则填)

备注：

第五节
实验答案

一、引言

在移动互联网时代和供给侧改革背景下，共享经济正渗透到老百姓生活的方方面面，共享单车就是一个典型例证。2014 年，北京大学（以下简称“北大”）毕业生戴威、薛鼎等 4 名合伙人共同创立 ofo，致力于解决大学校园的出行问题。2015 年 5 月，超过 2000 辆共享单车出现在北大校园。不仅如此 ofo 也走出北大，在其他 7 所首都高校成功推广。共享单车在校园的成功，让主创们在获得投资后将其推广到了社会。在出行领域，共享单车的创业项目，以其模式的创新性在社会上掀起了单车出行热。规模扩张快、灵活性大、资本效率高、进入门槛低是共享经济模式的特点。共享单车以市场的力量解决了城市公共出行“最后一公里”的问题，对缓解城市交通拥堵提供了新生力量和破解路径。

二、相关理论基础

（一）物品属性的分类

相关理论表明，可以根据是否具有排他性和竞争性，将物品或劳务分为私人物品、准公共物品以及公共物品。相关的分类如表 12-1 所示。

表 12-1　物品和劳务的分类

分类	排他性	非排他性
竞争性	私人物品	拥挤型准公共物品
非竞争性	俱乐部型准公共物品	公共物品

具有排他性和竞争性的物品或劳务被称为私人物品；不具备排他性和竞争性的物品或劳务被称为公共物品；介于纯粹的私人物品和公共物品之间的物品或劳务被称为准公共物品。准公共物品可以继续分为具有竞争性而不具有排他性的拥挤型准公共物品以及不具有竞争性而具有排他性的俱乐部型准公共物品。[①]

（二）共享单车的公共物品属性

共享单车，是指企业与政府合作，在校园、地铁站点、公交站点、居民区、商业区、公共服务区等提供自行车单车共享服务，是共享经济的一种新形态。个人认为，共享单车的所

① 郑九兵．城市公共自行车系统的新制度经济学分析[D]．深圳：深圳大学，2017．

有权属于其运营单位。当然，笔者对共享单车的性质没有深入了解，如果根据企业与政府的合作协议，车辆属于政府所有，那就是公共财产；如果是企业单独所有，那就是企业财产。

共享单车作为一种通过市场的力量解决公共物品资源不足的新现象，其目的是为了解决人们日益增长的对交通便利性和缓解交通压力的要求，仅仅是在“互联网＋”时代利用了市场的力量和网络的技术，故将共享单车认为是公共物品。在资本的支持下，共享单车企业为迅速抢占市场、建立排他性使用系统，在政府监管和行业准则缺位的前提下，投放了大量的自行车。[①]

（三）相关理论

经济学意义上的委托代理关系不同于社会学意义和法律意义上的委托代理关系。最早提出委托人和代理人概念的罗斯认为，如果当事人双方，其中代理人一方代表委托人一方的利益行使某些决策权，那么代理关系就随之产生。詹森和麦克林认为委托代理关系是，一个人或一些人委托其他人根据委托人利益从事某些活动，并相应地授权代理人某些决策权的契约关系。经济学意义上所说的委托代理关系，就是处于信息优势与信息劣势的市场参与者之间的相互关系。掌握信息多的市场参与者称为代理人，掌握信息少的市场参与者成为委托人，由于信息不对称相当普遍，而且许多经济合同都是在信息不对称的情况下签订和执行的，因此，经济活动中的许多经济关系都可认为是委托代理关系。按照新制度经济学关于理性人假设的修订，委托人和代理人都是追求自身利益极大化的理性人，都有通过签订契约取得分工效果从而增加自身利益的动机，追求各自利益的最大化。

在委托-代理理论中，我们认定委托-代理理论所讨论的契约之所以属于“完全契约”的范畴，正是因为那些写进契约作为执行判定标准的相关内容是“可证实”的。也正是这一“可证实”的条件，保证契约可以在第三方力量的监督和裁判下进行“三方治理”。相应地，在不完全契约理论中，学者们所关注的则是那些第三方无法证实的信息，而由于相关条款无法在“可证实”的基础上，借助第三方的力量规范治理双方的交易行为，不完全契约所对应的交易行为往往要突破“三方治理”结构，过渡到“双方治理”和“一体化治理”模式。[②]

三、共享单车的不完全契约分析

（一）共享单车的发展状况

（1）共享单车市场规模和用户规模分析。

随着共享单车的兴起和发展，共享单车的市场规模和用户规模越来越大。根据艾媒咨询发布的《2016 年中国单车租赁市场分析报告》，2016 年中国单车租赁市场规模预计将达 0.54 亿元，用户规模将达到 425.16 万人；预计 2019 年中国单车租赁市场规模将上升

① 张翼．发展共享单车仍需制度补位[N]．中国商报，2016-12-09(P01)．

② 郑九兵．城市公共自行车系统的新制度经济学分析[D]．深圳：深圳大学，2017．

至1.63亿元，用户规模将达1026.15万人。

(2) 共享单车经济投资现状分析。

作为共享经济理念下的新兴行业，共享单车自出现以来备受投资家青睐，除了最开始的ofo和摩拜之外，新入局者络绎不绝。在短时间内，各家单车企业纷纷完成融资，且融资时间间隔短，融资金额大，足见投资家非常看好共享单车市场(见表12-2)。

表12-2　部分共享单车融资情况表[①]

共享单车名称	融资时间	融资情况
ofo	2016年10月10日	1.3亿美元C轮融资
摩拜单车	2016年10月13日	近亿美元C+轮融资
骑呗单车	2016年11月初	Pre-A轮融资
优拜单车	2016年11月7日	1.5亿人民币A轮融资

(二)基于不完全契约角度的共享单车交易费用分析

不完全契约理论的核心是交易费用，如果交易费用过高，会挤压企业的利润，甚至导致交易根本不会发生。在用户和企业的不完全契约过程中，用户为信息优势方，企业为信息劣势方，用户为了使得自身利益最大化具有违约的动机，存在一定的道德风险。这增加了企业交易后为了维护合约所要承担的费用，相当于增加了企业的运营成本，会影响到企业的盈利结果。在降低单车的非正常耗损率过程中，政府将起到非常重要的作用。

新制度经济学将交易视为一种合约。在合约签订前，收集相关信息所花费的费用，即交易前的费用；在合约签订过程中，由于讨价还价所产生的费用，即交易中的费用；在合约签订后，由于信息的不完全、不对称，为了维护原先签订的合约必然需要一定的费用，如一方出现了违约动机，另一方必定要采取措施来阻止违约方，采取的措施的成本即为维护合约的成本。[②] 根据交易费用产生的三个阶段对共享单车交易进行如下分析。

1. 交易前的费用

以中国市场上的两大共享单车品牌ofo和摩拜为例。摩拜是智能型自行车的代表，摩拜自行车装备有GPS定位，在客户需要时，可通过手机客户端查找距离自己最近的自行车，或者通过手机客户端提前预约自行车来满足自己的出行需要。但是由于技术的不成熟，在使用的过程中，常常会出现客户到达预定地点后无法找到自行车的现象，带来了不必要的麻烦和问题。这从侧面增加了交易的成本，这一类自行车交易前的费用取决于技术系统的完善和成熟。ofo是非智能自行车的代表，其自行车没有预约功能，当用户需要时，只能实地去寻找，这更是增加了交易的成本和费用，特别是用户急需时，所投入的成本会更大。非智能自行车相较于智能型自行车所需的成本更大。此外，对自行车的损坏，则更是无意间增大了交易的成本，影响交易双方的交易行为。

① 张倩雯.当前我国共享单车现状、问题与对策研究[J].现代商业，2017(23):165-166.

② 谢杰斌.不完全契约理论及其在金融领域的应用[J].制度经济学研究，2007(2):166-181.

2. 交易过程中的费用

共享单车的使用方法是用户通过手机客户端，扫描自行车上的二维码就可解锁或者获取解锁密码即可，费用的计算是根据用户使用自行车的时间计算的，用户只需根据对应共享单车公司所规定的收费标准在网络上实现缴费即可。

3. 合约签订后的保持成本

合约签订以后消费者即获得了单车使用权，但是由于 ofo 和摩拜两种单车的收费方式不同，故分别进行论述。

(1) ofo 单车结算时间是由用户自行控制的，即超过强制骑行 120 秒后，用户可选择结算订单且继续骑行，这样用户就可以用很少的钱骑行较长的时间。用户的此类行为属于违约行为。

当用户用手机解锁单车时，其实就相当于用户与单车公司签订了短期租赁协议，即用户短期内租用单车公司的单车，根据实际的骑行时间计费，骑行结束则合约履行完毕，用户锁上单车并支付费用。但由于单车租赁协议签订之后，无人监管合约的执行过程或者说监管困难较大，那么作为合约执行者的用户，就可能产生违约动机，因为违约对用户来说是有利可图的。用户可以运用较少的费用获得较大的收益，也有的在签订合约、结算以后直接用私锁霸占单车长期使用，直接损害了公司的利益，更有甚者利用此漏洞，将 ofo 单车进行私卖，此类行为已构成犯罪。

(2) 较之 ofo 单车，摩拜单车则在合约维持方面做得较好，摩拜单车采用的是扫码开锁的形式，计费采用的是自动计费，用户结算后车辆自动上锁，从而减少了用户的违约行为，但依然存在恶意破坏或者蓄意违法贩卖等现象。[①]

(三)政府在共享经济中的作用

共享经济不是一种单纯的产业，如果把它作为一种独立产业，就会存在产业壁垒，不允许外界进来的问题，从而影响整个相关产业的联动发展。就像出租车，如果把它定位为一种租车产业，那就会影响网约车的发展，因为出租车不允许外面的人干扰自己的出车行为。如果我们觉得它是一种经济方式，会从最大化效益和最有利于社会来衡量这种方式对我们生产或发展的影响。共享经济也是如此，尤其是在“互联网＋”的时代背景下的产物，涉及信息、科技、大数据等很多方面。政府首先要做的就是改变认知，推动共享经济的发展。

1. 规范市场秩序，降低交易成本

政府作为市场秩序的维护者，应当积极处理违法犯罪行为，对于偷盗、收售单车的不法行为，一经查出严厉处罚。与此同时，适当提高量刑标准，可以增加违法成本，减少违法所得，进而改变预期。在合理范围内，建立共享经济信用体系，并作为个人信用体系的组成部分。可借鉴“芝麻信用”的模式，对用户使用情况进行积分，对于累计分高的用户给予一定优惠或附加福利，产生正面的引导效应。出台关于共享经济下法律问题的指导意见，

---

① 郑九兵. 城市公共自行车系统的新制度经济学分析[D]. 深圳：深圳大学，2017.

填补法律真空地带，通过法律法规来保障共享经济的健康发展。①

2. 建立现代化的政府监管模式

国家治理现代化要求利用现代化的信息技术手段提高对市场和社会的监管水平。共享经济平台的运行基于强大的互联网和大数据技术，政府对平台的监管，也应该利用最新的互联网和大数据技术，实现对平台的实时监管与植入监管。政府利用大数据和现代信息技术在平台中植入监管环节，把监管嵌入到互联网日常的运营中，通过在线方式对平台的数据信息进行实时分析，由此实现高效监管。②

此外，政府还应规范企业的行为。政府相关部门需要限制共享单车企业的自行车投放量，从而避免不必要的拥堵等社会问题。限制投放数量的同时可以考虑给予有资质的企业一定比例的配额，而这些配额是可以相互交易的。这样就可以在控制总量的同时也不会造成资源浪费，使得有能力的企业可以通过购买配额多投放车辆，出售配额的企业也可以通过出售配额在一定程度上弥补自身少投放车辆的损失。例如，针对退还押金不及时的问题，交通运输部督促 ofo 小黄车畅通退押渠道、优化退押流程，加快线上退押进度，切实保障用户合法权益。③

（四）“共享经济”企业的发展对策

1. 改进技术，提升对共享单车的管理能力

要提升单车的硬件配置。通过定期规整、更新等方法，一方面减少乱停乱放导致的占道问题，另一方面降低受损单车的比例，为用户提供更加安全的出行方式。新推出的红包车就是一次有益探索，通过让用户把某一位置的车骑到指定位置，发放红包，一定程度上解决了停车地偏僻的问题，提高了使用效率。共享单车智能化的控制软件决定着共享单车运营管理的效率，是共享单车用户体验价值重要的影响因素，友好、便捷的应用软件是共享单车发展的技术保障。

2. 创新共享单车运营体系

共享单车凭借庞大的用户数量，借助互联网分析用户的骑行轨迹和骑行记录，能够获得大量的数据。首先通过数据研究用户的运动习惯，为用户提供合适的骑行服务和其他与骑行运动相关的服务项目。其次，共享单车平台可以根据用户使用单车的时间、频率、地点，判断用户的喜好、收入、职业，使共享单车在广告、社交等方面增加新的盈利点。最后，通过分析用户短距离骑行数据，可以为城市用地规划、微观交通规划、改善城市慢行系统环境提供数据支撑。④

四、总结

本研究首先将共享单车设立为一种借助市场力量来解决社会问题的公共物品，从其

---

① 郑九兵. 城市公共自行车系统的新制度经济学分析[D]. 深圳：深圳大学，2017.

② 蔡朝林. 共享经济的兴起与政府监管创新[J]. 南方经济，2017(3)：99-105.

③ 潘铎印. 规范共享单车押金存管[J]. 经济日报，2018-12-25.

④ 韩焕法. 共享单车行业运营模式创新路径分析[J]. 科技经济市场，2017(10)：126-127.

发展的现状来描述解决问题的必要性。其次，分析了共享单车的不完全契约理论。在消费者和企业的不完全契约关系中，消费者本身属于信息优势方，无论是企业的契约或者政府的法规，惩罚消费者的恶劣行为都不是目的，目的在于减少消费者的违约所得，进而消除消费者的违约动机，从而减少消费者的违约行为。最后，提出了政府和企业针对问题需要采取的应对机制，共享单车本身是一项新兴事物，不可避免地存在着许多问题，只有企业、政府以及消费者三方合力协作才能实现真正的共赢。

第十三章 CHAPTER13

公共危机管理案例实验实训

第一节 知识框架

一、公共危机管理的含义

危机的广义定义是“干扰事务自然流程的任何事件，而且如果对其缺乏正确的认识和及时的处理，将会危害一个组织的存在”。危机一般具有突发性和难以预测性的特点，并且它的公众涉及面较广，影响也较为严重。一般情况下，危机都具有四个特点：突发性、威胁性、紧迫性、公开性。

危机管理是专门的管理科学，它是为了应对突发的危机事件，抗拒突发的灾难事件，尽量使损害降至最低点而预先建立的防范、处理体系和对应的措施。对一个企业而言，企业危机的事项是指当企业面临与社会大众或顾客有密切关系且后果严重的重大事故，而为了应对危机的出现在企业内预先建立防范和处理这些重大事故的体制和措施，则称为企业的危机管理。

公共危机管理，又称政府危机管理，即政府针对公共危机事件的管理，是解决政府对外交往和对内管理中处于危险和困境的问题。即政府在公共危机事件产生、发展过程中，为减少、消除危机的危害，根据危机管理计划和程序而对危机直接采取的对策及管理活动。

从这个定义中，我们可以明确知道：公共危机管理主体是政府及其他公共机构；公共危机管理重点是预防危机；公共危机管理功能是预防和化解危机；公共危机管理主要工作是发现问题、研究问题、解决问题；公关危机管理目的是恢复社会秩序。

二、公共危机的分类、分级与分期

（一）危机分类

（1）从发生领域分：经济危机、政治危机、文化危机、社会危机、生产危机、生态危机、环境危机、教育危机、人口危机、卫生危机等等。

（2）从危机成因分：内生型危机、外生型危机、混合型危机（多见）；或者分为天灾和人祸。

（3）从影响范围分：全球性（世界性、国际性）危机——非典、艾滋病；区域性（国家性）危机——政变；地方性危机——大地震；特定组织危机——三鹿奶粉事件。

（4）从危机发生发展规律分：突发性危机；演变性危机。

《突发公共事件总体应急预案》的分类：

（1）自然灾害。主要包括水旱灾害、气象灾害、地震灾害、地质灾害、海洋灾害、生物灾害和森林草原火灾等。

（2）事故灾难。主要包括工矿商贸等企业的各类安全事故、交通运输事故、公共设施和设备事故、环境污染和生态破坏事件等。

（3）公共卫生事件。主要包括传染病疫情、群体性不明原因疾病、食品安全和职业危害、动物疫情，以及其他严重影响公众健康和生命安全的事件。

（4）社会安全事件。主要包括恐怖袭击事件、经济安全事件和涉外突发事件等。

（二）突发事件分级

《突发公共事件总体应急预案》将突发公共事件分为四级：Ⅳ，Ⅲ，Ⅱ，Ⅰ级。按照灾害的严重性和紧急程度，颜色依次为蓝色、黄色、橙色和红色，同时以中英文标识，分别代表一般、较大、重大和特别重大。

（三）危机分期

危机生命周期理论：斯蒂文·芬克的四阶段理论。

征兆期—发作期—延续期—痊愈期（潜伏期—突发期—蔓延期—解决期）。

三、公共危机管理的基本特征

①公共危机管理的目标是为社会提供公共产品；②公共危机通过监测危机管理对象，可采取预防措施，最大限度地减少危害；③公共危机管理的外部环境是开放的、非竞争的；④公共危机管理的处置具有应急性；⑤公共危机管理以强制力为管理的基础；⑥公共危机管理的对象和预测具有不确定性；⑦公共危机管理的预控和预案具有不确定性；⑧公共危机管理要接受公众的监督与约束；⑨公共危机管理具有综合性；⑩公共危机管理具有国际性。

四、公共危机管理的处理原则

1. 时间性原则

采取紧急处置手段，及时控制危机事态的发展是危机管理的第一原则。

2. 效率性原则

公共危机蔓延速度很快，要求政府快速反应，有效动员社会资源。

3. 协同性原则

参与危机应对的人员和力量来自各个方面，如交通、医疗、通信、消防、食品等，协同一致特别重要。“5·12”抗震救灾初始阶段出现混乱，之后在绵阳设立了一个统一指挥领导小组，指挥调配各方力量和物资，有效解决了这个问题。

4. 科学性原则

该原则主要针对因工业技术而引起的灾害以及由自然灾害而造成的危机事件。应对这类大型事故、地震、海啸、飓风等不可盲目蛮干，必须注重科学性、技术性，多征求专家的意见。例如：唐家山堰塞湖的处置充分发挥了水利专家的作用。

五、公共危机管理的存在问题

1. 在思想上认识不足

一是公共危机意识淡薄。各级政府将主要精力集中于经济建设，忽视了危机意识的培养，认识不到社会转型时期各类潜在危机爆发的普遍性和危害性，缺乏敏锐的危机判断能力。二是公共危机管理理念存在偏差。普遍存在“重救轻防，事后设防”的倾向，弱化了抵御危机的能力，使得危机管理处于被动局面，政府丧失处理危机的主动权。

2. 组织机制尚不完善

一是缺少专门的常设性公共危机管理机构。二是管理组织结构不明确。危机管理机构设置不统一，职责规定不一，存在模糊、交叉和分散现象，很难集中统一发挥综合作用。三是危机管理专家库建设存在不足。政府应建立各类专业人才库，根据实际需要聘请相关专家组成专家组，为危机管理提供决策建议，必要时可参加公共危机事件的应急处置工作。

3. 制度建设不健全

一是法制建设尚不完善。我国目前虽然已经制定和颁布了部分应对危机状态的法律法规，但总体来说还不够完善。二是信息公开制度不健全。三是教育制度存在缺陷。教材陈旧落后，没有专门的危机教育机构，缺乏专职危机教育人员。公共危机教育走过场，并没有作为一项日常工作来抓。四是管理保障制度不完善。

4. 缺乏合作

因社会转型诱发危机因素增多，难度加大，政府失灵现象难以避免，与此同时，社会力量无法参与到公共危机管理中，就难以有效实现公共危机管理。

六、国外公共危机管理的基本经验

（一）培养和提高公民的危机意识与抗危机能力

在国外，为了提高公民的危机意识和对抗危机的能力，许多国家都重视全民的危机管理教育、应对灾难的培训和实地演习等素质教育。以反恐怖危机事件为例，在以色列，学者们在大学课堂里讲授政治学意义上的恐怖主义范畴和特性等方面的课程，并且课堂向社会各界人士开放。学校教育还开设有关在恐怖事件发生后如何进行救护方面的课程。讲授如包扎、人工呼吸等急救知识，并现场进行示范演习。学校中的反恐专家也经常应邀到社会各部门介绍反恐方面的知识。在美国，城市的反恐怖活动训练中，政府主要帮助训练反恐怖特别行动队、警察、医疗救护人员，并进行多种模拟演练。总体来说，通过广泛的教育和培训，许多国家动员群众、群策群力地进行反恐斗争，使反恐深入人心，成为一项全民事业。

（二）责任共担的参与机制

西方国家在公共危机管理中，不仅政府积极参与，而且公众也通过组织介入管理，形成政府、非政府组织、公众责任共担的公共危机管理机制。美国危机管理主体由FEMA（联邦应急管理局）、州政府、地方志愿义务组织、民间团体、私人企业等组成，政府将它们之间的联合列入危机计划。日本东京市政府则特别重视建立与民众的伙伴关系，社区有自己的消防组织，发生火灾时，普通居民就成了消防员。而社区内基本的消防器材由政府提供。如今，东京已形成了政府、私人企业、非政府组织、非营利团体、志愿者相互合作的体系，它与媒体协会、医师会、建筑协会、快餐食品工业协会等民间团体一起构筑了一张都市安全网。

（三）充分的财政资金保障

西方一些发达国家比较重视加强对危机管理的财政资金保障。美国的议会严格控制中央财政预算，并以法律的形式规定了危机管理的专项资金。美国的国土资源部有专门的账号把联邦应急管理局和其他机构整合成一个新的财务系统，以确保危机管理的资金充足。国际上一些城市，如芝加哥、纽约、洛杉矶、伦敦等也都在城市的预算中留足了应急资金。

（四）透明的信息沟通机制

拓展练习 13-1
思考题

让公众知道危机的真相是西方发达国家处理危机的一个共同点。法律规定政府有责任向媒体公布危机真相，而媒体也有义务向公众传递准确的信息。媒体有权力独立地参与危机管理的整个过程，并就某些公共问题做进一步的调查。政府通过媒体及时地与公众沟通告知真相，一方面可以提高公信力，增强公众对政府应对危机的信心；另一方面可以稳定军心，获得公众支持，使公众参与到公共危机管理当中，从而提高公共危机管理的效率。

第二节 实验案例

上海首次宣判两起“地沟油”案

价廉味美，又够辣够爽，让源自巴蜀的火锅和烤鱼风行全国。在上海大街小巷，此类餐馆大多生意红火。一盆麻辣火锅或秘制烤鱼上桌，最夺目的莫过于表面还冒着热气的一层红油。若碰到黑心店家，这红油很可能是“地沟油”。2015 年 9 月，黄浦法院对上海市首例构成“地沟油”犯罪的案做出一审判决。本次宣判的两起“地沟油”案件，是上海地区首次被起诉的在餐馆中使用餐厨垃圾中的油脂加工食物并予以销售，构成“地沟油”犯罪的案件。

在被告人郑嫔、郑伟生产、销售有毒、有害食品案中，法庭审理查明：被告人郑嫔在本市雁荡路经营“福辣火锅川菜店”，自 2012 年 6 月起，郑嫔指使被告人郑伟在其丈夫经营的“鼎辣重庆火锅店”内使用“福辣火锅川菜店”回收的餐厨垃圾中的废油，制作火锅底料“红油”，销售给顾客食用。2013 年 2 月 28 日，黄浦法院以生产、销售有毒、有害食品罪分别判处被告人郑嫔有期徒刑 3 年 6 个月，并处罚金人民币 20 万元；被告人郑伟有期徒刑 1 年，并处罚金人民币 2000 元。

在被告人余振江、杨才友生产、销售有毒、有害食品案中，被告人余振江在本市嵩山路经营“上海振江川菜馆”，自 2012 年 5 月起，他授意被告人杨才友使用菜馆内回收的餐厨垃圾中的废油，制作“红油”烧制烤鱼等食物并予以销售。黄浦法院以生产、销售有毒、有害食品罪分别判处被告人余振江有期徒刑 3 年 6 个月，并处罚金人民币 20 万元；被告人杨才友有期徒刑 1 年 3 个月，并处罚金人民币 2000 元。

时任上海高院副院长邹碧华在新闻发布会上曾通报，上海法院去年共审结涉食品安全犯罪案件 16 件，罪名涉及生产、销售伪劣产品罪，生产、销售不符合安全标准的食品罪，生产、销售有毒、有害食品罪。案件类型有生产、销售病死猪肉案，生产、销售问题豆芽案，销售含有毒、有害成分的减肥保健食品案，生产、销售假冒“蒙牛”精炼火锅油案，生产、销售添加罂粟壳的烤鸭汤料案，生产、销售添加过量甜蜜素的豆浆案，生产、销售以鸭肉冒充的羊肉串案。

从法院审理情况来看，上海涉食品安全犯罪案件主要呈现四个特点：一是涉案食品涉及领域较广，与人民群众日常生活关系密切，包括猪肉、豆芽、烤鸭、豆浆等餐桌常见食品。二是超过 90% 为共同犯罪案件，有的甚至形成“产、供、销”犯罪链条，隐蔽性强、查处难度较大。三是被告人文化程度普遍较低，多为从事食品行业的个体户和私营企业主，以获取非法利益为目的。四是案发原因多由市场监督、检查而引发,但也有部分案件系消费者或企业内部员工举报而案发。

第三节 实验要求

一、实验目的

公共危机管理案例分析的主要目的在于提高学生解决公共危机管理相关问题的能力和判断力,重点在于解决问题的过程。案例分析人员要把自己当作案例中的当事人,来进行分析和决策,提高分析和处理管理问题的技能。

通过对案例分析的学习,可以牢固掌握与案例相关的公共危机管理知识点,同时还能促进深入思考,找出自身思维中的盲点,相互启发、借鉴、学习和交流,充实、完善自己,从而达到提高自身的沟通能力以及决策能力的目的。

二、实验步骤

1. 阅读案例,个人分析

主要是审读案例文本,把握案例事实,识别案例情境中的关键(案例)问题,个人先对案例进行分析,初步拟定解决问题的方案。这一阶段要求学生花费大量时间来准备,准备得充分与否直接关系到学习的效果。具体又可划分为以下步骤:

(1) 快速阅读案例材料,熟悉所要讨论的案例及问题;

(2) 再次阅读案例,尝试勾画问题轮廓及可能答案;

(3) 仔细研究案例中的所有附加材料;

(4) 确定(关键)问题之所在;

(5) 分析案例中的数据;

(6) 使用所需要的任何一种分析工具;

(7) 仔细分析相互冲突的观点;

(8) 为个人的分析诊断和观点提供理论支持和证据支持;

(9) 制定恰如其分的行动计划和行动方案。

2. 小组讨论,达成共识

在小组或全班同学面前呈现个人对案例问题的分析,提出解决方案和依据;听取其他小组成员意见,对案例问题和解决方案展开讨论,从不同角度甚至对立中认识问题,以求达成共识。注意是提出观点而不是重复信息;尽量使用以下的表达“我的分析表明……”“该公司应该……,因为……”,而不是“我想……”“我认为……”“我觉得……”。

3. 课堂发言，全班交流

在课堂上以小组为单位陈述案例分析结果。可以选派一名组员代表小组发言，也可以由几人共同完成。表述过程中注意锻炼自己的表达能力，力求做到自然流畅，并能吸引听众的注意力，然后回答班里其他同学的提问。回答最好按照小组准备时的分工来分担问题，当然相互支持也是非常重要的。

4. 教师总结归纳，消化提升

在小组陈述、课堂讨论的基础上，最后由主讲教师或助教做总结。教师指导侧重案例分析的关键点，分析思路，通过该案例可强化、可引导的知识点等方面。

三、实验要求

(1) 将案例阅读两遍。第一遍应该对案例有一个概括性认识，第二遍应该对案例中的种种做法了如指掌，然后仔细地研究每一份参考资料。

(2) 列举本案例中必须面对的各个问题与关键点。

(3) 充分进行数据分析，挖掘案例材料所能说明的各种问题。

(4) 寻找运用各种原理和分析工具的机会。

(5) 对形势的分析要全面深刻。

(6) 所有的观点必须提供经过充分推理和论述的论据，包括数字证据。

(7) 绘制图表，以清晰地表达观点。

(8) 对个人提出的各种建议进行优先性排序，确保实施框架/步骤及可行性。

(9) 重新评价个人所提出的行动计划，检验它是否为所确定的问题和关键点提出了解决方案。

(10) 避免提出风险不可控制或不合理的方案。

四、实验成绩

序号	实验要求	分值
1	请说明食品安全的重要性	20
2	分析食品安全问题产生的原因	30
3	在食品安全危机案例中，政府应该怎样应对，请给出合理的建议	40
4	字数要求：不少于3000字	10

第四节 实验报告

实验报告

<table>
<tr><td>院系</td><td colspan="2"></td><td>专业</td><td colspan="2"></td></tr>
<tr><td>班级</td><td></td><td>姓名</td><td></td><td>学号</td><td></td></tr>
<tr><td>实验教师</td><td></td><td>成绩</td><td></td><td>日期</td><td></td></tr>
<tr><td>实验名称</td><td colspan="5"></td></tr>
<tr><td colspan="6">一、实验目的

二、实验原理

三、实验步骤

四、实验数据(如有则填)

五、实验结果

六、讨论分析(完成指定的问题要求)

七、实验总结(如有则填)</td></tr>
<tr><td colspan="6">备注:</td></tr>
</table>

第五节　实验答案

一、前言

1. 食品安全:公共卫生重点领域

不安全的食品给全球卫生造成威胁,危及每个人。婴幼儿、孕妇、老人以及患有原发性疾病的人群尤其脆弱。每年有2.2亿儿童感染腹泻病,并有9.6万例死亡。食品可能在生产和销售的任一环节遭受污染,主要责任在于食品生产商。但一大部分食源性疾病系因在家中、食品服务机构或市场中不正确制备或不当处理食品而导致。不是所有食品处理者和消费者都了解他们自己必须发挥的作用,如在制备和销售食品时应采取基本的个人卫生措施以保护自身健康以及更广泛的社区健康。

2. 食品安全事实

绝大多数人终其一生,总会在某一时刻罹患食物或水传播的疾病。这突显了确保我们的食物不被潜在有害的细菌、寄生虫、病毒、毒素和化学品污染的重要性。食品可能在生产、制备和销售的任何环节遭受污染。从生产商到消费者,食品生产链上的每一个人都可以发挥作用,确保我们吃的食物不会引起疾病。世界上近十分之一(约6亿)的人因食用受污染的食物而生病,还有42万人因此死亡。40%的食源性疾病发生在5岁以下的儿童身上,每年12.5万名儿童因此死亡。食源性疾病是由细菌、病毒、寄生虫或化学物质通过受污染的食物或水进入人体引起的。食源性疾病通过增加医疗保健系统的负担和危害国家经济、旅游和贸易而阻碍社会经济发展。食品贸易额为1.6万亿美元,约占全球年度贸易总额的10%。近来的估算表明,受不安全食品的影响,低收入和中等收入经济体产生了价值约为950亿美元的生产力损失。改善食品和农业部门的卫生条件有助于减少抗微生物药物耐药性在食品链和环境中的出现和传播。

二、食品安全问题产生的原因

来自权威部门的数据显示,2010年,有关部门共检查各类食用农产品、食品及相关产品生产经营单位3552万户次,查处各环节违法违规行为13万起,抓获犯罪嫌疑人248人,取缔和停产违规企业单位10万余家。2012年9月以来,最高检共对76件有重大影响的制售假冒伪劣食品案件进行挂牌督办。2013年,全国检察机关共立案侦查涉及食品安全的国家工作人员职务犯罪37件57人,其中渎职犯罪者39人。由此可见,对食品安全的整顿力度不可谓不大,但有毒食品安全事件并没有明显下降的迹象。有毒食品层出不穷,一些企业完全无视从中央到地方发布的多项政令。这其中既有制度缺失、执法不严、官员政绩等因素,更有道德因素。归纳起来,我国食品安全问题产生的原因主要有以下几点。

1. 没有行业准入门槛，生产经营者良莠难分

特别是原来食品免检制度的存在，放任企业胡作非为，留下了诸多监管空白。加上目前我国的法律对违规企业的处罚力度较轻，起不到预期的效果，企业的违法成本太低，这使得许多企业存在侥幸心理。

2. 多头监管，执行不力

目前，我国食品安全监管体制是一种“分段管理为主，品种管理为辅”的模式，导致食品安全管理出现条块分割、沟通不畅。由于这些部门管理体制不同，人、财、物的主管部门各有其主，因此，“机构云集”增加了政府对食品安全工作的管理难度。多个部门监管一个方面的事务往往需要政府协调，增加了管理成本，降低了管理效率。

3. 食品安全标准体系不健全

主要表现在与国际标准不能接轨，食品安全标准体系结构设计不够合理，对标准的研究不够深入，部分标准的执行较差，甚至强制性标准也未得到很好的实施等。

4. 政策法规不健全

政府监管食品安全需要运用法律法规及相应的政策工具，目前政策法规不够健全，无法做到法规化、制度化，缺乏长效机制。面对出现的食品安全问题，往往采取“救火”式的治理，哪里发生问题治哪里，事情过后“刀枪入库、马放南山”，从而导致制假售假屡治不绝，屡禁不止，甚至有点愈演愈烈之势。

5. 财政投入不足，检测机构资源配置不合理

我国作为发展中国家，国家财力不足是一个不容回避的问题。国家财政投入的不足，引发了以下三个问题。一是国家急需的部分检测项目能力不足。例如，食品中不明有毒有害物质的鉴定技术，违禁物品、激素、农药残留、兽药残留、疯牛病的检测，转基因食品的安全性评价等，监督检验能力与国际水平差距逐渐加大，制约了食品卫生监督管理水平的提高。二是利益驱动导致执法部门的执法行为产生偏差。例如，有的执法机构偏重于有经济利益的执法行为，以罚代刑、以罚代管，一罚了之，监督执法工作时紧时松，违法行为屡禁不止，有的甚至为不法经营者充当保护伞。三是基层食品卫生监督机构的设置和技术人员配备不能够适应监督工作开展的需要。

6. 食品生产和经营者诚信缺失，道德观扭曲

食品生产者和经营者眼睛盯着的只有钱，丧失道德底线，他们当中的很多人不顾法律禁令，铤而走险，以身试法，屡禁不止。目前，不管政府部门还是消费者，掌握企业食品卫生质量的信用状况难度较大，很难起到消除信息不对称、鼓励守信者、打击遏制失信者、追溯责任、形成诚信经营氛围的作用。

7. 消费者个体维权的困境

尽管监管部门一再呼吁市民要对食品问题主动举报，但由于对监管部门以及消费者协会存在不信任情绪，加上这些部门往往奉行“谁主张，谁举证”的原则，导致普通市民往往没有能力或不愿花费精力、物力在举证方面，没有相关民间组织为依托，普通市民对食品安全的监督效果非常有限。

三、对整治我国食品安全问题的一些构想和建议

1. 完善立法和食品安全标准

按照《食品安全法》有关食品安全监管的要求，打造一种无缝监督与管理体制，形成一个科学合理、层次分明的完整的法律责任体系，为追究食品安全责任和补偿食品安全问题受害当事人提供有力的制度保障。要尽快完善标准体系，全面清理整合现行食用农产品质量安全、食品卫生、食品质量标准和行业标准，加快解决标准缺失、重复和矛盾的问题。一时难以出台国家标准的，要先行制定地方标准或产品安全、生产工艺、检验方法的规范性要求，鼓励企业制定严于国家和地方标准的企业标准，防止出现监管空白。

2. 加强行政管理，提高监管效率

通过对监管制度的整合，既要避免出现监管空白，提高监管效率，节约监管资源，又要防止出现职能交叉、相互掣肘，更好地发挥食品安全监管体制的效能。强化地方政府属地责任，加强对食品安全监管工作的领导，克服地方保护对食品安全监管的干扰。须把食品安全作为本地经济社会发展的重要任务，支持监管部门正确履行职责，创造良好的执法环境，要求各监管部门恪尽职守，密切配合，责任到位，相互衔接，形成完整的监管链和责任追究体系。食品行业产业链长、环节多，监管力量分散，必须形成监管合力，提高监管效率。

3. 延长和完善监管产业链

食品质量监督要覆盖整个产业链。实施“全产业链”战略，对“从田野到餐桌”的食品质量及制造食品的原料进行检验和监督。有必要在立法上明确各监管部门的职能范围，明确追究责任的程序。在此基础上，可以考虑建立跨部门的食品监督机构，统一协调管理各个流程的食品安全，以杜绝机构间的相互扯皮推诿的困境。尤其需要对监管部门的失职渎职行为进行明确界定，一旦发生重大食品安全事故，对相关责任人严惩不贷。可以参考的例子是，在一些西方国家，一旦出现重大食品安全事故，上到卫生部部长，下到相关监管部门的负责人必须为此负责而引咎辞职。

4. 引入社会力量参与监督监管

在纷繁复杂的现代社会，政府的能力是有限的，因此提倡社会力量介入食品问题治理，并做相关的制度设计。很多学者认为，由于食品问题涉及各种利益关系和行为主体，单一地突击哪一方都不能有效解决，而必须具备综合的“社会治理”观念。即在社会利益和主体多元化的现代社会，政府只有让企业、民间组织、社区等主体共同参与治理，运用法律、市场、协商、行政等手段，才能有效地治理社会，因此，食品问题的治理，不仅需要对生产者、监管者、销售者等多个主体进行有效的权力制约和立法跟进，更需要引入社会力量参与食品安全的监督监管。就食品安全领域来说，要重视行业协会在制定行业标准以及规范行业自律方面的作用和独立性，但目前行业协会所能发挥的作用相对有限。此外，还要特别重视媒体在食品安全监督方面的职能，媒体可以和高校食品安全研究机构合作，适时发布来自权威研究机构的食品安全相关信息，从而对监管部门形成监管压力。

5. 提高食品安全违法的成本

必须坚持重典治乱，提高违法的成本，增加违法者的痛感。生产者之所以敢铤而走

险，在于其铤而走险的收益远远大于违法成本。正是这种经济利益让生产者在诱惑面前放弃了道德理性。因此，食品安全法也应该通过增加生产假冒伪劣食品者的违法成本，以经济杠杆促使生产者由“经济人”向道德人转变。具体而言，可以提高赔偿的额度和处罚的力度。现有的10倍赔偿显然是一个有待争议的额度，因为对于普通消费者而言，他们维权的成本就可能超过了10倍赔偿的数额，而一次10倍赔偿的数额也可能伤不了故意制假售假者的筋骨。

6. 建立企业诚信制度

赢利是企业经营的目的，它固然重要，但企业生产的产品是面向广大人民群众的，不能因一己私欲，而生产损害人民群众生命健康的产品。而加强企业内部的管理，塑造一个诚信的企业，可以从源头上预防食品安全问题的产生。诚信建设，说到底是法治建设，是传统美德的法律化。今后应当把企业或经营者的诚信建设当作一项基础性工程，建立量化考核体系，只有这样，食品安全才能有保证。

7. 加强基层监管部门人力、设备和经费保障力度

让罚款与部门利益脱钩，严禁罚款返还、变相“坐收坐支”。我国《食品安全法》明确规定，县级以上地方人民政府统一负责本行政区域的食品安全工作。绝大多数食品安全问题发生在基层，也解决在基层，地方政府建立工作责任制以及确保经费的落实应当是检查和问责的重点。要提升消费者信心，政府就得有实在的举措。“零容忍”不能停留在口头上，该惩罚的，就要惩罚到底；该追究的，不能不了了之。违法成本远远大于违法收入，才能形成“高压线”，带来威慑力。食品安全关系到广大人民群众的身体健康和生命安全，关系到经济健康发展和社会稳定，关系到政府和国家的形象。食品安全已成为衡量人民生活质量、社会管理水平和国家法治建设的一个重要方面。食品安全与人民生命财产息息相关。民以食为天，食以安为先，只要有关部门严格监管，市场积极配置资源，企业诚信经营，食品安全问题终会解决。

CHAPTER14 第十四章

公共关系案例实验实训

第一节 知识框架

一、公共关系的含义

公共关系(public relation)是指某一组织为改善与社会公众的关系，增强公众对组织的认识、理解及支持，达到树立良好组织形象、促进商品销售目的等一系列公共活动。它本义是社会组织、集体或个人必须与其周围的各种内部、外部公众建立良好的关系。它是一种状态，任何一个企业或个人都处于某种公共关系状态之中。它又是一种活动，当一个工商企业或个人有意识地、自觉地采取措施去改善和维持自己的公共关系状态时，就是在从事公共关系活动。作为公共关系主体长期发展战略组合的一部分，公共关系的含义是指这种管理职能：评估社会公众的态度，确认与公众利益相符合的个人或组织的政策与程序，拟定并执行各种行动方案，提高主体的知名度和美誉度，改善形象，争取相关公众的理解与接受。

行政组织中的公共关系特指政府在施政过程中运用传播沟通的方法，促进政府与公众之间相互了解、理解、信任与合作的一种管理活动。

行政组织中的公共关系是一种特殊的管理职能。从管理活动的范围来看，行政公共关系对外传播政府的信息，代表政府组织与公众进行沟通；对内表达公众的意见，代表公众与政府组织进行沟通，具有中介性特征。从管理方式上来看，政府开展行政公共关系活动的主要方式和手段是运用各种传播媒介去实现政府与公众之间的双向沟通，而不是单向传播甚至强制性的灌输。从管理的内容和过程来看，行政公共关系是对政府组织与公众之间信息互动的目标、对象、媒介、资源、过程和效果进行决策、计划、组织、协调、整合、实施、控制、评估和监督。从管理的价值取向看，行政公共关系追求的是政府在公众中良好的形象和信誉等无形资产，具有非物质性的特征。

二、公共关系的特征

（1）主体的权威性。行政公共关系的主体有广义和狭义之分。广义的主体，即各级政府机关和全体公务员。狭义的主体有两类：一是指那些公共关系性质很强的政府机构，如新闻部门、对外宣传部门、办事处、交流处、信访局、市长电话办公室、综合秘书处等。二是直接以“公共关系”命名的政府机构。

无论是广义的还是狭义的行政关系主体，相比较企业、社团等公共关系主体来说，行政公共关系的主体都更具有权威性。这种权威性来源于政府所拥有的公共权力。政府是从社会中独立分化出来的又自居于社会之上的特殊社会权威管理组织。其区别于其他社会组织的突出特征在于它拥有公共权力，具有很强的权威性。它可以运用公共权力对社会资源进行权威性分配，对社会公共事务做出权威性决定和强制性管理。它可以指定政策、颁布法令，并运用行政手段强制推行。同时，政府还具有唯一性。同一个国家或同一地区政府只有一个，它往往处于独一无二的位置。政府这种权威性和唯一性决定了政府在公共关系活动中地位的优越性。

（2）对象的复杂性。行政公共关系的对象，即行政管理工作中信息沟通与传播的公众对象，包括内部公众和外部公众两个方面。内部公众是指政府行政机构内部的一切工作人员。外部公众泛指政府管辖范围内的广大公众，包括各民族、各阶层的人民群众、各类企事业单位等，还包括广泛的国际公众。

（3）传播的优越性。①政府的组织传播严密有效。②政府控制着大众传播媒体，把握着国内社会舆论的绝对主导权。③在网络环境下，电子政务的推行使政府网络公关成为可能。

（4）目标的独特性。①提高公众的认知水平。②提高政府的美誉度。③政府开展公关共系活动的最终目标是提高社会效益，其价值追求表现为公共取向，而企业和许多其他社会组织一般都是以本组织利益为取向。

三、公共关系的基本任务

（1）正确把握公众舆论，深入群众，了解民意，分清性质，引导舆论。

（2）完善传播机制，健全沟通渠道。实行政务公开，缩短政府与公众的距离。

（3）创造“人和”的行政环境。

四、公共关系实务

（1）政府形象的塑造。政府形象是指公众心目中对政府政策的优劣、公务员言行的好坏所形成的总体印象评价。①政府形象是整体形象与个体形象的统一。②政府形象是政府自我设计形象与人民期望形象的统一。③政府形象是行为事实与公关宣传的统一。

(2) 民意调查。

(3) 新闻发布会。新闻发布会是政府的一项重要公共关系活动。①设立新闻发言人。②举行新闻发布会。

五、开展政府公共关系活动的途径

(一)围绕"社会公共利益第一"展开政府公共关系活动

(1) 认真倾听。了解公众需要,知晓其对政府形象的看法,并以此作为施政的主要依据。

(2) 真抓实干。通过政府领导及其办事人员扎扎实实为民谋福利的行动,落实政策提高办事效率,以效益回报社会大众,真正为官一任,施政一方,谋利于众,造福一地。

(3) 运用媒体。一方面可加强对政府方针、政策的宣传力度,另一方面又可借助媒体对施政行为进行有效监督。

(4) 开拓渠道。建立多种联系渠道,如市长热线、市长接待日等,使公众有理有人听,有冤有处诉。

(二)围绕"知识经济时代信息爆炸"展开政府公共关系活动

(1) 抓住科技发展迅猛、信息量激增的特点,使政府运用知识行政,主动而有计划收集国内外信息。设立专门调查统计机构,掌握国情民意的最新信息,继而收集并分类综合服务于社会公众。

(2) 及时公开传播信息。政府应充分利用信息传播媒体和渠道,如召开新闻发布会、记者招待会、人民代表咨询活动等来公开已经成熟了的社会信息,不间断地向新闻媒体提供社会公众舆论关注的焦点、难点和热点问题。

(三)围绕"政府行政公开化"做文章,展开政府公共关系活动

①公务员工作实绩公开。②公务员利益公开。③公务员任职公开。

六、行政沟通

(一)行政沟通的含义

行政沟通,是指行政体系与外界环境之间,行政体系内部各部门之间、层次之间、人员之间凭借一定的媒介和通道传递思想、观点、情感,交流情报信息,以期达到相互了解、支持与合作,谋求行政体系和谐有序运转的一种管理行为或过程。

(二)行政沟通的特点

(1) 沟通中至少必须有一方是行政机关及其工作人员。

(2) 行政沟通的主渠道是正式沟通。正式沟通是指依据正式的行政组织程序,按照行政组织规定的线路进行沟通。非正式沟通是指通过正式规定的渠道、正式程序以外的

沟通。

(3) 行政沟通的内容是与行政管理活动有关的行政信息和社会信息。

（三）行政沟通的作用

(1) 行政沟通是实现行政决策科学化、民主化的重要基础，是提高政府工作透明度，推动社会主义民主建设的有效途径。

(2) 行政沟通是行政执行各环节顺利进行的重要基础，是提高行政管理效率的保证。

(3) 行政沟通是行政检查和监督的重要依据。

(4) 行政沟通是所有行政人员参与管理，是改善人际关系，鼓舞士气，增强组织凝聚力的重要手段。

（四）行政沟通的原则

(1) 高效率原则，是指某一行政信息完成沟通过程所需要的时间越少，沟通效率则越高。为了实现行政沟通的高效率原则，需要特别注意以下两个方面：一是保证沟通渠道畅通无阻，减少人为干扰和失真现象，尽可能选择最短、最直接、容量适中的渠道进行沟通。二是沟通技术现代化。

(2) 高质量原则，是指行政信息在传递过程中所达到的真实性、准确性和全面性，尽可能地减少信息传递过程中的干扰和失真，注意减少行政决策活动无关的信息。

(3) 民主化原则，是指要扩大行政人员参与决策的机会，创造一种民主、宽容、和谐的沟通气氛。

有效的行政沟通是信息交流及时、准确、完整。行政沟通的目的是追求信息速度、无误率和满意度。行政学家伯纳德提出了行政沟通有效性的七项原则：全员知晓沟通渠道；正式渠道通达到人；沟通渠道简短直接；沟通程序与渠道匹配；沟通主管人员能够胜任；沟通渠道畅通无阻；沟通信息确实可靠。

（五）行政沟通的方式

行政沟通的方式多种多样，可以根据不同的标准划分。根据沟通的组织结构的不同，将沟通划分为正式沟通和非正式沟通；根据沟通的方向的不同，将沟通划分为下行、上行和平行的沟通；按沟通的路线划分，可分为单向沟通和双向沟通；根据沟通的传递和接受方式的不同，可分为口头的、书面的和其他的方式。

1. 正式沟通与非正式沟通

正式沟通。它是建立在行政组织基础之上，通过正常的行政手段实现的。如行政机关发布法令、规章、命令、通告、公告、传达文件、召开正式会议、撰写正式报告、手册；行政领导与下属人员因公务所进行的正式接触与会谈；下级行政机关对上级行政机关的报告、建议、申请等。

非正式沟通。它是建立在公务人员社会关系之上，通过公务人员的社会交往实现的。如公务人员间的日常接触、社交，非正式渠道的消息传播等。非正式沟通可以传达行政组织无法或不愿意通过正式手段传达的消息或资料，也可使公务人员借以发泄不满情绪或缓和紧张情绪。但非正式沟通有时会造成不良后果，如歪曲事实、误传消息，造成不必要的误会与事端；妨碍行政权力的行使；阻碍行政命令的执行等。

2. 下行沟通、上行沟通与平行沟通

下行沟通是指自上而下的沟通，也就是上级向其下级传递信息，因而又称传递。下行沟通的主要作用是：让下级明确行政目标；下达有关工作方面的指示；提供关于组织程序和行动的情况；提醒有关部门或工作人员对任务及其他关系的了解；等等。通过下行沟通，可以使下级了解上级的指示精神、工作意图、行动目标等。

上行沟通是指自下而上的沟通，也就是下级向上级反映意见和情况，因而又称为反馈。上行沟通的目的是要将下级对有关情况的看法、意见和建议及时反映上来，以利于上级及时解决下级工作中出现的问题，对下级的工作给予进一步的指导，或者是吸收和采纳下级的合理化建议，修改其工作方案，以利于决策目标的实现。

平行沟通是指横向的沟通，也就是同级部门或同事之间的沟通。由于工作或业务上的关系，不同组织与人员之间或多或少总是存在某种联系，因而便产生了横向沟通。横向沟通可以互通信息，避免相互之间的误解和踢皮球现象，有利于互相信任、互相合作，齐心协力为实现组织的共同目标而奋斗。

3. 单向沟通与双向沟通

单向沟通，是指无反馈的沟通。如发布公告、通知、指令、决定和下级的上报材料等。双向沟通，是指有反馈的沟通。这是行政组织应重视的沟通方式。

（六）行政沟通的障碍

妨碍行政沟通的各种因素主要有语言障碍、知觉障碍、心理障碍、时空障碍、信息障碍以及足以引起信息传递失真的组织结构障碍等。行政领导在管理过程中应有意识地克服或减少上述障碍的影响，并注意正确运用语言文字，避免沟通各方误解、误传；考虑沟通各方人员在知识、经验、职位、性格、情趣等方面的差异，选择适当的沟通时机、场合、手段等；发挥非正式沟通对个体与组织之间的桥梁作用；加强对公务人员的培训，掌握正确的沟通方法与技巧；选择合适的传播媒介，增强沟通效果。

行政沟通可以加强行政组织活动的统一性和正确性；改善公务人员的人际关系，避免互相猜疑，堵塞非正式渠道流传的消息，防止意见不一、各行其是；可使行政组织有效地应对突发事件，免遭意外损失；克服行政组织中的官僚主义，提高行政效率。

七、行政协调

（一）行政协调的含义

行政协调，是指调整行政系统内各机构之间、人员之间、行政运行各环节之间的关系，以及行政系统与行政环境之间的关系，以提高行政效能，实现行政目标的行为。

行政协调，是行政组织与外部环境、行政组织内部各部门之间的协同一致的和谐关系，以提高行政效率，实现行政目标的过程。解决政府与社会不适应，政府内部部门职权不清、职权冲突、事权与人事的冲突。行政领导是平衡术。

行政协调首先是行政机关与外部环境之间的协调。这里一般通过转变政府职能，建立或撤销政府机构，政府职能分化，公民参与和磋商等方式进行。行政反馈等办法。行政协调也是指政府横向部门之间和层级部门之间的协调。其主要方法是建立部门横向协调组织，明确职权划分，明确划分职权与事权。层级之间的协调主要通过授权、权力委任、行政督导等。

按协调对象不同，行政协调可分为：行政组织与环境的协调、行政组织结构协调和行政组织人员协调。行政协调是行政执行的一个阶段，其目标是让行政系统内各机构之间、人员之间、行政运行各环节之间达到异中求同的效果。

（二）行政协调的关系

(1) 协调与外部环境的关系，增强行政系统的适应力、创新力。现代行政系统是一个与外部行政环境变化及信息要求相关的开放系统，它必须根据外部环境对自身的要求，调整政府职能体系与行政组织结构，以增强行政系统适应外部环境变化的能力。

(2) 协调内部纵横向的关系，以增强行政系统的协作力、整合力。政府行政系统，为增强适应外部环境变化的能力，必须协调自身内部的各种纵横向关系，这种“纵横向关系”，既包括中央政府与地方政府之间以及地方各级政府上下级之间的关系，又包括政府机关各部门之间的关系。

(3) 协调内外部、纵横向的人际关系，增强行政系统的凝聚力、驱动力。行政人员所居职位、所持视角、所具有的价值取向的不同，会造成人际关系的矛盾和冲突。因此，必须通过有效的行政协调，消除彼此之间的隔阂、分歧，增强相互之间的理解、信任、支持，从而增强行政系统的凝聚力、驱动力，实现行政有序运转。

（三）行政协调的类型

(1) 以协调的主客体及其内容为标准，可划分为三种：与外部环境的行政协调；内部纵横向的行政协调；内外部、纵横向人际关系的行政协调。

(2) 以协调所解决的中心问题及其具有的性质为标准，可划分为四种：以解决与外部环境之间矛盾冲突为中心的适应性行政协调；以解决内部纵横向之间矛盾冲突为中心的结构性行政协调；以解决内部运作过程中各环节之间矛盾冲突为中心的动态性行政协调；以解决内外部、纵横向之间矛盾冲突为中心的沟通性行政协调。

(3) 以协调所涉及的管理层次和管理手段为标准，可划分为七种：高层次协调、中层次协调、基层协调、权责体制协调、规制协调、利益协调与心理协调。

（四）行政协调的作用

行政协调的主要作用在于解决各部门之间和人员之间所发生的摩擦、矛盾和冲突，保证决策目标的实现。具体作用表现在：

（1）有助于各行政部门和行政人员在工作上密切配合、协调一致，避免内耗和互相冲突。

（2）有助于促进各行政部门合理配置和有效利用人力、物力、财力和时间等行政资源，精简和优化办事程序和环节，提高行政效率。

（3）有助于各行政部门和行政人员树立整体观念和全局观念，有利于公共行政管理活动的有序进行。

（4）有助于将分散的力量集中起来，从而产生整体的"合力"。

拓展阅读 14-1 现代文明与公共关系

第二节 实验案例

官员形象到了最危险时刻？

中国官员形象，元芳，你怎么看？

中国人民大学危机管理研究中心日前发布的《形象危机应对研究报告（2012）》，为中国官员形象把了把脉。

该报告指出，村干部、基层官员、高层官员、执法官员以及准官员为五个高危官员群体，而官员面临的五大形象危机被概括为：性丑闻、露巨富、被扒光、被牵连和被假冒。

"2012 年，官员形象危机处于高危状态，危机事件高发、易发，官员形象的形势更加严重，社会负面影响增多。"中国人民大学危机管理研究中心主任唐钧在接受《新民周刊》的采访时表示，新媒体时代下信息传播的速度和广度都发生了变化，官员形象、政府形象的维护都面临巨大挑战。

从"表哥"到"房叔"再到"不雅书记"，层出不穷的危机事件让官员形象频频受损，并在很大程度上损害了政府的公信力。在一个日益开放的年代，官员形象越来越重要，它不仅关乎官员个人命运，更关系政府的公信力。

一、诚信感被冲击

官员性丑闻事件，是指已婚官员涉违法的权色交易。

回顾 2012 年，原重庆市北碚区委书记雷政富绝不是第一个因为情色事件而下台的官员。从原广西壮族自治区质量技术监督局干部段一中、原河南省永城市委常务副秘书长李新功，再到原山东省农业厅副厅长单增德、原新疆塔城地区乌苏市公安局局长齐放……官员性丑闻的清单可以被拉得很长。

据《形象危机应对研究报告（2012）》报告统计，2012 年经网络曝光影响较大的官员性丑闻事件近 20 起。自 2012 年 11 月雷政富事件曝光后，性丑闻的曝光数量呈"井喷"态势，仅 12 月至少曝光了 10 起恶性官员性丑闻。

“社会的关注焦点往往集中在两个方面，一是涉及官场的，二是涉及情色的。性丑闻兼具这两方面的关注点和新闻价值。一旦发生，老百姓会猜想，其中是否涉及权色交易，官员官德是否有问题……”唐钧告诉记者，性丑闻确实是最容易激起民愤的一种危机。

同时，这些不雅事件往往还会牵出被曝光官员的一系列贪污腐败、违法违纪问题。据不完全统计，被查出的贪官中 95%有情妇，在领导干部中 60%以上的腐败行径与“包二奶”有关。

报告还显示，网络已成为性丑闻曝光的主要渠道，主要方式有四种：“情妇翻脸”发帖，受害者曝光，媒体人曝光，内部人员曝光。许多网友戏称，这就是所谓的“反腐靠二奶”。

“从目前的情况来看，官员不雅事件处理的基本路径，是通过极具眼球效应的‘桃色新闻’引起舆论关注，从而形成‘社会倒逼’，使得纪检部门介入调查，最终牵出官员的不法行为，将其拉下马。”唐钧说，随着社会倒逼的加剧，从官员不雅事件被曝光到官方公布处理结果的速度正越来越快。

其中，被网友戏称为“被秒杀的区委书记”雷政富，从视频曝光到被免职接受调查，仅 63 小时，创了一个小小的纪录；而时隔 8 天，“为情妇写离婚承诺书”的单德增更是在事件被曝光的 12 个小时后，就丢了官位。

如此看来，性丑闻似乎成了 2012 年官员下马的导火索。

“目前，我们正处于转轨期、转型期。在这个过程中，除了官员存在‘转型期不适应症’外，对公权力约束的制度建设在某些环节上仍有漏洞，可能引发官员的问题，也容易招致公众的不信任。所以老百姓就采取一些‘倒逼’的方法，希望通过媒体和舆论，甚至不惜通过一些造谣传谣的方式，来给政府施加压力。”

研究表明，自由裁量权越大、掌握公共权力和资源越多的部门，官员的形象风险也越大，而且危机爆发后消除负面影响也越难。

无独有偶的是，中国社科院 2013 年 1 月 7 日发布社会心态蓝皮书《中国社会心态研究报告(2012～2013)》。蓝皮书显示，中国社会总体信任指标进一步下降，低于 60 分的“及格线”。

调查显示，民众对政府机构、政法机关的信任度不高。蓝皮书分析称，中国社会信任水平下降，原因可能来自频发的公共事件，冲击了市民对社会的诚信感受。

但在唐钧看来，政府现在正越来越好地去回应了这种“倒逼”。他说：“我们不断提出一个概念，官员形象危机的处理最根本是要做好信任管理。政府正在不断争取主动，来维护自己的权威性和对信息的主动发布，主动公开。多措并举：内部的制度要更好地监管防范，外部尽可能去做信息的公开透明，去做标准化应对。”

二、从身上的“细胞”入手

网络时代，越来越多的官员被网友放在放大镜下围观，官员的话语、穿衣、佩饰、表情备受公众关注，一不小心就会引发一场官员形象危机。

在唐钧看来，应对政府形象危机，首先也必须从它的细胞——“官员”身上入手。原因在于，五大危机中，除“被假冒”外，其他四大危机从本质上讲还是官员自身所导致。

以“露巨富”为例，2012 年 8 月以来，仅厅级干部被曝“露巨富”者已有 4 人。其所露巨富单件物品价格多在 10 万元以上，远远超出普通群众的消费水平。

我国目前人均月收入约为 4000 元，“表哥”杨达才一块价值 25 万元的金表便相当于普通工薪阶层 5 年的收入；我国人均住房面积约为 36 平方米，“房叔”蔡彬却拥有房产 22 套，总面积达 7000 多平方米。巨大的差距，极易引发群众的不满情绪，造成形象危机。

唐钧分析道：“作为行使公权力的特殊群体，官员穿戴不仅是个人层面的问题，还涉及社会层面。哪怕是合法来源，作为公务员，虽然法律上无禁止条文，但是从形象风险防范的角度，使用奢侈品确实会引发官员形象危机。一是脱离了普通群众的消费水平，二是引起了群众对官员腐败问题的关注，三是容易激发群众对官员行使公权力的质疑。”

除官员自己外，2012 年官员亲属案件与往年相比也有上涨。官员配偶、子女的炫富行为以及违法乱纪行为，都引发群众对官员清廉形象的质疑。其根本原因在于它突出了社会“不平等”，它营造出“权力家庭化”、权力代际转移的错觉，造成民众的心理落差。

例如，“房妹”之父、原郑州二七区房管局局长翟振锋全家每人双户口、名下共 29 套房，被立案调查、被刑拘。

“但由于部分公众的‘有罪假设’心态，加上官员形象解释度偏低，无法进行有效的举证倒置。因此，媒体和公众在揭露官员问题时，会存在夸大事件、造谣、传谣等行为。这些虽与官员自身没有过多联系，但却在客观上加重了官员的形象危机，滋生了信任危机。”唐钧补充道，“所以，报告中写的不是露富而是露巨富。现在生活水平都提高了，官员戴一块一两万的表，还是可以理解的，但一天换一块，或者戴个四五十万的，那‘有问题’的概率就很大了。”

三、“风险地图”可供自查

应该说，当政府直面公众时，公众也在与政府博弈，这时就产生了政府形象与民意思维的碰撞。

从深层次来看，官员形象的危机来自两个方面，一是背离官员形象的不当言行导致的危机：官员的违法违规和不妥当的言行举止，极易引发公众的愤怒和“人肉”的热情。二是公众社会心态偏差导致的官员形象危机：部门职能的差别导致了官员行为的差异，服务部门是热情服务，执法部门却是严格执法，如果解释的程度和效果不佳，容易导致极少数群众对于执法部门官员产生形象偏差的思维定式。类似警察、城管这样的执法部门，其实质是对违法当事人的直接打击和对合法群众的间接服务，而不是一律的微笑服务。

同时，政府形象存在着“得分难”“失分易”的特征，而民意思维存在着主观判断为主、非主流意识抬头的倾向。在这种情况下，政府若要提升形象，则需积极引领社会和公众，学会如何去妥善调处纠纷和矛盾。

“我们撰写报告的主要目的是想把这些危机的规律加以总结，把‘病根’找出来，并根据规律给出具体的改进方案。”唐钧说。

自 2011 年以来，突发公共事件、行业负面新闻、官员丑闻等形象危机日益增多，唐钧希望这个报告可以为相关部门提个醒，成为他们自检自查的“体检单”，让他们可以根据“处方”所列清单来对症下药，起到惩前毖后的作用，而非教科书的作用。

唐钧介绍，例如这份报告的第三部分，“我们制作了‘官员形象风险地图’，把近年来官员形象方面频发且社会负面影响较大的危机事件，分门别类地概括和罗列出来。如违法犯罪类事件，常见的危机有贪污、受贿、渎职、致他人死亡、让他人顶罪等；行政问责类事件，常见的危机包括行为不当、应对不当、作风懈怠等。在形象危机应对蓝皮书《形象危机应对报告（2012）》中，我们还总结出了分类别的官员形象风险地图，并且逐年更新。”

“这样做的目的是让相关部门、官员了解到，官员形象危机的根源在哪里，从而进行相应的制度调整，防止类似事件的再次发生。”唐钧强调，“我们之所以列举五类高危群体，也并不是为了去批评某个部门、某个群体，是希望通过这种方式给他们点小警告，让他们知道自己的问题在哪里，从而自检自查自开药方。”

同时，唐钧也为官员形象危机开出了处方：“严肃惩治问题官员是克服官员问题的根本。近年来，我国政府对问题官员的查处力度不断加大，但仍然存在官员形象危机的问题。例如：极少数事件查处速度偏慢，惩治力度不足，极少数机关对官员考核不严，存在着少数‘边腐边升、边升边腐’等问题。因此，为了扭转官员形象的高危风险，我建议，加快处理速度，加大惩治力度，完善日常考核，杜绝信任危机。”

此外，唐钧还表示，妥善的公关是应对形象危机的必要措施。“政府的相关部门要积极回应问题，善于引导舆论，勇于亡羊补牢，提高社会理解度。”

第三节 实验要求

一、实验目的

公共关系案例分析的主要目的在于提高学生解决公共关系管理相关问题的能力和判断力，重点在于解决问题的过程。案例分析人员要把自己当作案例中的当事人，来进行分析和决策，提高分析和处理管理问题的技能。

通过对案例分析的学习，可以牢固掌握与案例相关的公共关系知识点，同时还能促进深入思考，找出自身思维中的盲点，相互启发、借鉴、学习和交流，充实、完善自己，从而达到提高自身的交流能力、沟通能力以及决策能力的目的。

二、实验步骤

1. 阅读案例，个人分析

主要是审读案例文本，把握案例事实，识别案例情境中的关键（案例）问题，个人先对案例进行分析，初步拟定解决问题的方案。这一阶段要求学生花费大量时间来准备，准备得充分与否直接关系到学习的效果。具体又可划分为以下步骤：

(1) 快速阅读案例材料,熟悉所要讨论的案例及问题;

(2) 再次阅读案例,尝试勾画问题轮廓及可能答案;

(3) 仔细研究案例中的所有附加材料;

(4) 确定(关键)问题之所在;

(5) 分析案例中的数据;

(6) 使用所需要的任何一种分析工具;

(7) 仔细分析相互冲突的观点;

(8) 为个人的分析诊断和观点提供理论支持和证据支持;

(9) 制定恰如其分的行动计划和行动方案。

2. 小组讨论,达成共识

在小组或全班同学面前呈现个人对案例问题的分析,提出解决方案和依据;听取其他小组成员意见,对案例问题和解决方案展开讨论,从不同角度甚至对立中认识问题,以求达成共识。注意是提出观点而不是重复信息;尽量使用以下的表达"我的分析表明……""该公司应该……,因为……",而不是"我想……""我认为……""我觉得……"。

3. 课堂发言,全班交流

在课堂上以小组为单位陈述案例分析结果。可以选派一名组员代表小组发言,也可以由几人共同完成。表述过程中注意锻炼自己的表达能力,力求做到自然流畅,并能吸引听众的注意力,然后回答班里其他同学的提问。回答最好按照小组准备时的分工来分担问题,当然相互支持也是非常重要的。

4. 教师总结归纳,消化提升

在小组陈述、课堂讨论的基础上,最后由主讲教师或助教做总结。教师指导侧重案例分析的关键点,分析思路,通过该案例可强化、可引导的知识点等方面。

三、实验要求

(1) 将案例阅读两遍。第一遍应该对案例有一个概括性认识,第二遍应该对案例中的种种做法了如指掌,然后仔细地研究每一份参考资料。

(2) 列举本案例中必须面对的各个问题与关键点。

(3) 充分进行数据分析,挖掘案例材料所能说明的各种问题。

(4) 寻找运用各种原理和分析工具的机会。

(5) 对形势的分析要全面深刻。

(6) 所有的观点必须提供经过充分推理和论述的论据,包括数字证据。

(7) 绘制图表,以清晰地表达你的观点。

(8) 对个人提出的各种建议进行优先性排序,确保实施框架/步骤及可行性。

(9) 重新评价个人所提出的行动计划,检验它是否为所确定的问题和关键点提出了解决方案。

(10) 避免提出风险不可控制或不合理的方案。

四、实验成绩

序号	实验要求	分值
1	简述本章案例，并予以适当分析	20
2	官员形象危机有哪些来源	40
3	从保护官员的角度来看，应该如何维护好官员的良好形象	30
4	字数要求：不少于 2000 字	10

第四节

实验报告

实验报告

院系			专业		
班级		姓名		学号	
实验教师		成绩		日期	
实验名称					

一、实验目的

二、实验原理

三、实验步骤

四、实验数据(如有则填)

五、实验结果

六、讨论分析(完成指定的问题要求)

七、实验总结(如有则填)

备注：

第五节 实验答案

关于“官员形象到了最危险时刻?”的公共关系案例,我们将通过案例、案例分析、官员形象危机来源、形象重塑过程中的问题、如何保护官员的良好形象等方面加以分析。中国人民大学危机管理研究中心日前发布《形象危机应对研究报告(2012)》。该报告指出,村干部、基层官员、高层官员、执法官员以及准官员为五个高危官员群体,而官员面临的五大形象危机被概括为:性丑闻、露巨富、被扒光、被牵连和被假冒。从“表哥”到“房叔”再到“不雅书记”,层出不穷的危机事件让官员形象频频受损,并在很大程度上损害了政府的公信力。

一、案例

(一)性丑闻

据《形象危机应对研究报告(2012)》报告统计,2012 年经网络曝光影响较大的官员性丑闻事件近 20 起。自 2012 年 11 月雷政富事件曝光后,性丑闻的曝光数量呈“井喷”态势,仅 12 月至少曝光了 10 起恶性官员性丑闻。同时,这些不雅事件往往还会牵出被曝光官员的一系列贪污腐败、违法违纪问题。据不完全统计,被查出的贪官中 95%有情妇,在领导干部中 60%以上的腐败行径与“包二奶”有关。报告还显示,网络已成为性丑闻曝光的主要渠道,主要方式有四种:“情妇翻脸”发帖,受害者曝光,媒体人曝光,内部人员曝光。许多网友戏称,这就是所谓的“反腐靠二奶”。回顾 2012 年,原重庆市北碚区委书记雷政富绝不是第一个因为情色事件而下台的官员。从原广西壮族自治区质量技术监督局干部段一中、原河南省永城市委常务副秘书长李新功,再到原山东省农业厅副厅长单增德、原新疆塔城地区乌苏市公安局局长齐放……官员性丑闻的清单可以被拉得很长。

(二)露巨富

以“露巨富”为例,2012 年 8 月以来,仅厅级干部被曝“露巨富”者已有 4 人。其所露巨富单件物品价格多在 10 万元以上,远远超出普通群众的消费水平。除官员自己外,2012 年官员亲属案件与往年相比也有上涨。官员配偶、子女的炫富行为以及违法乱纪行为,都引发群众对官员清廉形象的质疑。其根本原因在于它突出了社会“不平等”,营造出“权力家庭化”、权力代际转移的错觉,造成民众的心理落差。例如,“房妹”之父、原郑州二七区房管局局长翟振锋全家每人双户口、名下共 29 套房,被立案调查、被刑拘。

二、案例分析

“社会的关注焦点往往集中在两个方面，一是涉及官场的，二是涉及情色的。性丑闻兼具这两方面的关注点和新闻价值。一旦发生，老百姓会猜想，其中是否涉及权色交易，官员官德是否有问题……”性丑闻确实是最容易激起民愤的一种危机。官员不雅事件处理的基本路径是舆论关注、社会倒逼、纪检部门介入、最终牵出官员的不法行为 。比如雷政富，从视频曝光到被免职接受调查，仅 63 小时，创了一个小小的纪录；而时隔 8 天，“为情妇写离婚承诺书”的单德增更是在事件被曝光的 12 个小时后，就丢了官位。目前，我们正处于转轨期、转型期。在这个过程中，除了官员存在“转型期不适应症”外，对公权力约束的制度建设在某些环节上仍有漏洞，可能引发官员的问题，也容易遭遇公众的不信任。所以老百姓就采取一些“倒逼”的方法，希望通过媒体和舆论，甚至不惜通过一些造谣传谣的方式，来给政府施加压力。

三、官员形象危机来源

(1) 背离官员形象的不当言行导致的危机：官员的违法违规和不妥当的言行举止，极易引发公众的愤怒和“人肉”的热情。比如，“表叔”同志，在事故现场为什么要笑呢？

(2) 公众社会心态偏差导致的官员形象危机：服务部门是热情服务，执法部门却是严格执法，如果解释的程度和效果不佳，容易导致极少数群众对于执法部门官员产生形象偏差的思维定式。

(3) 官员因素偏差：①违法犯罪。少数官员贪污、腐败、受贿或实施暴力蓄意危害他人人身、生命、财产安全和社会安全等行径，令公众深恶痛绝。尤其是官员的经济类犯罪是公众关注的重点。②言行不当。官员在公众场合发表不恰当言论或做出不恰当表情、行为，损害了公众的情感，易引发官员形象危机。③生活奢靡。官员私生活放纵奢靡及不正当男女关系，极易吸引公众的眼球，也是造成官员形象危机的典型事件。④假公济私。如包括公款吃喝、豪华公车、公车私用等行为在内的假公济私型官员形象危机事件。

(4) 公众因素偏差：①对官员期望过高。官员在公众眼中就是政府的代表，其形象标准，实际上是公众对官员言行举止的期望。官员标准形象，也就顺势变成了道德上的完人、能力上的强者、文明素质上的高人、外在形象上的帅者的聚合体。而现实中，一些官员与这些期望存在明显的差距，由此形成的心理反差，让人们在“恨铁不成钢”的失望情绪中对官员更加“吹毛求疵”。②“反向政治认知”。各种官员暴富、炫富、打人等恶劣行为频繁曝光，使官员的负面形象不断加强，造成公众倾向于对政府及其活动、对官员及其行为进行负面认知或做出否定判断，即“反向政治认知”。公众习惯于对官员进行“有罪推定”，从而在客观上“误伤”了官员形象。

(5) 腐败原因：经济利益的驱使是产生腐败的根本原因。公共选择理论认为，政府官员也是“经济人”，其政治行为的目的也是追求个人利益(包括权力、名声和金钱等)的最大化。

四、形象重塑过程中的问题

如何走下神坛？反观国外对政府官员的报道，如 2012 年美国总统大选期间，奥巴马大打亲情牌，精心有意的形象打造让美国公众看到了他作为儿子、丈夫、父亲多种角色的细节点滴，第一夫人米歇尔的演讲也洋溢着家庭的温暖，这让家庭观念浓厚的美国民众心理上产生了强烈的共鸣。奥巴马自身的"美国梦"历程也让众多美国民众感到振奋，因为政府官员无论行政级别多高，他也是一个普普通通的人。如何让政治人物走下"神坛"，这是关键。在我国，对政府官员的负面报道影响了整体形象，对政府官员的正面形象塑造过于呆板、单一，而对于违法乱纪的政府官员的报道，媒体有较多的发挥空间，这对政府官员形象的塑造造成一定的危害。

五、如何维护官员的良好形象

(1) 提升官员综合能力素质。

中共中央总书记习近平给出了最根本的良药——"打铁还需自身硬"。纵观以上各类官员形象危机事件，官员本身素质不高是其根源。因此，要想消除官员负面形象影响，还得从自身做起，加强自身修养，提高思想道德素质、工作能力及新闻媒介素养。

(2) 健全官员监督制约机制。

官员监督体制约制度不健全，容易导致公权力的滥用。那些自由裁量权越大、掌握公共权力和资源较多的部门，公众难以监督，而监督制约"公权力"上的失控，往往容易导致官员私欲膨胀，导致公权力的乱用、滥用、私用。

(3) 完善网络舆情应对机制。

加强对官员应对网络监督的相关培训，学会正确回应多元社会监督，合理利用微博等新兴媒体，营造良好的社会舆论氛围，是减少官员形象危机事件的有效方法之一。

(4) 纠正公众社会心态偏差。

构建官民平等沟通的平台，不断修正官员形象的社会评价指标，逐步弱化过高的社会预期，避免为迎合社会预期而扩大形象偏差，重新向社会阐释官员形象的现实定位。

CHAPTER15

第十五章 行政法治案例实验实训

第一节 知识框架

一、行政法治的基本含义

行政法治是行政组织结构法治、行政职权法治和行政行为法治的总称。法治的基本意思是依法办事、依法治国、依法管理国家。法治要求政府在法律范围内活动,依法办事,依法行政;政府和政府工作人员如果违反法律,超越法律,应承担法律责任。法治不等于用法来治。用法来治是把法单纯作为工具和手段。法治作为一种国家社会状态,包括对政府的要求:依法行政,依法管理;也包括对公民的要求——人人知法,人人守法。法治作为一种民主政治形式,基本是对政府的要求,要求政府权力的行使必须按照事先制定并公开的、不受个人意志左右的法律而进行,是一种人类公共生活的方式。

二、行政法治的原则

(一)依法行政

政府应依法行政,依法办事,这是任何时代、任何国度法治原则对政府行为的要求,要求行政活动要有合法性,使其活动具有正当性令人信服。不得违宪,是合法性的最高要求和核心,是现代民主社会的根本特点。依法的"法",包括法律、法规、规章。法律的效力高于法规、规章;法规、规章的原则、内容不得与法律相抵触。法律、法规、规章发生冲突,应以法律为准。依法的内容包括依法定权限、法定实体规则和法定程序。未遵循法定要求的，均构成对法治原则的违反。

依法行政首先是对政府执法行为的要求，同时也是对立法的要求。只有有法可依才谈得上依法行政。立法包括权力机关的立法和行政机关的立法。权力机关的立法主要是制定基准性规范。行政机关的立法主要制定从属性、执行性规范。法治原则要求政府机关加强行政法规和规章的制定，保证大量的政府行为有章可循，以最大限度地减少政府行为的任意性及其导致的不公正和腐败。依法制定和发布行政法规、规章，不仅是政府的一项权利，更是政府的职责。

（二）职权法定

职权法定，是指政府、行政机关的职权，必须由法律规定。从内部而言，超越职权就是横向超越了另一个机关的职权：对外而言，超越职权就会侵犯公民的合法权益。职权法定，越权无效，是法律保留的一个重要原则。相对于公民权利的法无禁止即自由来说，行政机关不仅在法律禁止的情形下不得为之，在一定的范围内，在法律没有授权的情形下也不得作为，否则，就是超越职权。职权法定是由我国人民主权的国家性质所决定的。对行政机关而言，行政行为不得违反法律，行政行为的权力来源要有法律的明文依据。因为行政机关是执行法律的机关，不能给自己授权，人民授权形式即是法律规定。行政处罚、行政强制措施、行政许可、行政收费等行政行为，都不是行政机关的当然权限，都需要法定。即使是行政机关的职权范围内的事项，也并不意味着其有权采取任何手段达成自己行政管理的目的。职权法定的核心是：行政权力的取得和存在必须有法律依据，没有法律依据的行政权从根本上说是一种非法的权力；行政主体必须在法律规定的权限范围内行使其行政职权，必须依据法定的程序；法定职权之外的事务由私人通过自治方式解决。职权法定要求行政主体不得越权，如果越权则不具有法律效力。这是因为法律效力必须法律授予，如不在法律授权范围内，它就在法律上站不住脚。行政职权法定的法理意义在于，它明示了行政权是有限的、可数的，并为行政机关划定了行使行政权的外围边界。

（三）控制自由裁量权

行政自由裁量权是法律、法规赋予行政执法机关在行政管理过程中依据立法目的和公正合理原则自行判断行为条件、自行选择行为方式和自由做出行政决定的权力。即依照法律所确定的原则、目的、精神、范围和幅度，在实施行政行为的过程中，行政执法主体基于客观实际情况，通过主观的合理判断做出灵活选择的权力。在我国，80%以上的法律，90%以上的法规和规章是由行政部门负责执行。法律的稳定性、现实的复杂性、立法者的局限性以及法律条文表述的概括性决定了行政权力中自由裁量权存在的必然性。现代法治国家权力的授予与控制总是相伴而行的，控制行政自由裁量权是依法行政、依法治国和建设社会主义法治国家的必然要求。权力本质具有自我腐蚀和自我扩张的特性，因此对权力的规范和约束就成为权力健康运行的一条规律。行政自由裁量权作为行政权力的一种，同样必须加以控制。人类几千年的历史经验表明，“每个被授予权力的人都易于滥用权力，并且易于将他的权力用到极限”（孟德斯鸠）。滥用行政自由裁量权违背了法律授权的目的和意愿，干扰和破坏了法治秩序，具有很大的危害性。因此，对自由裁量权必须加以控制。

(四)权责一致

作为一个法治政府,应该带头守法,切实保障公民的合法权益不受侵犯。如果其行为违法越权,侵犯公民、法人或其他组织的合法权益,则应依法承担法律责任;如其行为造成公民、法人或其他组织人身权、财产权的损害,则应依法赔偿受害者的损失。对其违法行为是否承担法律责任,是区别法治政府和人治政府的一个重要标志。人治政府自身不受法律约束,用法治理老百姓,本身不守法,违法侵权不赔偿,不承担法律责任。法治政府则应对人民负责,并自觉接受人民监督,权为民所用,利为民所谋。因此,作为人民的政府,有权必有责、用权受监督,违法要追究,侵权要赔偿,切实负起责任。

三、对行政法治原则的分析

对行政法治原则的分析,不仅是一种理论上的阐释,而是关系到怎样正确理解依法行政、如何真正做到依法行政,对于树立科学的法律意识、正确指导法治实践都有重要的意义。

(一)行政法治原则的内涵

(1) 行政权力的从属性。行政权力来源于法律的授予,并受到法律的制约,行政机关没有自己固有的权力。行政权力的从属性是对行政权力根本性质的描述,是对行政权力的基本定位。行政权力从属性要求行政机关和公民的关系回归现代宪政的体制之下,政府不是全能的政府,而是提供公共产品的服务者。在行政管理过程中,行政机关和公民的法律地位是平等的,公民对行政过程有积极的参与权。现代政府是责任政府,即政府应该对其违法行政的行政行为承担法律上的责任,而不只是政治上的责任。

(2) 行政权力的有限性。行政权力的有限性来源于其从属性,行政权力的范围局限于法律所赋予的范围,超越这个范围就是违法的。行政权力的有限性表现为行政权力可以涉及的领域有限、行政权力内容有限、行政机关可以采用的行政管理措施有限。越权无效是各国行政法的一个普遍原则,在英美法系国家,它成为司法审查的主要标准。行政行为的有限性划分了公益和私益的关系,公益不能成为任意剥夺私益的理由,公共利益机关归根到底是为广大个人服务的,这是现代法治的重要观点。

(3) 行政法治原则的核心表现是行政行为必须接受司法审查。行政行为必须接受司法审查,是由行政权力的从属性、有限性和单方性、主动性的矛盾决定的。行政诉讼法界定了公民权利和行政权力在行政管理领域的界限。司法审查背后所蕴含的是一种国家权力对另一种国家权力的干预和制约,是通过司法权力划定行政权力的界限。司法审查的界限是有限的、审查的深度和广度都有法律规定,司法权力不能无限干预行政权力。

(二)行政法治原则的外延

1. 行政实体法治

(1) 授权与限权相统一。

授权与限权是对行政权力法治的要求。行政权力来自法律的授予，授权本身就意味着一种限权，因为权力只能在授予的范围内行使，超过范围的权力是不存在的。重要的是，权力自身有扩张性，如果没有一个明确的界限，权力会扩张到法律所赋予的范围以外。所以，在授权的同时必须限权，即明确规定行政权力授予的目的、行政权力行使的原则、行政权力可以采取的具体措施等。

(2) 依据法定权限。

行政主体只能对法定的事项、运用法律授予的权力、采取法律认可的措施，来实现管理的目的。超越法定权限的行为是违法的，必须撤销或者归于无效。行政权力是一种执行权力。行政主体不能自创权力类型，不能超越自己的权利范围对社会权利进行干预。

(3) 无审查无行政。

任何行政权力、行政措施都必须接受审查，不能允许无审查的行政权力存在。审查的形式有多种，司法审查是其中最有效的一种形式，它具有当事人启动程序、在案件中结合具体公民权利进行审查以及独立性、公正性等特点。我国的审查还包括立法机关审查和行政机关内部审查。

2. 行政程序法治

行政程序法治，是指行政行为在实体上必须符合法律权限、目的，在其程序上必须具有正当性，主要要求每一个程序步骤都具有法律的意义。即不经过程序步骤的行为是违法的；每一个步骤都要和实体结论有必然的、实质的联系，不能抛开程序得出结论或者把程序当形式，实体的结论与程序相脱离。一些英美法系国家有案卷制度，就是要求行政实体结论只能依据行政程序中形成的案卷材料得出，案卷材料中没有记载的不能作为最后行政实体结论考虑的因素。案卷表面错误是行政行为越权的一种重要形式。我国行政程序制度中存在着程序与实体结论脱节的问题，要充分体现程序的独立价值和法律意义。

四、行政立法

(一)行政立法的含义

行政立法，是指立法机关通过法定形式将某些立法权授予行政机关，行政机关得依据授权法(含宪法)创制行政法规和规章的行为。它通常具有两方面的内容：一方面，国家行政机关受国家立法机关的委托，依照法定程序制定具有法律效力的规范性文件的活动。另一方面，国家行政机关依照法定程序制定有关行政管理规范性文件的活动，亦称“准立法”。

(二)行政立法的类型

1. 一般授权立法和特别授权立法

(1) 一般授权立法。一般授权立法，是指国家行政机关直接依照宪法和有关组织法规定的职权，制定行政法规和行政规章的活动。

(2) 特别授权立法。特别授权立法，是指依据特定法律、法规授权或者依据国家权力机关或上级国家行政机关通过专门决议的委托，制定规范性法律文件的行为。

2. 中央行政立法和地方行政立法

（1）中央行政立法。中央行政立法，是指国务院、国务院各部委和国务院直属机构的行政立法活动。它调整全国范围内的普遍性问题和必须由中央做出统一规定的重大问题。

（2）地方行政立法。地方行政立法，是指一定层级以上的地方人民政府制定行政规章的活动。

3. 执行性立法、补充性立法、自主性立法和试验性立法

（1）执行性立法。即为了执行法律或地方性法规以及上级行政机关发布的规范性文件而做出的具体规定，以便更切合实际情况的行政立法活动。

（2）补充性立法。即为了补充已经发布的法律、法规而制定的规范性文件的活动。

（3）自主性立法。自主性立法不是为实施某些法律或其他行政管理法规而制定的，也不是为了补充某项法律或行政管理法规而制定，而是对法律或其他行政管理法规所未规定的事项基于该行政机关履行其法定职责而制定的有关法规、规章。

拓展练习 15-1 思考题

（4）试验性立法。它是指行政机关基于有权机关或法律的特别授权，对本应由法律规定的事项，在条件尚不充分、经验尚未成熟或社会关系尚未定型的情况下，先由行政机关做出有关规定，经过一段试验期以后，总结经验，由法律正式规定下来。

第二节 实验案例

中国首个"村级市"不惧争议 将如期挂牌

近期河南濮阳西辛庄成为社会关注的热点，该村将挂牌中国首个村级市引起热议，甚至被一些知名专家称为"瞎胡闹"。西辛庄村党支部书记李连成表示"不惧争议，(2012年)5月8日将如期挂牌"。

李连成对中国首个"村级市"的解释是，这个"市"，并不是行政级别上的"市"，是"村级市"，一没有公务员，二没行政机构，"村级市"目的就是让农村人不去大城市"凑热闹"，想让群众过上城里人一样的好日子，希望城里有啥这里就有啥。"说到底这个'村级市'就是一个大型新社区。"

据悉，西辛庄附近已经有15个村子积极响应，要求加入"西辛庄市"，目前这些村子已经主动和西辛庄签署协议，未来的"西辛庄市"将是一个拥有常住人口近两万人的大村。

为了使“西辛庄市”有一个更加清晰的未来，2012 年 4 月 18 日，李连成邀请河南省科学院和河南省社会科学院的十几位专家学者走进西辛庄，就西辛庄加快推进新型城镇化建设进行研讨。李连成称挂牌将如期进行，对外界的争议表示理解。

目前，西辛庄拥有自己的医院、幼儿园、学校，村民享受着免费用水，看有线电视，每月每人可免费使用 6 立方米天然气、免费用 7 度电等福利。村中共有企业 20 多家，总产值 10 多亿元。全村 600 多名劳动力都在村办企业就业，前来该村务工的外来人员多达 8000 多人，2011 年人均收入达 2.6 万元。

（资料来源：中国新闻网，2012 年 4 月 19 日）

第三节

实验要求

一、实验目的

行政法治案例分析的主要目的在于提高学生解决行政法治管理相关问题的能力和判断力，重点在于解决问题的过程。案例分析人员要把自己当作案例中的当事人，来进行分析和决策，提高分析和处理管理问题的技能。

通过对案例分析的学习，可以牢固掌握与案例相关的行政法治知识点，同时还能促进深入思考，找出自身思维中的盲点，相互启发、借鉴、学习和交流，充实、完善自己，从而达到提高自身的沟通能力以及决策能力的目的。

二、实验步骤

1. 阅读案例，个人分析

主要是审读案例文本，把握案例事实，识别案例情境中的关键（案例）问题，个人先对案例进行分析，初步拟定解决问题的方案。这一阶段要求学生花费大量时间来准备，准备得充分与否直接关系到学习的效果。具体又可划分为以下步骤：

（1）快速阅读案例材料，熟悉所要讨论的案例及问题；

（2）再次阅读案例，尝试勾画问题轮廓及可能答案；

（3）仔细研究案例中的所有附加材料；

（4）确定（关键）问题之所在；

（5）分析案例中的数据；

（6）使用所需要的任何一种分析工具；

（7）仔细分析相互冲突的观点；

（8）为个人的分析诊断和观点提供理论支持和证据支持；

（9）制定恰如其分的行动计划和行动方案。

2. 小组讨论,达成共识

在小组或全班同学面前呈现个人对案例问题的分析,提出解决方案和依据;听取其他小组成员意见,对案例问题和解决方案展开讨论,从不同角度甚至对立中认识问题,以求达成共识。注意是提出观点而不是重复信息;尽量使用以下的表达"我的分析表明……""该公司应该……,因为……",而不是"我想……""我认为……""我觉得……"。

3. 课堂发言,全班交流

在课堂上以小组为单位陈述案例分析结果。可以选派一名组员代表小组发言,也可以由几人共同完成。表述过程中注意锻炼自己的表达能力,力求做到自然流畅,并能吸引听众的注意力,然后回答班里其他同学的提问。回答最好按照小组准备时的分工来分担问题,当然相互支持也是非常重要的。

4. 教师总结归纳,消化提升

在小组陈述、课堂讨论的基础上,最后由主讲教师或助教做总结。教师指导侧重案例分析的关键点,分析思路,通过该案例可强化、可引导的知识点等方面。

三、实验要求

(1) 将案例阅读两遍。第一遍应该对案例有一个概括性认识,第二遍应该对案例中的种种做法了如指掌,然后仔细地研究每一份参考资料。

(2) 列举本案例中必须面对的各个问题与关键点。

(3) 充分进行数据分析,挖掘案例材料所能说明的各种问题。

(4) 寻找运用各种原理和分析工具的机会。

(5) 对形势的分析要全面深刻。

(6) 所有的观点必须提供经过充分推理和论述的论据,包括数字证据。

(7) 绘制图表,以清晰地表达观点。

(8) 对个人提出的各种建议进行优先性排序,确保实施框架/步骤及可行性。

(9) 重新评价个人所提出的行动计划,检验它是否为所确定的问题和关键点提出了解决方案。

(10) 避免提出风险不可控制或不合理的方案。

四、实验成绩

序号	实验要求	分值
1	为什么中国首个"村级市"引发如此大的争议	40
2	西辛庄村党支部书记李连成为什么要把村子改为"市"	20
3	如何评价改村为"市"这一政策	30
4	字数要求:不少于3000字	10

第四节

实验报告

实验报告

院系			专业		
班级		姓名		学号	
实验教师		成绩		日期	
实验名称					

一、实验目的

二、实验原理

三、实验步骤

四、实验数据(如有则填)

五、实验结果

六、讨论分析(完成指定的问题要求)

七、实验总结(如有则填)

备注：

第五节
实验答案

关于“中国首个‘村级市’不惧争议 将如期挂牌”的行政法治案例，我们将通过西辛庄弃村立市的合法性问题分析、西辛庄弃村立市现象的反思、“村级市”是个危险的信号等方面加以分析。

根据我国法律，市是行政区划单位的一种，其建置有明确的规定。而河南省濮阳县庆祖镇西辛庄市(筹)在15个村村民的签字画押下挂牌成立。尽管向外宣称其建市的目的是实现农民的城市梦，但这种“自我封市”行为的合法性仍遭到外界的质疑。从法理上看，西辛庄弃村立市行为违反了现行宪法和相关法律，行政区划的立法性建置否定符号性建置的存在，权力机关监督不作为是导致这一现象的根源。

一、西辛庄弃村立市的合法性问题分析

“自我封市”主要存在以下违法行为。

(一)混淆了行政建制市与农村基层组织的概念

“村级市”与宪法中关于“市”的行政区划单位设置和命名相违背。我国现行宪法有关行政区划设置和命名有如下规定。第三十条规定：“中华人民共和国的行政区域划分如下：(一)全国分为省、自治区、直辖市、市；(二)省、自治区分为自治州、县、自治县、市；(三)县、自治县分为乡、民族乡、镇。直辖市和较大的市分为区、县。自治州分为县、自治县、市。自治区、自治州、自治县都是民族自治地方。”第三十一条规定：“国家在必要时得设立特别行政区。在特别行政区内实行的制度按照具体情况由全国人民代表大会以法律规定。”第六十二条、第八十九条、第一百零七条规定了行政区划的设置权限，即全国人大批准省、自治区、直辖市的建置，决定特别行政区的设立及其制度；国务院批准省、自治区、直辖市的区域划分，批准自治州、县、自治县、市的建置和区域划分；省、直辖市的人民政府决定乡、民族乡、镇的建置和区域划分。

从权力设置看，除全国人大批准设置直辖市外，我国的市都是由国务院批准建置和区域划分，除此之外，其他任何机关不能批准市的设置。而西辛庄市的成立没有履行任何法律程序，从设置权限和名称上存在合法性问题，违背了我国宪法规定。即使是符号性建置，仍然存在与现有行政区划名称混淆的问题。人们分不清西辛庄市的性质、地位及与其他行政区划市的区别。一般来说，直辖市和较大的市都是由法规明确规定，很容易识别。但西辛庄市与较大的市以外的市级(县级)市很容易混淆，可能会使每一个到西辛庄市的游客感到疑惑的是西辛庄市与濮阳市究竟有什么区别。值得强调的是，若不是历史原因，在县、乡(镇)辖区内出现“市”的命名，即便不是行政区划，也容易给人造成理解困难、混淆

不清、感觉奇怪的现象，与现行依法设置行政区划的精神相悖。

西辛庄市的成立同样涉嫌违反现行宪法中基层群众自治制度的规定。根据现行宪法第一百一十一条规定："城市和农村按居民居住地区设立的居民委员会或者村民委员会是基层群众性自治组织。居民委员会、村民委员会的主任、副主任和委员由居民选举。居民委员会、村民委员会同基层政权的相互关系由法律规定。"西辛庄市是在吸纳周围 15 个行政村后组成的大型农村社区。尽管 15 个村村民签名按手指印要求加入，但与宪法基层群众自治制度的精神相违背，涉及原行政村的撤销、范围调整及新旧组织之间的关系问题。

（二）与现行的法律法规相违背

根据现行《地方各级人民代表大会和地方各级人民政府组织法》第一条规定："省、自治区、直辖市、自治州、县、自治县、市、市辖区、乡、民族乡、镇设立人民代表大会和人民政府。"我国现有的行政区划都要设立相应的人民代表大会和人民政府，行使相应的职权和职责。按照现行法律，行政区划的设置要同时具备形式要件和实质要件，也即形式上要履行法定的审批程序，内容上要成立相应的国家机关。不设行政机构和公务员的西辛庄市肯定不符合行政区划设立的实质要件，违反《地方各级人民代表大会和地方各级人民政府组织法》。例如，民政部宣布国务院批复三沙市成立文件后进行揭牌，海南省第四届人民代表大会常务委员会第三十二次会议通过《关于成立三沙市第一届人民代表大会筹备组的决定》，启动三沙市政权建立程序。三沙市人民代表大会的设立，依照《地方各级人民代表大会和地方各级人民政府组织法》《全国人民代表大会和地方各级人民代表大会选举法》《全国人民代表大会和地方各级人民代表大会代表法》的规定进行，由筹备组批准设立选举委员会主持三沙市人民代表大会代表的选举，召集三沙市第一届人民代表大会第一次会议，并由代表大会选举产生三沙市人民代表大会常务委员会和市人民政府市长、副市长、市中级人民法院院长和市人民检察院检察长。

二、西辛庄弃村立市现象的反思

中国首个村级市的筹建成立反映了农民阶层的梦想和追求，他们的首创精神值得后人敬仰。但这种"民间立市行为"带给人们许多反思，诸如它的性质、合法性、根源及影响等问题。

（1）行政区划的立法性建置否定符号性建置的存在。根据现行宪法，设置行政区划单位属于最高国家权力机关即全国人民代表大会的职权，批准或决定权分属于全国人民代表大会、国务院、省级人民政府。这与法治国家的要求相一致。在现代国家，设置行政区划要遵循法定的形式要件和实质要件。无论哪个国家，设置新的行政区划单位都要经过批准，具备一定的形式要件和实质要件，是一种立法性质的行为，即行政区划的立法性建置。

（2）突破法律边界的创新是一种违法行为。今天的创新法治环境发生了很大的变化。随着 1999 年依法治国方略的确立，到 2011 年中国特色社会主义法律体系的形成，标志着社会主义法治国家已基本建成。既然是一个法律体系已经形成的法治国家，那么创新就不能触犯法律的底线，突破法律边界的创新是一种违法行为。

(3) 权力机关监督不作为是导致这种现象的根源。西辛庄市筹建成立涉嫌违反现行宪法和相关法律，除当地县、市民政部门发出撤销改名“警告”外，地方各级权力机关和地方政府保持了沉默的态度。

三、“村级市”是个危险的信号

“村级市”，西辛庄在表述这一概念时，历数了其具备“市”级效能的硬件设施，如大广场、大医院、大学校等等。客观地讲，这些设施相对于一个村级机构确实不易，该村在经济发展与居民生活质量提升上的成就还是很值得肯定的。但过度追求“帽子”的问题，恰恰显示出了其对“市”的向往及对“市”的误解。当然，在举国大建设大投入的背景下，让一个村都不犯“大瘾症”也是很困难的。村民自身有对城市的向往，自身发展后急于给自己一顶帽子，也侧面反映了其思维的原动力。这一动向却是不可取的，严重地讲，这是很危险的信号。一个村有建市的诉求，在当前的经济模式下看似值得肯定，但如果这种“大瘾症”被不断复制，只怕“大跃进”的想法又会复燃。

建市目的是实现农民的城市梦。西辛庄人建市目的是实现大多数中国农民多年的夙愿——城市梦。正如他们宣称的，“让村民们实实在在地享受到城市的生活，让村子像城市一样有宽马路、好绿化、水气电暖、学校、医院、宾馆、超市、大饭店，让村民像市民一样享有良好的公共环境和公共服务”。追求目的合理性是西辛庄人弃村立市的重要理由之一。中国城乡二元结构导致农民祖辈对城市生活的向往。“西辛庄市”无疑是“城乡二元世界融汇的怪胎”。但目的合理性并不表明手段的合法性，而手段的违法性常常会否定目的的合理性。即使符合“行政法定原则”，这种以牺牲依法设置行政区划的手段来实现几个村村民追求城市梦的目的同样违背了“比例原则中手段和目的之间的限度”。更重要的是，这里混淆了“市”和“城市”的概念。市是一种行政区划单位，而城市是人口集中、工商业发达、居民以非农业人口为主的地区，通常是周围地区的政治、经济、文化中心。尽管设市一般以城市为基础，但设市之后的农民也不一定能过上城市的生活，相反享受城市的生活也不一定需要设市。

笔者认为中国首个“村级市”的牌子还是不挂为好。在笔者看来，追求现代化的城市生活方式，是建设社会主义新农村题中应有之义，虽然与城镇化建设也有联系，但这毕竟是两码事。城镇化建设的方向主要倾向于扩大中小城市和大的城镇的城市功能，而不是所有的村镇都可以搞城镇化建设。否则，本来是新农村建设的示范村，非要挂一块“村级市”的牌子，硬要往城市化建设上套近乎，不仅会偏离和误导了城镇化建设的方向，而且也混淆了新农村建设与城镇化建设的区别。

CHAPTER16

第十六章 电子政务案例实验实训

第一节 知识框架

一、电子政务的含义

运用计算机、网络和通信等现代信息技术手段，实现政府组织结构和工作流程的优化重组，超越时间、空间和部门分隔的限制，建成一个精简、高效、廉洁、公平的政府运作模式，以便全方位地向社会提供优质、规范、透明、符合国际水准的管理与服务。电子政务是一个系统工程，应该符合以下三个基本条件。

(1) 电子政务是必须借助于电子信息化硬件系统、数字网络技术和相关软件技术的综合服务系统。硬件部分包括内部局域网、外部互联网、通信系统和专用线路等；软件部分大型数据库管理系统、信息传输平台、权限管理平台、文件生成和审批上传系统、新闻发布系统、服务管理系统、政策法规发布系统、用户服务和管理系统、人事及档案管理系统、福利及住房公积金管理系统等数十个系统。

(2) 电子政务是处理与政府有关的公开事务、内部事务的综合系统。电子政务除了包括政府机关内部的行政事务之外，还包括立法、司法部门以及其他一些公共组织的管理事务，如检务、审务、社区事务等。

(3) 电子政务是新型的、先进的、革命性的政务管理系统。电子政务并不是简单地将传统的政府管理事务原封不动地搬到互联网上，而是要对其进行组织结构的重组和业务流程的再造。因此，电子政府在管理方面与传统政府管理之间有显著的区别。

二、电子政务的应用

全国政协委员、苏宁云商集团董事长张近东提议，要在大数据时代发展电子政务，建立全国统一的电子政务平台，以更好地提升行政效率，进一步降低行政成本，更好地发挥社会管理职能。这一提议引发了强烈反响。

电子政务是国家转变政府职能，提高政府管理、公共服务和应急能力的重要举措，有利于带动整个国民经济和社会信息化的发展。电子政务市场规模初显。

在现代计算机、网络通信等技术支撑下，政府机构日常办公、信息收集与发布、公共管理等事务是在数字化、网络化的环境下进行的国家行政管理形式。它包含多方面的内容，如政府办公自动化、政府部门间的信息共建共享、政府实时信息发布、各级政府间的远程视频会议、公民网上查询政府信息、电子化民意调查和社会经济统计等。

在政府内部，各级领导可以在网上及时了解、指导和监督各部门的工作，并向各部门做出各项指示。这将带来办公模式与行政观念上的一次革命。在政府内部，各部门之间可以通过网络实现信息资源的共建共享，既提高办事效率、质量和标准，又起到节省政府开支、反腐倡廉的作用。

政府作为国家管理部门，其本身上网开展电子政务，有助于政府管理的现代化，实现政府办公电子化、自动化、网络化。通过互联网这种快捷、低价的通信手段，政府可以让公众迅速了解政府机构的组成、职能和办事章程，以及各项政策法规，增加办事执法的透明度，并自觉接受公众的监督。

在电子政务中，政府机关的各种数据、文件、档案、社会经济数据都以数字形式存贮于网络服务器中，可通过计算机检索机制快速查询、即用即调。

三、电子政务的特点

相较于传统行政方式，电子政务的最大特点就在于其行政方式的电子化，即行政方式的无纸化、信息传递的网络化、行政法律关系的虚拟化等。电子政务使政府工作更公开、更透明，电子政务使政务工作更有效、更精简，电子政务为企业和公民提供更好的服务。电子政务重构政府、企业、公民之间的关系，使之比以前更协调，便于企业和公民更好地参政议政。

四、电子政务的作用和意义

1. 提高公共行政绩效

电子政务改变了政府内部信息传递方式，政府得以在更广泛的范围内收集社会各阶层的意见，获得信息反馈。网上办公、远程会议、虚拟组织的产生，打破了政府工作的时空界限，加强了政府部门之间及政府与公众之间的信息双向互动，公众通过信息网络可以便捷地与政府部门直接沟通，反映情况、办理业务、提出各种合理化建议。网络的快速传递，使一些以前无法想象、无法实现的公共服务功能成为现实，政府与公众的双向互动迫使政府回应速度大大加快。这些都为公共行政整体绩效的提高创造了条件。

2. 降低公共行政成本

一是信息技术降低了一般公务处理的成本。信息的网络化传输，公文的电子化处理，以及办公自动化系统、管理信息系统、决策支持系统等的广泛应用，不仅提高了信息传递的速度和效率，也使得行政运作成本大大降低。二是行政管理的组织结构和工作流程优化重组，减少了中间管理层次，政府组织规模减小，降低了机构和人员的费用开支。三是电子采购与招标、电子化的经费审批与管理，堵塞了传统管理的漏洞，也促使行政运作成本的减少。

3. 促进政府职能转变

政府可以通过网络为社会提供平等公平的信息资源和快捷、周到的服务，如政府信息的查询、企业登记、养老金发放等，都可通过电子文件来完成，公民不需直接面对那些摆官架子的官员们，只需用鼠标点击政府网站来完成，享受政府更具体、更个性化的服务。政府机构将逐渐转变为办事高效、运转协调、行为规范的行政主体。

4. 提高公共决策质量

随着信息技术的运用，决策信息不全、决策参与范围小和决策周期长等弊端将得到有效的改善。信息的网络化传递、决策支持系统、专家辅助系统以及专业化的数据信息库的建立，支持和强化了决策过程，使决策所需要的信息来源更广，信息质量更高，从而大大改善了行政决策者的有限理性，提高了公共决策的科学化水平。政府通过电子民意调查、电子公民投票、电子选举、电子投诉系统等多种方式，激发公众参政的兴趣，增加了决策的透明度和民主化程度；电子政务下新的流程设计将支持并强化决策过程，使决策程序化、规范化，缩短决策时间，提高决策的时效性。公众也可以通过网络，及时了解政府相关决策的情况，参与、监督决策过程。行政决策可分为程序化决策和非程序化决策两类。以计算机为基础的信息技术对完成程序化决策的作用最为明显。

拓展练习 16-1 思考题

第二节 实验案例

美国开放政府计划

奥巴马政府积极推进开放政府计划，与以往的电子政府相比，发生了较大变化。

一、开放政府计划的试行

2009 年 1 月 21 日，奥巴马总统就职后立即向联邦政府行政机构以及国家各机构部长发布《透明和开放政府备忘录》。其中，为了建设更加开放的政府，推出“政府政策信息透明性”（transparency）、“市民参与”（participation）、“政府间以及官民协作”（collaboration）三大目标，要求CTO（chief technology officer，首席技术官）不断与OMB（Office of Management and Budget，美国政府管理预算局）、GSA（General Services Administration，美国总务管理局）协作，与相关国家机构开展合作，在120天内制定《开放政府指令》（*Open Government Directive*）。

基于此，CTO、OMB、GSA在2009年5月21日制定开放政府提案之际，发布了促进国民参与的《开放政府计划》，CIO Kundra与OSTP（Office of Science and Technology Policy，白宫科技政策办公室）所属的开放政府副CTO对计划进行了详细说明。

这一开放政府计划的主要特征是以上述开放政府政策提案为主，积极地听取国民的意见。具体而言，通过头脑风暴（brainstorming）、讨论（discussion）、草案（drafting）三个阶段，在专用网站上，征集开放政府政策相关的国民意见与建议（见表16-1）。

表16-1　开放政府计划概要

阶段	概要
头脑风暴阶段 （2009年5月21日—5月28日）	超党派的NPO组织国家公共行政学会在所开设并运营的网站“开放政府对话”上，征集使政府透明性提升的建议。 该网站中涉及政府透明性、国民参与、官民协作、能力开发、法律与政治的挑战及其他，共征集14926个用户的4205条意见、27127条评论
讨论阶段 （2009年6月3日开始）	第一阶段，从征集的提议选出热议的提案内容，通过OSTP博客征集国民的意见。被提出的所有评论刊载到开放政府网站。 同时，在第一阶段，还召开了数次网络会议。这些会议的部分内容可以通过开放政府网站链接进行访问
草案阶段 （2009年6月22日—7月6日）	政府透明性、国民参与、官民协作等三大范畴设置16个不同主题，广泛征求国民建议。意见收集与草案起草在多人同步文档工具网站MixedInk上开设的开放政府行动页面上实施。 对建言草案发表评论的用户总数为375名、起草草案305项，同时，对这些草案进行评价的用户数达到2256名

此外，依据对草案的评论与评价制定了16项最终建言草案如表16-2所示。

表16-2　开放政府计划中制定的16项建言(草案)

领域	建言
政府透明性	透明性原则：“透明性”的定义 透明政府：透明性的制度化 开放政府的运营：实现更加透明政府的战略 通过Data.gov实现数据的透明性：数据网上公开的进一步升级 信息访问：提高政府数据的访问 其他政府透明性相关的建言

续表

领域	建言
国民参与	政府决策制定中让国民参与的计划：开创新的机会 强化国民参与：培训与练习 参与新技术和政治：利用新媒体，实现更多的参与 通过政策，强化网上国民参与 各政府机构制定提升国民网上参与的管理制度：e规则专题 其他关于国民参与政治的建言
官民协作	政府机构间、政府内部的合作 营建官民合作伙伴关系的倡导 解决网上纠纷的对策 其他关于官民合作的建言

第三节 实验要求

一、实验目的

电子政务案例分析的主要目的在于提高学生解决电子政务管理相关问题的能力和判断力，重点在于解决问题的过程。案例分析人员要把自己当作案例中的当事人，来进行分析和决策，提高分析和处理管理问题的技能。

通过对案例分析的学习，可以牢固掌握与案例相关的电子政务知识点，同时还能促进深入思考，找出自身思维中的盲点，相互启发、借鉴、学习和交流，充实、完善自己，从而达到提高自身的沟通能力以及决策能力的目的。

二、实验步骤

1. 阅读案例，个人分析

主要是审读案例文本，把握案例事实，识别案例情境中的关键（案例）问题，个人先对案例进行分析，初步拟定解决问题的方案。这一阶段要求同学花费大量时间来准备，准备得充分与否直接关系到学习的效果。具体又可划分为以下步骤：

（1）快速阅读案例材料，熟悉所要讨论的案例及问题；

（2）再次阅读案例，尝试勾画问题轮廓及可能答案；

（3）仔细研究案例中的所有附加材料；

(4) 确定(关键)问题之所在；

(5) 分析案例中的数据；

(6) 使用所需要的任何一种分析工具；

(7) 仔细分析相互冲突的观点；

(8) 为个人的分析诊断和观点提供理论支持和证据支持；

(9) 制定恰如其分的行动计划和行动方案。

2. 小组讨论，达成共识

在小组或全班同学面前呈现个人对案例问题的分析，提出解决方案和依据；听取其他小组成员意见，对案例问题和解决方案展开讨论，从不同角度甚至对立中认识问题，以求达成共识。注意是提出观点而不是重复信息；尽量使用以下的表达“我的分析表明……”“该公司应该……，因为……”，而不是“我想……”“我认为……”“我觉得……”。

3. 课堂发言，全班交流

在课堂上以小组为单位陈述案例分析结果。可以选派一名组员代表小组发言，也可以由几人共同完成。表述过程中注意锻炼自己的表达能力，力求做到自然流畅，并能吸引听众的注意力，然后回答班里其他同学的提问。回答最好按照小组准备时的分工来分担问题，当然相互支持也是非常重要的。

4. 教师总结归纳，消化提升

在小组陈述、课堂讨论的基础上，最后由主讲教师或助教做总结。教师指导侧重案例分析的关键点，分析思路，通过该案例可强化、可引导的知识点等方面。

三、实验要求

(1) 将案例阅读两遍。第一遍应该对案例有一个概括性认识，第二遍应该对案例中的种种做法了如指掌，然后仔细地研究每一份参考资料。

(2) 列举本案例中必须面对的各个问题与关键点。

(3) 充分进行数据分析，挖掘案例材料所能说明的各种问题。

(4) 寻找运用各种原理和分析工具的机会。

(5) 对形势的分析要全面深刻。

(6) 所有的观点必须提供经过充分推理和论述的论据，包括数字证据。

(7) 绘制图表，以清晰地表达观点。

(8) 对个人提出的各种建议进行优先性排序，确保实施框架/步骤及可行性。

(9) 重新评价个人所提出的行动计划，检验它是否为所确定的问题和关键点提出了解决方案。

(10) 避免提出风险不可控制或不合理的方案。

四、实验成绩

序号	实验要求	分值
1	美国开放政府提出和实施的背景	40

续表

序号	实验要求	分值
2	如何评价开放政府这一政策	30
3	美国开放政府对我国有哪些方面的启示	20
4	字数要求：不少于3000字	10

第四节
实验报告

实验报告

院系			专业		
班级		姓名		学号	
实验教师		成绩		日期	
实验名称					

一、实验目的

二、实验原理

三、实验步骤

四、实验数据(如有则填)

五、实验结果

六、讨论分析(完成指定的问题要求)

七、实验总结(如有则填)

备注：

第五节 实验答案

关于"美国开放政府计划"的电子政务案例，我们将通过奥巴马政府推出的开放政府指令、"透明性"(transparency)动向与开放政府指令同步、"国民参与"(participation)动向、"官民协作"(collaboration)相关动向，对开放政府政策的评价等方面加以分析。2009年12月，美国自公布以"透明性""国民参与""官民协作"为三大核心的"开放政府指令"以来，以联邦政府为主，在各个政府机构内都开通了相应的网站、制订了开放政府计划。本书围绕这三大核心，结合美国联邦政府的具体执行情况，介绍美国开放政府政策动向。

一、奥巴马政府推出的开放政府指令

布什总统执政时，其电子政府政策主要包括在政府成立之初的电子政府计划、2002年出台的《电子政府法》(*e-Government Act of* 2002)，以及跨部门的电子政务门户网站"FirstGov"(现已移植至"usa.gov")等，将通过IT应用提升行政效率与国民便捷性作为重点。

而2008年上台的奥巴马政府，将以往电子政府政策的方针转变为应用最新网站技术积极公开政府信息，以及促进公众参与政府决策过程的"开放政府政策"，也就是将强化民主作为重点。奥巴马总统增设了管理所有联邦政府机构的首席信息官与首席技术官，用以完善联邦政府的信息化建设体制。此后不久，在2009年12月8日公布了以实现开放政府的三个原则"透明性""国民参与""官民协作"为核心的"开放政府指令"。该指令具有如下特征：

(1) 明确限期，要求各部门基于联邦政府设置的计划，制订行动计划、落实联邦政府的政策且取得具体成果等。

(2) 明确通过实现"透明性""国民参与""官民协作"，带动降低行政成本、应对自然灾害、提升医疗服务水平、创造更多就业机会。

二、"透明性"动向与开放政府指令同步

美国联邦政府还推出了"国民开放政府进展报告"(*Open Government Progress Report to the American People*)。该报告中除了定义指令的三大原则之外，还按照领域与目标介绍了各项计划。据其给出的定义，"透明性"是指"通过向国民公开政府信息，尽到行政告知的责任"。为了实现透明，联邦政府对《信息公开法》(*Freedom of Information Act*)进行了修改，对Data.gov、Recovery.gov、IT仪表盘、USAspending.gov、官方报道XML化等做了详细的计划。

(1) 2009年5月，Data.gov网站上线。该网站由联邦CIO Vivek Kundra主导，以国

民可以自由检索并获取联邦政府数据，提高政府透明度为目的，联邦总务管理局（General Services Administration）负责网站运营。该网站也是 Kundra 刚就任联邦 CIO 之际提出的一项施政目标，是美国开放政府各项计划中最重要的一项行动，各政府机构被要求积极地向 Data. gov 提供信息。为了便于二次开发，网站将国家基本数据（人口统计、犯罪统计等）、环境（大气污染数据、地质信息等）、保健（各地方肥胖统计等）、经济（就业状况、消费支出等）等 400 多项统计数据同时以 XML、CSV、KML/KMZ、XLS 等多种形式提供。此外，网站还提供数据分析工具与应用程序，便于公众使用数据。网站开通之初，曾因公开数据种类有限不便于数据加工等问题受到批评，目前这些问题已逐步得到改善，但是各州政府相关信息却仅有不到半数提供了数据，信息完整性还有很大提升空间。

(2) Recovery. gov 与 USAspending. gov 及 IT 仪表盘等网站主要定位为将补贴与政府财政支出等相关数据公开。其中，Recovery. gov 是在《美国复苏与再投资法案》(*American Recovery and Reinvestment Act*）出台之后的 2009 年 2 月公开的，按照领域、州、政府机构、资金申领者，显示《美国复苏与再投资法案》的经济刺激预算的相关信息。由奥巴马总统任命的复兴法案透明化与责任委员会（Recovery Accountability and Transparency Board）负责网站运营，该网站的数据与 Data. gov 一样，同时以 XML、CSV、XLS 等形式提供给公众。此外，在 2010 年 4 月，该网站成为美国联邦政府网站中首个过渡到云计算的网站。由于在云计算平台上，能够根据需求的变化，快速扩展功能，因此在运营的经济性上体现出一定的优越性。Kundra 称，通过向云计算过渡，预计共可以减少 75 万美元的网站运营费用。

(3) 2009 年 10 月开通的 USAspending. gov 网站实际上是沿用了 2007 年开发的 fedspend. org 网站，主要特点是引入了可实现信息完全共享的应用程序接口（application programming interface），从而实现按照政府机构、项目承包企业、州、项目，下载以 XML、CSV、TAB、ATOM 等形式公开的普通财政支出数据“联邦政府采购数据系统”（Federal Procurement Data System）与“联邦政府补贴数据系统”（Federal Assistance Award Data System）。该网站将政府财政支出的用途向公众公开，目的在于通过行政手段提升资金管理的透明度，公开政府采购或政府出资的机构、企业、项目，乃至承包商的资金运用与管理状况等所有数据。但是，美国审计总署（Government Accountability Office）2010 年 3 月公布的报告指出，虽然从各政府机构与企业收集了大量数据，但是在 USAspending. gov 网站上，美国公共与预算管理办公室没有公开承包合同数据，还有属于被要求数据公开的 29 个政府机构之中的财政部（Department of Treasury）与美国选举协助委员会（Election Assistance Commission）等 9 个机构 15 个项目信息公开存在滞后等问题。该报告特别指出，USAspending. gov 上公开的数据与各政府机构的原始数据之间存在许多不一致，要求 OMB 加以改善。

(4) IT 仪表盘网站从 USAspending. gov 网站独立出来。按照政府机构和项目，提供在政府财政支出内 IT 项目部分的财政支出、效果、进展情况等信息。网站上的数据除了 CSV 或 XML 格式之外，还可以通过 RSS 格式发布订阅。IT 仪表盘的目的是提升 IT 预算的透明度，高效使用每年超过 700 亿美元的 IT 投资并推动降低成本。该网站的特征是，用户能够浏览各项目的成本与进度的相关评价。美国退伍军人事务所（Department

of Veterans Affairs)利用该网站的功能，从约300个IT项目之中，选出超过预算的或者进展过于缓慢的45个项目，采取了中止措施。Kundra就停止的45个项目宣称，这些被筛选出并被中止的项目“总预算超过2000亿美元”“最长的要比当初项目计划延期了17个月”，因而IT仪表盘网站可以说在行政与节约预算上能提供非常有效的参考。但是审计总署报告称，“参考调查的8个项目中的4个公开数据与各政府机构提出的数据明显不一致”，说明确保透明性方面尚不充分。

(5) 其他项目。美国国家档案馆(National Archives and Records Administration)与美国政府印刷办公室从2009年10月开始以XML形式提供数据公开。2010年7月，对FederalRegister. gov以Federal Register 2.0(FR 2.0)的名称进行了更新。FR 2.0除了改善搜索工具与页面布局外，还通过与Regulations. gov网站合并，实现可应用Facebook或Twitter，便于获取用户的反馈。

三、“国民参与”动向

奥巴马总统从参加选举开始就热衷应用SNS与Twitter，他执政后也依然非常重视听取国民的真实声音。沟通的双向性至关重要，所以引入所谓的Web 2.0“Open for Questions”与Regulations. gov来促进公众参与。

(1) Open for Questions是在2009年3月在Whitehouse. gov网站内开通的栏目，用户可对总统或者联邦政府发表提问，还可对发表的提问进行投票。开通之后，奥巴马总统就征集到的国民提问中投票较多的事项，通过YouTube的“每日发言”予以回复，截至2009年底，美国50个州约10万人处征集了提问与投票。除了用YouTube进行回复之外，还向iTunes Podcast发布。由于采用云计算平台，即使短时间内访问量巨大，也可以高效进行处理。

(2) 2003年布什政府开发的Regulation. gov网站在2009年5月升级为Regulations. gov，主要刊载300多个政府机构每年制定的8000多项管制事项，国民可以自由发表针对具体管制事项的意见。网站运营以环保局为主，多个政府部门机构协助参与。此外，该网站还提供可以按照不同地区搜索管制事项的功能、用户电脑可直接搜索各政府机构信息更新的小工具、按照领域或机构统计公布信息生成综合数据的仪表盘功能。

该网站也用于实际法案的制定意见征集。2010年7月开始执行的面向精神病患者与药物滥用者的医疗保险服务的相关法案，在制定之初，美国健康与人类服务部、劳动部、财政部就参考了Regulations. gov中征集的400多条评论。类似的采纳国民意见的事例今后应该还会增多。

四、“官民协作”相关动向

“透明性”和“国民参与”主要体现了国民的责任与重视，而“官民协作”则是通过政府机构与民营企业、非营利组织等广泛合作，针对各种问题引导出最有效的解决方案与政策。

以对中小企业与非政府组织进行扶持为目标的Business. gov网站是美国中小企业局在2004年开通的，2009年2月进行了改版。该网站的目标是促进政府补贴与商业贷款应用，由中小企业与非政府组织促进项目的活性化。按照企业类型与行业，详细提供项目立项与运营相关的多种信息，政府委托项目合同的签订、登记、认可、审批等方法、借贷与融资方法、工作计划的制订方法、不同联邦政府机构与不同地区的政府管制事项、纳税信息等。同时，除了搜索服务之外，该网站还可提供 XML 或 JSON 形式聚合检索数据的应用程序接口服务等。

五、对开放政府政策的评价

2003 年成立的民间组织 Open The Government(OTG)致力于促进政府信息公开，实现行政民主化，基于"开放政府指令"的各项内容，他们对美国政府各机构提出的开放政府计划进行了评价。2010 年 5 月上旬，该组织对 4 月提出的行动计划(ver1.0)进行了评价，此后不久的 6 月末对修订计划(ver1.1 以及 ver1.2)进行了评价。评价对象为 39 个机构(29 个机构强制提出、10 个机构选择提出)，其中，首次行动计划及修改版均得到第 1 名评价的是美国航空航天局(National Aeronautics and Space Administration，NASA)。基本指标("开放政府指令"所规定的 30 项评价指标)虽都存在不足之处，但是得分都远高于其他政府机构，其中获最高评价的是其自主的云计算系统"Nebula"。通过 Nebula 的开发，外界科学家或研究人员也可以便捷地访问 NASA 内部信息，不仅使得与 NASA 研究人员的在线交流成为可能，还提升了系统的扩展性。

而在强制提交的 29 个机构之中，首次计划中综合分数最低的是法务部，因为存在"没有明确的行动计划""没有提交必须公开数据的明细"等问题，但在此后法务部提交的修改版中得到了很大改进，尤其是强化了重要法院文档的公开，RSS/XML 文件发布等也大幅改进，修订版提交后被评价为第 8 名。修订版提交后的 29 个政府机构之中排名最低的是能源部，原因是因"对相关人员的信息公开不够""公众参与相关的内部管理与管理体制的改进不够"等而被判定为没有完成修订工作。

而为政府机构提供云计算技术的 RightNow 公司在 2010 年 6 月公布了从国民角度看待开放政府政策的评价报告《开放政府调查报告》(*Open Government Research Report*)。报告称，57%民众认为各联邦机构针对开放政府指令所付诸实施的行动不够多，96%民众认为在公众参与方面还有待改进。改进提议包括更新网站功能、开设网络社区、促进 Facebook 与 Twitter 应用、发布移动互联信息等(较早开始使用开放政府网站的用户大多为智能手机或 SNS 用户)。他们认为，为了实现"透明性""国民参与""官民协作"，不仅需要联邦政府的评价标准，还需要从国民视角出发，对政策进行必要的调整。

六、对中国政府开放的启示

经过 40 多年的改革开放，中国已经基本完成了从农业社会向工业化社会的转变。与美国等发达国家不同，在推进国家工业化和加入国际分工体系的同时，中国从 20 世纪 80 年代中期开始就启动了走向信息化社会的进程。回顾过去 20 多年的历史，可以发现中国已经基本走完了计算机时代和互联网时代的路程，已经一条腿迈入了信息化社会。无论是以计算机设计制造能力和数量以及软件创造能力来衡量，还是以计算机普及程度和社会依赖度来衡量，中国已经极大地缩短了与发达国家的差距，从过去的 30 年以上减少到

10 年以内。

与美国相比，中国的政府体系在社会中的地位、能力和影响力要强得多，拥有的公共数据资源多很多，开放程度低很多。所以，一旦政府下决心实施开放数据战略，推进力度和综合社会经济效益会更加显著。这首先需要在政府最高层面建立决策、实施和协调机构，类似在推进计算机和互联网发展时期的国务院信息化领导小组。一旦决策形成，就要推出一系列可操作、可监督、可问责的行政法规和实施细则，并与国家预算与资金投放机制挂钩，形成激励和推动的动力。开放政府信息资源可以先易后难，从气象、地震、交通、公安、社保、医疗卫生、教育等公共数据资源的开放入手，在投资、生产、消费、统计、审计等经济领域也大有潜力可挖。当这些公共数据与民间和企业界拥有的数据资源相互融合，就会形成巨大的创新力、财富创造能力和社会进步推动力。

由此可见，电子政府是电子政务的发展方向，电子政务是架构现实政府与电子政府的一座桥梁，是实现电子政府的前奏和基础。

电子政务与电子政府两者的共同之处主要体现在：都是政府信息化过程的具体表现，都是社会信息化对政府发展的不断要求，都是以提高政府办事效率和服务水平为目标，都必须利用网络和通信等技术。电子政务的根本目标或者其核心的价值就在于政府通过电子化的方式为社会公众提供更加方便快捷和完善的公共服务。电子政务的基本内容就是政府对内部管理、政府之间连通、政府对社会事务的管理和对公众的公共服务等方面。而电子政府将实现的是扁平型网络结构、分权化、无缝隙的政府。这就意味着公众参与、公众-政府的互动、责任政府等等，这些都是民主政治的重要内涵或要素。电子政府将在电子政务的优越公共服务基础上，超越政府服务的范畴，实践民主化政治的理念。

参考文献

Bibliography

[1] 夏书章. 行政管理学[M]. 5版. 广州:中山大学出版社,2013.

[2] 郭小聪. 行政管理学[M]. 3版. 北京:中国人民大学出版社,2012.

[3] 韩莹莹,胡晓东,王家合等. 行政管理学[M]. 武汉:华中科技大学出版社,2013.

[4] 宋光周. 行政管理学[M]. 4版. 上海:东华大学出版社,2015.

[5] 徐双敏. 行政管理学[M]. 2版. 北京:科学出版社,2015.

[6] 曹现强,王佃利. 行政管理学[M]. 北京:清华大学出版社,2011.

[7] 姜秀敏,吴长春. 行政管理学[M]. 大连:东北财经大学出版社,2012.

[8] 丁煌. 行政管理学[M]. 2版. 北京:首都经济贸易大学出版社,2013.

[9] 娄成武. 行政管理学[M]. 沈阳:东北大学出版社,2002.

[10] 陈振明. 公共管理学[M]. 北京:中国人民大学出版社,2005.

[11] 王乐夫,蔡立辉. 公共管理学[M]. 北京:中国人民大学出版社,2012.

[12] 张康之. 公共管理学[M]. 北京:中国人民大学出版社,2010.

[13] 胡税根. 公共管理学[M]. 北京:中国社会科学出版社,2014.

[14] 张成福,党秀云. 公共管理学[M]. 北京:中国人民大学出版社,2007.

[15] 汪大海. 公共管理学[M]. 北京:北京师范大学出版社,2009.

[16] 王丛虎. 公共管理学导引与案例[M]. 2版. 北京:中国人民大学出版社,2012.

[17] 胡晓东. 公共管理案例分析实验实训教程[M]. 武汉:华中科技大学出版社,2016.

[18] 晁亚男,毕强,辛立艳. 政府危机决策中信息预警机制研究[J]. 情报理论与实践,2014(6):63-67.

[19] 吴志敏. 和谐社会视野下政府危机管理及构建[J]. 经济与社会发展,2007(1):20-22.

[20] 周学武,魏永平. 政府危机管理中的指挥探析[J]. 青海社会科学,2004(6):19-21.

[21] 刘长欢. 我国地方政府危机管理中的问题探析[D]. 长春:吉林大学,2018.

[22] 侯迎忠,吴如萍,许铭珊. 网络时代地方政府危机沟通的问题与对策分析——以兰考火灾事故为例[J]. 今传媒,2013(10):8-10.

[23] 王献红. 基于公共危机管理策略对地方政府执政能力提升的研究[J]. 宏观经济管理,2017(S1).

[24] 李彦. 我国公共危机管理体系的完善与优化[J]. 人民论坛,2017(2):68-69.

[25] 刘良训. 政府、媒体、公众间的危机心理契约及其三角互动关系构建[J]. 领导科学,2017(2):62-64.

[26] 李爱军. 公共危机管理中的沟通机制研究[J]. 财经问题研究,2016(S2):116-119.

[27] 申振东,郭勇,张罗娜. 关于我国公共危机管理的思考——基于近三年60起典型突

发事件的分析[J].贵州社会科学,2016(6):70-75.

[28] 徐泽春.政府公共危机管理能力提升[J].人民论坛,2016(5).

[29] 王勇.公共危机管理机制亟待完善[J].中国党政干部论坛,2015(11):74-76.

[30] 接玉芹.风险社会视角下的公共危机管理研究[J].学校党建与思想教育,2015(10):74-75,78.

[31] 接玉芹.公共危机管理中新媒体公信力的缺失与重建[J].学校党建与思想教育,2015(5):65-67.

[32] 丁智擘,孟祥斌.全媒体背景下媒体在公共危机管理中的作用[J].新闻战线,2015(4):216-217.

[33] 阎劲松,王峥嵘.论公共危机信息准备能力[J].情报资料工作,2014(6):23-28.

[34] 林鸿潮.公共危机管理问责制中的归责原则[J].中国法学,2014(4):267-285.

后记

Postscript

随着我国经济结构的变化，社会对应用型、复合型、开放型、创新型人才需求日益加大。与此同时，社会对经管类人才层次的要求不断提高，各高等学校都在探索适应社会需求的人才培养模式。作为与理论教学密切相关的环节，高等学校的公管类专业的实验室建设，十多年来经历了从无到有、由小到大的发展过程。高校在"宽口径、厚基础、强能力、高素质"的思想指导下，公管类实验、实训、实践环境建设取得了突飞猛进的发展，普遍以计算机模拟为主要手段，并且向着仿真环境下的综合实习方向发展。但是，公共管理类实验、实训、实践环境的建设和实验项目的设计还没有形成系统的思想，没有形成体系，更没有形成相应的标准规范，所以公管类实验教学，应在教与学内容上创新，在教与学管理上创新，在教与学模式上创新，在教与学技术上创新。

目前，学生在校外进行实地实习，受到资金、场地、每个公共部门接待学生人数少等方面的限制，学生参加校外实习的难度越来越大，即使是学生参加校外实习，也大都是走马观花式的参观学习，难以深入进行。为了改进学生实习方式，提高学生综合实践的能力，《公共管理案例分析实验实训教程》(第二版)将学生实地实习安排在校内进行高仿真社会综合实习。

《公共管理案例分析实验实训教程》(第二版)是在《公共管理案例分析实验实训教程》的基础上完成的，并且已经在"公共管理案例分析"课程中使用。在授课过程中，注重学生理论与实践的结合，并在讲授相关理论的前后，配有相关的实验案例，使学生能够更加清晰地认识、理解理论，提高其公共管理的实践能力。学生们经过多次实验实训后，反映效果很好。

《公共管理案例分析实验实训教程》(第二版)的编写，时间跨度两年多，凝结了专家、学者、学生的智慧与心血，我的学生——李里、张辉明、栾一飞、雷晗、李文博、陈润枝(中国香港)等在收集资料、排版定稿、补充完善、样稿校对等方面做了大量的工作，在此一并表示感谢！

由于时间紧，任务重，难免存在疏漏，敬请批评指正，编者邮箱：huxiaodong97@163.com.

编者

2019 年 9 月

与本书配套的二维码资源使用说明

本书部分课程及与纸质教材配套数字资源以二维码链接的形式呈现。利用手机微信扫码成功后提示微信登录，授权后进入注册页面，填写注册信息。按照提示输入手机号码，点击获取手机验证码，稍等片刻收到**4**位数的验证码短信，在提示位置输入验证码成功，再设置密码，选择相应专业，点击“立即注册”，注册成功(若手机已经注册，则在“注册”页面底部选择“已有账号立即注册”，进入“账号绑定”页面，直接输入手机号和密码登录)，即可查看二维码数字资源。手机第一次登录查看资源成功以后，再次使用二维码资源时，只需在微信端扫码即可登录进入查看。